XIANGCUN JIAOSHI
DAODE BANGYANGLUN

乡村教师
道德榜样论

郑 岚 著

知识产权出版社

全国百佳图书出版单位

—北 京—

图书在版编目（CIP）数据

乡村教师道德榜样论/郑岚著. —北京：知识产权出版社，2024.6
ISBN 978 - 7 - 5130 - 9099 - 5

Ⅰ.①乡…　Ⅱ.①郑…　Ⅲ.①农村学校—教师—职业道德　Ⅳ.①G451.6

中国国家版本馆 CIP 数据核字（2023）第 241893 号

责任编辑：兰　涛　　　　　　　　　　责任校对：谷　洋
封面设计：春天书装　　　　　　　　　责任印制：孙婷婷

乡村教师道德榜样论

郑　岚　著

出版发行：**知识产权出版社**有限责任公司	网　　址：http://www.ipph.cn
社　　址：北京市海淀区气象路 50 号院	邮　　编：100081
责编电话：010 - 82000860 转 8325	责编邮箱：lantao@ cnipr.com
发行电话：010 - 82000860 转 8101/8102	发行传真：010 - 82000893/82005070/82000270
印　　刷：北京建宏印刷有限公司	经　　销：新华书店、各大网上书店及相关专业书店
开　　本：720mm×1000mm　1/16	印　　张：19.25
版　　次：2024 年 6 月第 1 版	印　　次：2024 年 6 月第 1 次印刷
字　　数：266 千字	定　　价：98.00 元

ISBN 978 - 7 - 5130 - 9099 - 5

本书由全国"大中小学思政课一体化共同体"建设牵头单位海南师范大学马克思主义学院、海南省哲学社会科学研究基地课题"海南自贸港背景下中小学教师育德能力发展研究"(HNSK（JD）23–21）资助出版

序

　　道德榜样存在于社会现实生活中，是一定社会道德的人格化，是有血有肉、有追求、有情感的个体或者群体。他们塑造并践行着一定社会的主流道德价值观念，是所处社会的文化符号，是特定社会所要求的人生观、世界观和价值观的集中体现。由于道德榜样本身的社会肯定性、价值主导性和形象生动性等特征，使人们能够在潜移默化中就受到启迪，产生与道德榜样之间的情感共鸣，从而激励人们在实际生活中实践社会所需要的道德要求，所以不管是在何种文化中，历来都有运用道德榜样进行道德教育的传统。而随着社会的发展变迁，道德榜样也开始面临着诸多挑战，比如形象塑造得过于完美、媒介宣传的滞后，从而导致榜样教育的效果大打折扣。

　　作为一个拥有五千多年文明史的国家，我国一直都善于利用道德榜样对公众进行思想道德教育，并且在历史的长河中积累了无数的道德榜样人物和事迹。而在乡土中国社会，繁荣和振兴乡村文化便是国家和民族强盛的关键支撑，乡村教师又是乡村文化的承载者和宣传者，因此，在促进乡村社会整体思想道德水平和形象提升的过程中，乡村教师作为乡村社会的形象代言人发挥着先进示范作用。尤其是中国特色社会主义进入新时代以来，我国教育界明确提出要重视乡村教师道德榜样的挖掘、培育、宣传和塑造等。2012 年，"寻找最美乡村教师"公益活动的开展将乡村教师道德榜样独立出来；2018 年，中共中央、国务院颁布的《关于全面深化新时代教师队伍建设改革的意见》指出，要弘扬楷模，发掘师德典型、讲好师德故事，形成强大正能量；2018 年 9 月，中共中央、国务院印发《乡村振兴战略规划（2018—2022 年)》，文件特别指出，通过开展"寻求最美乡村教师"的活动，深入宣传这类道德模范的典型事迹；2019 年，教育部等七部门印发《关于加强和改进新时代师德师风建设的意见》强调：挖掘优秀教师典型，开展多层次优秀教师选树活动，充分发挥典型引领示范和辐射带动作用。在这样的背景下，加强对乡村教师道德榜样的研究显然是必要而且必需的。

郑岚博士的专著《乡村教师道德榜样论》就是以榜样培育及其教育功能的发挥为切入点，紧扣乡村教师道德榜样的弱化这一现实问题，以"立德树人"教育根本任务指导下的教师发展与师德建设为契机，对乡村教师道德榜样进行了全面且深入的探讨。总的来说，该书具有这样两个特点。第一，史料丰富。该书包含对乡村教师道德榜样的历史考察。只有通过对大量相关史料的收集与整理，方能为本书的立论提供充分的史料依据；如果没有足够的史料作为支撑，那么本书是难以完成的。第二，创新性强。从已有的研究成果来看，该书秉持史与论、宏观与微观、系统与重点分析相结合的原则，从乡村教师本身作为他者模仿学习榜样的视角出发，是对以往研究多聚焦于教师如何运用道德榜样对学生进行教育的突破和创新。同时，依据纵、横两条线索对乡村教师道德榜样的历史形态及其演变进程进行考察和审视，以及在对其演变规律、基本特征和历史经验进行总结的基础上，推导出新发展阶段乡村教师道德榜样的理论架构、应然追寻和培育路向。这些成果在一定程度上丰富了我国乡村教育和榜样教育的相关内容，同时对师德建设工作也具有一定的启示意义。

尽管如此，该书仍然存在诸多后续问题，需要作者作进一步的深入思考和完善，也希望作者能够以此为基础，不断开拓创新，力争取得更多更好的研究成果。

应郑岚博士之约，略陈数语，是为序。

李　森

陕西师范大学教育学部部长、博士生导师

2023 年 11 月

前　言

　　道德榜样是人格化的道德的化身，是道德实践中的先进人物和供群众学习、效仿的对象，能够对他人产生示范和引导作用，从而成为我国思想政治教育工作的有力抓手。在乡土中国社会，繁荣和振兴乡村文化是国家和民族强盛的关键支撑，而乡村教师作为乡村文化的承载者和宣传者又发挥着关键作用。因此，《乡村教师道德榜样论》既顺应了榜样教育理论和师德建设理论的发展趋势，同时也是农村基础教育阶段思想政治教育工作的实践所需。对此，本书以乡村教师道德榜样为切入点，通过对乡村教师道德榜样的理论阐释（第一章、第二章）、历史考察（第三章、第四章、第五章）和现实建构（第六章、第七章），探寻乡村教师道德榜样的演变规律、基本特征与历史经验，以期促进对新发展阶段乡村教师道德榜样的塑造，提升榜样教育实效性，助力"立德树人"根本教育任务、乡村振兴、公民道德建设，乃至中国梦的实现。

　　第一部分是理论阐释，包括导论、乡村教师道德榜样的基本问题两个章节。导论部分阐述了研究的缘由，梳理了相关研究文献，明晰了研究的基本方向。基本问题部分主要探讨了乡村教师道德榜样的相关概念和理论依据。乡村教师道德榜样具有政治导向性、历史发展性、乡土认同性和形象多样性等特征，其成长需要经历师德养成、选择和树立、示范教育、再塑造四个阶段。借助内涵的解读，结合乡村教师道德榜样的特性，本书综合运用马克思主义道德观、我国传统榜样教育理论和西方心理学理论，对乡村教师道德榜样展开系统探讨。

第二部分是历史考察，包括1949—1976年、1976—2000年、2000年至今的乡村教师道德榜样三个章节。在理论阐释的基础上，依据纵、横两条线索对乡村教师道德榜样演变进程进行历史考察。研究的纵向线索主要包括"站起来、富起来、强起来"的重要论断，重要的社会政治、经济、文化运动及相关政策的发展变化，基础教育方针、重要政策和制度的变迁，社会思潮和价值观念的冲突演变，以及乡村教师队伍主体构成的转变。研究的横向线索是乡村教师道德榜样塑造的内在逻辑，包括其内在思想道德观念的形成、高尚师德的养成、实践乡村教师道德先进个体的选择和树立（以下简称选树）与宣传示范，并以之为分析框架，从时代环境、发展契机、具体举措和社会影响等维度对特定历史时期的乡村教师道德榜样展开考察。研究发现，新中国乡村教师道德榜样大致划分为三大发展阶段：1949—1976年，1976—2000年，以及2000年至今。不同历史阶段乡村教师道德榜样的核心品质、身份特征以及影响其作用发挥的因素与举措都不尽相同，进而将各个阶段相互区别又联系了起来。

第三部分是现实建构，包括乡村教师道德榜样的演变规律、基本特征和历史经验的总结，以及对新发展阶段乡村教师道德榜样塑造的启示两个章节。由于不同历史阶段与社会政治、经济、文化等互动发展的程度有所不同，使得乡村教师道德榜样体现出了发展性的特点，主要表现为思想道德观念从单一强调到全面呈现，形象内涵向生活化和女多男少转变，物质生活条件实现稳步提升，制度建设逐步实现规范化发展。但同时，他们又无一例外是特定历史阶段道德崇高境界的真实记录者和担当者，那条彰显我国乡村教师以及中华民族传统优秀道德品质的主线将各个阶段具体的乡村教师道德榜样串联起来，体现了乡村教师道德榜样对坚定的政治立场、持续坚守、无私奉献、艰苦奋斗等道德品质的继承和延续，对社会变革主旋律的理解和把握，对最新传播媒介的充分运用，对主流媒体舆论主导地位的坚守，以及对精神需求满足价值导向的秉持。当然，这一演变过程还揭示了乡村教师道德榜样在农村师资供给、榜样宣传模式和知识分子政策等方面存在的历史局限问题，并在认知、情感和行动等方面总结形成了对乡村教师道德榜样塑造方面可资借鉴的成功经验。

基于此，并结合当前我国乡村教师道德榜样的现状和趋势，提出基于高质量发展目标、社会主义核心价值观、法治思想和乡土认同形成道德榜样合理观念，联合家庭、学校和社会多方合力养成高尚的道德素质，从对社会选择的层次性原则、多样化评价标准和主体参与的角度创新"道德榜样"的选择机制，利用"互联网＋教育"、网络空间安全和生活本真的还原优化"道德榜样"的宣传工作，以及通过凝聚回报制度与道德行为的共识，增强荣誉授予的仪式感和物质奖励的力度完善道德榜样回报制度，是新发展阶段我国乡村教师道德榜样塑造的有效对策，这对于我国农村社会，乃至中华民族和人类历史的发展而言，都有着非常重要的意义和价值。

本书是对乡村教师道德榜样的尝试性探讨，由于笔者水平有限，书中难免有疏漏和不妥之处，敬请读者批评指正！

目　录

第一章 导 论

　　我国是一个善于利用榜样人物对公众进行思想道德教育的国家，并在五千多年的历史长河中积累了无数的道德榜样、人物和事迹，❶ "以身教者从，以言教者讼" "见贤思齐焉，见不贤而内自省也" "其身正，不令而从，其身不正，虽令不从" "三人行，必有我师焉" 等自古流传下来的名句就折射出了道德榜样的深厚历史底蕴。在我国的思想政治教育工作中，道德榜样作为一种教育方法，早在新中国成立之初便作为有力抓手推动着公民思想道德整体水平的提升，并且经过长期的积淀，树立了一座座社会主义精神文明建设的道德丰碑，成为我国思想政治教育的重大理论和实践问题。当前，在全面建成小康社会、开启全面建设社会主义现代化国家新征程的关键时期，随着中国梦的深入人心，社会主义核心价值观践行自觉性的不断提升，以及为实现个体全面发展和塑造理想人格的公民道德建设的贯彻落实，都离不开崇尚英雄、尊重模范和学习先进的社会道德风尚，即树立鲜活的道德榜样，发挥道德榜样的示范作用。

　　"一个国家、一个民族的强盛，总是以文化兴盛为支撑的。没有文明的传承和发展，没有文化的弘扬和繁荣，就没有中国梦的实现。"❷ 特别是

---

❶ 宋敏. 当代大学生榜样教育问题研究 [D]. 北京：中国地质大学，2017.
❷ 中共中央宣传部. 习近平总书记系列重要讲话读本 [M]. 北京：学习出版社，2014：92.

在乡土中国社会，繁荣和振兴乡村文化便是国家和民族强盛的关键支撑。而对于乡村文化振兴而言，乡村教师作为乡村文化的承载者和宣传者，不仅在个体思想道德水平发展过程中，作为重要他人发挥着模范带头作用，能够促进个体思想道德水平的提升，而且在促进乡村社会整体思想道德水平和形象提升过程中，作为乡村社会的形象代言人发挥着先进示范作用。因此，研究乡村教师道德榜样的目的在于以下三点：第一，汇聚乡村社会的道德力量，使之成为乡村文化振兴的不竭动力；第二，积极孕育乡村社会的良好道德风尚，大力提升公众的思想道德整体水平；第三，生动彰显中华民族的精神之魂，实现中华民族伟大复兴的中国梦。

第一节　研究缘起

研究乡村教师道德榜样主要基于以下三个缘由：一是通过对乡村教师道德榜样的价值澄清，指出乡村教师道德榜样研究顺应了公民道德建设以及乡村振兴等相关政策的目标导引；二是通过对乡村教师道德榜样教育及其思想道德成长环境的现实剖析，揭示乡村教师道德榜样研究满足了思想政治教育的现实需求；三是通过对道德在教师专业发展和个体全面成长过程中重要性的解读，表明乡村教师道德榜样研究契合了个体道德成长的内在诉求。

一、相关政策的目标导引

2019 年 10 月，中共中央、国务院颁布《新时代公民道德建设实施纲要》（以下简称《纲要》）。《纲要》提出弘扬劳模精神、工匠精神等民族和时代精神是公民道德建设的重点任务，要精心选择和树立先进典型，进而引领社会道德风尚。而依据社会积累的经验传统，教师作为知识和文化精英，通过其强大的话语影响力而成为代表重要影响者的道德榜样，他们肩负着社会的多重责任，既是学校的教育者，也是社会的文化人，集中体现并代表着社会的思想道德整体水平。可见，教师道德榜样的选择和树立对于社会良好风尚的引领、价值体系的构建和公民思想道德水平的提升都具有至关重要的作用。

我国乡村教育是教育事业发展的薄弱环节，因此，加强乡村教师道德榜样的选树和宣传，便是增强乡村社会思想政治教育工作实效性，提升乡村社会思想道德整体水平，从而实现公平优质教育助力中国梦伟大目标的重要途径。2015 年 6 月 1 日，国务院办公厅以国办发〔2015〕43 号印发《乡村教师支持计划（2015—2020 年)》，要求加强乡村教师队伍建设，提升其思想政治素质和职业道德水平。不难发现，这离不开文化的浸润和道德楷模潜移默化的感召。2018 年 2 月，中央农村工作领导小组办公室发布《乡村振兴战略规划（2018—2022 年)》，对优先发展乡村教育提出了一系列指导性意见，特别指出，通过开展寻求和深入宣传最美乡村教师等道德模范的典型事迹，发挥其长效机制，以推进农村诚信道德建设，提升社会文明程度。2019 年 11 月，教育部等五部门联合发布《关于加强和改进新时代师德师风建设的意见》。该文件强调挖掘多层次优秀教师先进典型，充分发挥其引领示范作用，这进一步推动了乡村教师道德榜样的选择、树立（以下简称选树）和宣传。党的二十大报告也指出，新时代、新征程要以推动高质量发展为主题，扎实推进乡村文化振兴，加强师德师风建设，培养高素质教师队伍。由此可见，在全面建成小康社会，开启全面建设社会主义现代化国家新征程的关键时期，深入挖掘乡村教师道德榜样思想道德成长的典型图像，通过相应机制激发大众对他们的认同和效仿，以发挥道德榜样的示范引领作用，能够有效加强乡村这一薄弱环节的思想道德建

设，这对于营造良好的社会道德风尚、提升社会文明程度，进而助推中华民族伟大复兴中国梦的实现具有十分重要的战略意义。

二、思想政治教育发展的现状审视

思想政治教育是中国精神文明建设所需关注的首要内容，旨在通过理论教育和榜样教育等灌输的或潜移默化的方式提高个体思想道德素质。作为一门学科，虽然道德榜样作为一种教育方法出现在思想政治教育学科体系中的历史并不长，但其早在新中国成立之初就已成为开展思想政治工作的光荣传统和行之有效的方法，并且在当前实现立德树人教育根本任务的导向下，道德观教育的重要性也得到了进一步凸显。在这一过程中，教师道德榜样的示范教育发挥着至关重要的作用。立德先立师，树人先树己，在立学生之德前必先立教师之德。此外，教师本身就具有的道德示范群体的功能，以及以身立教、以身作则的职业特殊规定性，这也决定了教师思想道德培养和榜样垂范在其中的重要作用。但实际上，教育者们往往更多地注重强调外部灌输的规范教育，而很少关注、强调潜移默化的、日常的、隐性的思想道德教育方式，对一些重要的概念、范畴和研究方法等的使用也需进一步梳理和加强。

尤其是在中国特色社会主义已进入新时代的今天，在社会转型期价值多元的影响下，人们更加容易因受各种腐朽思想的影响而陷入迷惘，并沉醉于现实世界科技至上、经济至上、消费至上等物质主义的泥淖，而无法进入道德的可能世界，道德虚无主义的价值观也不断侵蚀着人们对道德的信仰，引起人们对道德的疏离感、对立感，造成了道德失范和道德失落等不良态势，败坏着社会道德基础。表现在乡村教育这一薄弱环节上，不难发现，乡村社会作为公民道德建设和思想政治教育工作的薄弱部分，不可避免地遭受着社会转型期价值多元带来的各种威胁，特别是随着近年来乡村教育在民族复兴之路上重要性的不断提升，社会对乡村教师群体的关注度在逐渐攀升。作为乡村社会文化的缩影，乡村教师身上所折射出的思想道德问题也伴随着社会发展所带来的负面效应，而被公众刻意放大，促使乡村教师走上了社会发展的风口浪尖。此外，伴随着互联网的普及，乡村教师作为道德榜样发挥隐性思想道德教育主要功能的光环逐渐被新时代的偶像文化所模糊和掩盖，其营造良好社会风气的功能在时代的洪流中被冲淡，乡村个体的思想道德情感也被网络和虚拟的现实削弱，从而造成乡村思想政治教育发展面临诸多困境。因此，站在新的历史节点上，总结我国乡村教师道德榜样的历史经验，挖掘这一群体所体现的正能量和散发出的闪光点，以塑造新时代作为知识和文化精英的理想的乡村教师道德榜样形态，是破解乡村思想政治教育发展现实困境、提升个体乃至乡村社会思想道德整体水平和开创理想道德秩序的重要工具和手段。

三、个体道德成长的内在诉求

在中国传统的以个体为中心的道德同心圆系统中，社会道德只在个体交往中发生意义。虽然时代的变迁造成了社会性质的部分转变，特别是自新中国成立以来，半熟人社会和后喻文化等社会现象的出现，使社会对个体道德的约束力减弱，青年人对成年人的影响也逐渐增大，但作为社会累积的经验的传统，社会对个体道德的约束力仍然存在，而成年人，特别是教师作为同伴群体和青少年模仿学习的主要对象，仍然是影响个体道德成长的关键因素。因此，总结我国乡村教师道德榜样的历史经验，并应用于当前乡村教师道德榜样的塑造，发挥其引领示范和辐射带动作用，契合了个体道德成长的内在诉求，包括个体全面发展的成长需求和教师专业发展的职业需求。

第一，马克思提出了人的全面发展理论，指个体在体力、智力、个性、才能、兴趣和思想道德等方面得到充分而自由的发展。在中国特色社会主义建设过程中，人的全面发展主要包含德、智、体、美、劳，不难发现，德作为首要因素存在于个体的全面发展过程中。为此，对乡村教师道德榜样进行研究，是提升个体思想道德水平以促进其全面发展的重要途径。

第二，作为一种特殊职业，教师的才华、道德和能力等是他们工作最主要的手段，不仅助推了教师个体的成长，而且对学生起到了模范和榜样的作用，形塑着教育对象的道德品格和行为习惯。同时，教师在我国也一向被称为"师范群体"，"范"即模范和榜样，含有道德的模范和榜样之意，要求教师在职业领域、个人私德和公共道德领域都应发挥道德标杆作用。且"师德为先"作为我国教师专业标准的基本理念，也体现了我国对教师道德培养和榜样垂范的重视。而相比于城市教师，由于乡村教师肩负着更多的社会责任，除了要完成日常教学活动，还要承担照顾学生日常生活的责任，并担任未获法律认可的儿童监护人、儿童社会过程中的"重要他人"、传统文化传承和现代文化传播的乡村"文化人"等角色，因此，乡村教师群体也就承担着更多层次的道德责任。在面对乡村教师师资流动性过大、"下不去、留不住、教不好"等现实问题时，深入挖掘乡村教师道德榜样的塑造经验，用他们对那片土地的习惯与热爱，以及对当地学生的怜惜与不舍等榜样行为，去引领示范和辐射带动当地乡村教师坚定扎根乡村、服务乡村教育的决心。这是作为一种教育方法示范和引导着他人，特别是教师同伴群体和青少年的模仿学习，以促进师生个体思想道德水平的提升，鼓励其他乡村教师"下得去、留得住、教得好"，也是作为一种重要实践在加强教师队伍建设、推动公民道德建设和提升社会道德水平过程中发挥着至关重要的作用。

第二节 文献综述

文献综述能够为深入研究奠定坚实的理论基础并提供延伸的契机，是掌握研究概况和提高研究总体水平的重要前提。本书遵循外延由大到小的原则，分别从榜样、道德榜样和教师道德榜样相关主题三个方面对有关文献进行综述。

一、关于榜样的研究

作为日常生活中最为常见的现象之一，榜样在个体个性化成长和社会化过程中都扮演着不可小觑的角色，并发挥着积极的促进作用，包括身心健康全面的发展、社会规范和规章制度的内化、和谐人际关系以及和谐社会的构建。因此，在思想政治教育学、伦理学、教育学和心理学等领域，榜样均得到了极大的关注和广泛的研究。

（一）关于榜样的定义研究

从词源学的角度而言，"榜"是指用来矫正弓弩的工具，"样"是指样子、形状、品种、做标准的东西，如样品、模样、样本、样子等，而"榜样"结合最初的含义是"样子""模样"，后来演化为"情形""状况""表率""楷模"等含义。《辞海》对"榜样"的解释是"作为仿效的例子"❶,《现代汉语词典》对"榜样"一词的解释为"作为仿效的人或事例（多指好的）"❷。同时，"榜样"也作规范，是"标准"这一概念的引申，指能代表同类事物一般规律的典范，多指好的典型，用于被他人所模仿，有时也指不好的典型，能用于警告他人。"榜样"一词虽没有与之完全对应的英文单词，但多以 example、hero 和 model 等英文单词来对应，即通常对应榜样、英雄、楷模和模范等概念，也不作过多的区分。首先，多是将其视为一种教育方法。如苏联教育实践家和教育理论家瓦·阿·苏霍姆林斯基认为，在实践中践行榜样示范是最直接、最好的教育手段。因此，有学者从教育学的角度对榜样作为一种教育方法进行了解读，认为榜样"是用他人的好思想、好行为、好道德来影响学生的教育方法、德育方法之一"❸，或认为榜样是做人做事的原则和规范，以及个体本身所具有的某种品质和作风。分析发现，作为一种教育方法，榜样多运用于学校的思想政治教育工作中，也被称作"榜样教育法"或"典型教育法"，因此，有学者基于思想政治教育学的视角提出，榜样是一种思想政治教育的基本方法，是根据客观事物发展的不平衡规律而提出来的，既指具体的、活生生的人或事，也包括文字符号、图像、信息、语言描述、艺术形象等。❹ 其次，也有学者从心理学的视角出发，认为"榜样"是在个体缺乏客观标准的情况下被利用来作为比较的尺度的，"不仅对自己有鼓舞作用，而且可以改善自我概念，产生'同化效应'，不断进行自我的完善"❺。最后，还

---

❶ 夏征农，陈至立. 辞海 [M]. 第六版. 上海：上海辞书出版社，2009：97.

❷ 中国社会科学院语言研究所词典编辑室. 现代汉语词典 [M]. 第 5 版. 北京：商务印书馆，2005：41.

❸ 张念宏. 教育学辞典 [M]. 北京：北京出版社，1987：463.

❹ 万美容. 优选与创设：榜样教育创新的方法论视角 [J]. 中国青年研究，2006（9）：19－22.

❺ Kathryn B, Colin W L, David M. H. Upward social comparison and self－concept：inspiration and inferiority among art students in an advanced programe [J]. The British journal of social psychology, 2010（44），109－123.

有学者从伦理学视角对榜样进行了定义。他们认为，榜样是"在道德上主动精神的一种形式，表现为一个人（一群人或集体）的举动变成其他人行为的楷模"❶，由于榜样具有崇高的道德价值和道德理想，因此"榜样"又常常被称为"道德榜样"。

由此可见，榜样作为一个较为广泛的概念，其研究涉及多个学科领域，在不同背景下，其含义也不尽相同。榜样既可以是一种教育基本方法，多用于个体的德育和思想政治教育过程，也可以是特定历史时期同类事物中最有代表性的人或事；同时，其性质具有二元性，可以指"好的榜样"，也可以指"坏的榜样"。但在实际运用中，榜样更多地倾向于指好的、值得仿效的人或事例，是一个褒义词。

（二）关于榜样教育的研究

榜样教育是榜样作为一种教育基本方法相关问题的研究，是我国精神文明建设的重要内容和组成部分，在社会发展进程中，居于不可或缺的地位，发挥着重要的作用。通过对已有文献的梳理发现，有关"榜样教育"的研究主要集中在基本概念、主要作用、存在问题、提升对策等方面。

第一，基本概念。榜样教育又被称为榜样示范教育，有研究者从经验和实践基础上揭示了榜样教育是一种教育方法，是教育者在长期实践活动中总结出的、通过典型的人或事引导受教育者提高思想认识的方式和手段。如所谓榜样教育就是一种常见的社会学习途径，即通过观察学习，从他人那里获取新行为的信息；模仿他人的所作所为，接受他人行为的影响而形成自身的人格特征。❷ 榜样教育是我国道德教育的重要组成部分，也

---

❶ 伊·谢·康. 伦理学辞典 [M]. 王荫庭，译. 兰州：甘肃人民出版社，1983：76.
❷ 王丽荣. 试论毛泽东的榜样教育：从"学习雷锋好榜样"谈起 [J]. 毛泽东思想研究，2003（6）：28–30.

是道德教育的重要方法。❶ 也有研究者从教育实践角度出发，认为"榜样教育"是一种教育实践活动，需要借助"榜样"这一载体，方能对受教育者的心理和行为产生影响。如榜样教育是教育者通过榜样这一价值载体的人格形象，激励和引导学习者自我内化榜样精神品质，生成自我价值观念、道德人格和创新行为方式的一种教育活动。❷

第二，关于榜样教育的作用研究。榜样教育在于通过将社会对公众的普遍要求融入典型的具体言行中，使得榜样的言行更容易被受教育者所接受，进而发挥其示范引导和增强教育实效性的作用。对于榜样教育的示范引导作用，正面典型的榜样教育发挥着激励和示范作用，而反面典型则消解着该榜样的负面"示范"作用。作为德治的一种重要手段，发挥着贬恶扬善的导向作用和潜移默化的熏陶作用，以及立身做人的示范作用。❸ 对于榜样教育的实效性作用，主要体现在提升个体的思想道德素质和养成个体高尚的道德行为等方面。

第三，针对榜样教育存在的问题而言。新时期的榜样教育受传统榜样教育残留的弊端和当下价值多元冲击等因素影响，对人的思想道德和价值观教育效果并不理想，面临着榜样教育式微的挑战，亟须各方力量采取多种方式产生联动作用。通过分析发现，当下榜样教育的问题主要存在榜样的选择、宣传和践行等方面，表现为榜样形象脱离生活实际、偶像崇拜泛滥、教育方法运用不当、个体功能被忽视、道德认知模糊、相关机制不完善和宣传力量分散等问题。榜样教育常常以完美的榜样形象、空洞的理论说教和突击式的实践活动等为表征，教育主体也经常把关注的目光更多地放在了榜样的伟大和崇高之上，而不关注其平凡和生活化的一面。榜样的

---

❶ 秦大伟，张晓丹. 榜样教育与少年儿童道德自我构建［J］. 中学政治教学参考，2016（15）：69－73.

❷ 李言. 榜样教育在思想政治教育中的运用［J］. 中学政治教学参考，2018（30）：51－53.

❸ 薛天详. 高等教育学［M］. 桂林：广西师范大学出版社，2001.

产生过程缺乏民主性考虑，在榜样的培养过程中出现情感关怀的缺失，缺乏对榜样的监督意识，榜样权益的保障机制不健全。❶

第四，榜样教育的提升对策问题。主要表现为通过反思榜样教育现状、探讨其规律和澄清其影响因素等方式，探寻具体的提升对策。通过对已有研究的分析发现，作为一种教育实践形式，榜样教育也拥有一个独立而完整的教育运行系统，包含教育者、榜样载体、受教育者和传播四个基本要素。同时，随着社会转型期价值取向的多元化发展，个体开始根据自身需要，从各自的选择空间筛选榜样，从而使得被公开选树的榜样效果受到了削减。所以，对于提升榜样教育效果的策略选择，已有的研究主要从主体、客体、介体和环体方面着手。其中，榜样教育的主体一般是以教师、家长和领导为主的个体形式存在的个人，即使是以组织、团体和机构等群体形式存在的群体榜样，其组成单位也是个体，因此，榜样教育主体的提升策略主要在于提升其专业素养水平，包括教育多方主体力量的联动和教育方式的改进。如有学者基于问卷调查的结论，建议教育者采取以下方式，如接触困惑，增强自觉性；分清良莠，选择榜样；控制构成因素，采取适当教育方式；排除反面典型的干扰。❷ 榜样教育的客体主要是各类学生、青少年、干部和普通群众，他们既是教育的客体，也是教育的主体，因此，榜样教育客体的提升策略主要在于加强对榜样的情感认同，从而内化为客体自身的主动自觉行为。思想是行动的先导，那么加强客体对榜样的情感认同，首先要解决的便是受教育者对榜样的思想认识问题，尤其是要深入反思榜样教育的价值功用，❸ 跳出当前榜样"过时论""无用论"和"无穷论"等错误的榜样教育思维。榜样教育需要解决的主要是作为教育内容的榜样问题，其提升策略包括榜样培育的强化、遴选标准的优

❶ 王梓. 当代榜样教育研究 [D]. 沈阳：辽宁大学，2013.
❷ 张振鸾. 浅谈榜样教育 [J]. 山东教育科研，1991 (1)：29 – 33.
❸ 李蕊. 当前的榜样认同提升问题研究 [D]. 北京：中共中央党校，2017.

化和宣传方式的多元化。如在家庭、学校和社会等主体之间建立起合作机制，以强化榜样的培育；实事求是地选择和运用榜样，积极采用报刊、广播、电视、网络等现代化教育手段宣传典型，注意利用多种途径和方式开展榜样示范教育。❶ 榜样教育的环境指影响榜样教育效果的外部因素，其提升需要立足现实，在继承历史文化传统的基础上融入具体的、开放的环境，包括教育环境的规范和教育机制的完善。如通过宣传思想工作，主管部门扩大榜样教育的媒体空间，加强监管并适当限制选秀类、访谈类、综艺类等打造偶像明星的娱乐节目。❷

应该看到，榜样教育在国外也同样受到重视，一些榜样人物经常出现在如《荷马史诗》《红与黑》等文学作品中，以及《蜘蛛侠》《超人》等影视作品中，他们所用来进行教育的"榜样人物"多充满着较多的英雄主义和个人主义色彩。同时，国外有关"榜样教育"的问题也出现在社会、学校和家庭等场域中。如班杜拉立足社会学习理论对榜样教育进行研究；苏联教育家瓦·阿·苏霍姆林斯基对学校德育过程中的榜样教育研究，以及内尔·诺丁斯关怀德育中的榜样教育。但这类研究大都比较零散，没有形成比较系统的范式。因此，榜样教育研究的价值是一元的，即不管是作为教育方法，还是教育活动，榜样教育都是积极的，教人向上的，有助于受教育者的全面发展与和谐社会的构建。同时，新时代的榜样教育在传统榜样教育弊端和时代洪流中逐渐丧失了其教育功能，需要各方力量协同发力，以提升榜样教育的效果。

---

❶ 陈万柏，张耀灿. 思想政治教育学原理 [M]. 北京：高等教育出版社，2015：224 – 225.
❷ 徐红波. 榜样教育与偶像崇拜构成要素异同辨思 [J]. 南通大学学报（社会科学版），2014，30（3）：90 – 95.

（三）　关于榜样的基础理论研究

关于榜样的基础理论研究，西方的研究较为扎实，特别是从心理学和教育学的角度而言，一般集中在模仿和强化两个方面。如亚里士多德认为模仿是人的第二天性。夸美纽斯认为，青年学生在学会运用他们的心灵之前就已经学会了模仿，不管他们看见的是好的，还是坏的，或者有没有吩咐去做，都会去模仿，因此，不管是老师、父母、家人，还是朋友、同学，在整饬生活的榜样时，都需要不断地将他们放到学生的跟前。❶ 美国当代著名教育哲学家、德育学家内尔·诺丁斯认为，教师是学生习得关心的源动力，并提出了道德教育方法的四种建议，即榜样、对话、实践和认可。在教师的关心和榜样的引领过程中，学生个体获得了被他人关心的真切体验，在此基础上，个体继续产生对自我、他人、社会和环境的责任感，"进而以之为榜样，在生活中以自己的行为不断影响和感化身边的人，使效仿这种道德行为的举动得到良性的传递和循环。"❷ 还有以美国学者路易斯·拉思斯为代表的价值澄清理论，社会心理学家利昂·费斯汀格的社会比较理论，社会心理学家凯尔曼从服从—同化—内化这一态度转变的角度提出的榜样行为心理内化理论，以及法国后现代主义大师让·鲍德里亚基于后现代视角而提出的仿真理论等。但最具代表性的还是班杜拉的社会学习理论、苏霍姆林斯基关于教学实践意义的分析和柯尔伯格的道德养成理论。其中，班杜拉通过一系列实验说明了榜样的心理机制为观察—模仿—强化。他认为，学生首先是对他人的行为和结果进行观察，然后才进行模仿。同时，他还比较了"榜样行为"和"口头劝

---

❶ 夸美纽斯. 大教学论 [M]. 傅任敢，译. 北京：教育科学出版社，1999：168.
❷ 内尔·诺丁斯. 内尔·诺丁斯文集 [M]. 于天龙，译. 北京：教育科学出版社，2011：96.

说"这两种方式对学生道德行为的影响。苏霍姆林斯基则基于教学实践的视角,深入探讨了学校德育中关于榜样的基础理论问题。他认为,教师在对学生进行道德教育时,要善于树立和运用鲜明生动的榜样形象开展榜样教育,尤其是教师本身作为最生动的榜样形象,通过不断完善自己的形象与人格魅力来感染和熏陶学生,❶ 才更能够激发学生在思想和情感上产生共鸣,这样的道德教育才更有效。

基于此,国内有关榜样的基础理论研究则多以班杜拉的社会学习理论为前提。如有研究者在论述班杜拉社会学习理论中的交互决定论、观察学习论、自我调节论和自我效能论四个理论基础上,阐明了该理论在"模仿学习在家庭教育中的作用、学校中的榜样教育和认知在模仿学习中的作用"❷ 等实际分析中的应用价值。也有研究者从社会学习理论中观察学习过程的四个阶段着手,通过问卷调查的方式将榜样教育与偶像崇拜的心理状态以及教师对有关问题的看法进行了比较研究,进而分析该理论对我国榜样教育的启示:"榜样与偶像的一致性说明现行教育还是起了一定作用的,但两者的差异则体现了榜样与青少年心理需要不完全符合,因此,把偶像教育与榜样教育适当地结合起来必将有利于我国的德育教育。"❸

(四) 关于学校教育中榜样的演变研究

在学校教育中,榜样作为学生模仿和学习的对象,是影响学生品德形

---

❶ 瓦·阿·苏霍姆林斯基. 给教师的建议:上 [M]. 杜殿坤,译. 北京:教育科学出版社,1981:58.

❷ 林碧英. 班杜拉的"社会学习理论"与榜样教育 [J]. 福建师范大学福清分校学报,1992 (2):73 - 78,104.

❸ 雷开春,孙洪彬. 关于青少年榜样教育与偶像崇拜的心理调查及思考 [J]. 青年研究,2000 (5):30 - 35.

成的重要工具。同时，由于学校教育的重要依据和课程教学的重心在于教科书，所以，关于学校教育中榜样的演变研究多集中在对教材中关于榜样人物形象的论述中。如有学者选取不同版本教科书中榜样人物设置的变化，从数量、性别、国别、类型和呈现方式等方面阐释榜样的变化对教学的启示。❶ 有学者通过分析新中国成立以来人民教育出版社出版的德育教科书中榜样人物在年龄段、性别、民族和职业等几个方面的纵向变化，❷ 揭示其背后所隐匿的价值观。也有学者采用内容分析法，考察了不同版本教科书中榜样人物在年龄段、性别、民族、职业、教学方式等20个维度上的演变轨迹，❸ 从而对日后教科书中"榜样人物"的优化设置提供启示。但是，较少有学者探讨存在于学校教育中的、除了教科书中的"榜样人物"的演变。

二、关于道德榜样的研究

道德榜样并不是一个新概念，作为人格化的道德的化身，代表一定社会或阶级的道德理想，是我国传统美德的继承者、时代精神的弘扬者和未来道德理想的开拓者。在《读秀数据库》中收集的以道德榜样、道德模范、道德楷模或道德典范等为书名的条目共计137条。在《中国知网数据库》收集到以道德榜样为篇名的文章共计2035篇（检索时间截至2023年7月12日）。在对这些文献进行分析后发现，学术界主要对道德榜样的概

---

❶ 张小发. 教科书榜样人物的设置变化及其教学启示［J］. 中学政治教学参考，2017（21）：54－56.

❷ 刘黔敏. 中小学德育教科书中的榜样人物分析［J］. 教育评论，2009（1）：65－68.

❸ 张丽敏，谢均才. 中国大陆小学品德教科书中榜样的嬗变：人民教育出版社1999年版和2005年版小学品德教科书内容分析［J］. 教育学报，2016，12（3）：28－44.

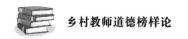

念、作用、发展过程中存在的问题和促进策略等均进行了探索、思考和建构。

（一）关于道德榜样概念的研究

就已有研究而言，目前学界关于道德榜样的内涵还没有形成统一结论。在国内，有学者基于道德榜样与榜样的内在关系，对道德榜样这一概念展开了定义。其中，有的学者认为道德是一切榜样的共同韵律和内在规定，因此，将道德榜样等同于榜样，他们集中体现了当时社会道德的崇高性。如"所谓榜样或道德榜样，就是具有崇高的道德理想和道德境界、高尚的道德人格和道德品质、富有道德魅力和道德吸引力而令社会大众景仰、学习和模仿，从而对提升社会大众的道德素养和社会的道德水平产生重大影响的先进人物"❶。在魏明铎等人编著的《共产党员思想道德修养词典》一书中，作者也认为，道德榜样又称榜样，指道德上的典型人物或道德上可供学习、参照和模仿的典型行为。❷ 而有的学者则将道德榜样与榜样区别开来，认为道德榜样是道德和榜样两个词的合成词，两者之间存在着个别与一般的关系，道德榜样是在道德领域的先进人物或先进团体，即存在于道德领域的榜样，是榜样的特殊群体，与道德典范、道德楷模、道德模范等同义。如"道德榜样也称为'道德典范'，是堪称道德楷模的典型个人或团体"❸。同时，榜样具有好坏之分，而道德榜样则是褒义词，指具有正面道德价值的榜样。因此，有研究者借此将道德榜样与其阶级性和时代性等特征结合起来对道德榜样进行了概括，认为道德榜样体现了一定

---

❶ 廖小平. 论道德榜样对现代社会道德榜样的检视 [J]. 思想道德教育，2007（2）：71.

❷ 魏明铎，耿文清. 共产党员思想道德修养词典 [M]. 北京：中国政法大学出版社，1992：787.

❸ 朱贻庭. 伦理学大辞典 [M]. 上海：上海辞书出版社，2002：41.

社会或阶级的道德理想，如我国著名伦理学家罗国杰就将其定义为："一定阶级的道德规范原则在具体人物身上的集中体现，是某些阶级理想人格的具体表现。"❶ 同时，也有研究者通过与道德楷模、偶像、英雄和领袖等相关概念的界定区分明晰道德榜样的概念。他们的共同点在于在人民群众之间都有极大的影响力，不同点在于，道德楷模较之道德榜样的感情色彩更强烈一些，在用作教育方法使用时，人们习惯用榜样；偶像的选择带有一定的盲目性，但不乏有很多体现当代精神风貌的偶像；相较于普通群众，道德榜样作出了更大的牺牲，而英雄作出的牺牲又高于一般的道德榜样；道德榜样一般属于伦理学概念，而领袖则一般是拥有政治权力的人，不划归到伦理学概念中。在国外，学者们则更加注重道德榜样在社会实践中的运用，因此，道德榜样更多的是作为一种教育和学习方法进行定义的。如康德认为："人们应该通过榜样教给孩子应该履行的义务，以此来培养孩子的道德品质。"❷ 班杜拉则指出："人们学习的途径依赖于观察他人的行为习惯及其结果而产生的一种替代性、直接经验的学习方法。"❸ 而这种学习能力正是个体在观察和模仿道德榜样的行为过程中获得的。

因此，不管从何种视角出发，道德榜样的基本出发点都有作为参考的人的原型，是以人自身为中介完成的，即使时代的发展赋予了道德榜样更多的内涵，如对社会主义核心价值观的培育和践行、对美好生活精神追求的示范和引领，但其本质仍然没有发生改变，是在思想道德领域值得人们学习效仿的先进人物或团体，集中体现着所处社会时代背景下的道德原则和道德规范，它为人们的道德行为方式提供了一个可仿效的标准和奋斗的

---

❶ 罗国杰. 中国伦理学百科全书·伦理学原理卷［M］. 长春：吉林人民出版社，1993：366.

❷ 康德. 康德著作全集：第9卷［M］. 李秋零，译. 北京：中国人民大学出版社，2013：489.

❸ 班杜拉. 社会学习心理学［M］. 郭占基，等译. 长春：吉林教育出版社，1988：22.

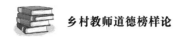

目标，规范、激励并鼓舞着人们改进自身的行为，进而提升个体的公民道德修养，促进和谐文明社会的构建。

（二）关于道德榜样的作用研究

关于道德榜样的作用研究，国内外学者历来都比较重视，并且做了许多研究。通过相关资料收集与整理发现，对道德榜样的作用研究存在着两种截然相反的观点。其中一种观点对现实生活中道德榜样的作用提出了否定和质疑，以康德和彼彻姆为代表。不要拿上我们的狭义书籍中所充斥的所谓壮举（超级有功）的范例来教他们，而事事都应当只以职责来提示他们，应当以他们在自觉没有违反职责时，在自己眼里所能够并必然给予自己的那种价值来提示他们。❶ 在康德看来，"守责意念含有一种原理，而那种追求当浪漫英雄的超长气概则只是一种感情沸腾。因此，职责的思想才是最重要的，其行为不取决于外界榜样的影响。"❷ 同样，彼彻姆也认为，学习"模范人物"经常会妨碍自己批判性地思考和独立地实施自己的判断，❸ 据此否定了道德榜样的积极作用。但历史和实践的经验都已充分表明，道德榜样的积极作用是远远大于其可能带来的消极影响的。这也是大多数研究者肯定道德榜样的作用的原因，即另一种对道德榜样的作用持肯定态度的研究观点，认为道德榜样在精神上发挥着引领和示范作用，以社会学习理论和模仿理论为代表。

对于社会学习理论而言，其代表人物是班杜拉。如前所述，他着重研究并特别强调了榜样在青少年儿童道德行为形成过程中的示范作用。

---

❶ 康德. 实践理性批判［M］. 关文运，译. 桂林：广西师范大学出版社，2002：150－151.
❷ 邹秀春. 道德榜样论［M］. 北京：北京出版社，2010：10.
❸ 彼彻姆. 哲学的伦理学［M］. 雷克勤，等译. 北京：中国社会科学出版社，1990：260.

大部分的人类行动是通过对榜样的观察而习得，即一个人通过观察他人知道了新的行动应该怎么做。● 对于模仿理论而言，由于模仿不仅涉及具体的行为表征，而且作为一种复杂的行为表现，蕴含着独特的心理机制。因此，研究者们通过理论推演和实验研究等途径构建了多样化的关于模仿的理论解释模型。包括模仿是与生俱来的、目标匹配过程的模块间匹配理论模型；模仿是在对示范者动作行为进行观察、感知、理解、认同、比较和连接的基础上的动作的系列行为，即模仿是在后天经验学习基础上形成的连接序列学习模型；模仿是对特定的示范行为进行细化、分解和重组后进行的观念运动模型；对个体在模仿过程中对示范者动作进行模仿的身体机制以及对示范者意图理解和自身观念运动的神经机制进行解释和揭示的具身模仿模型。由此可见，在所有的模仿理论模型中，模仿对象，即榜样示范者在其中都发挥着不可或缺的积极的引领作用。

作为在思想道德成长方面可以模仿学习的典型，道德榜样在优点上胜过学习者，具有具体形象性、权威性、可接近性、生动性以及强大的说服力和感染力等特征，这对于具有形象思维的幼儿而言，更容易使他们信服和模仿，进而在他们的品德形成中发挥着启动、控制、调整和纠正等调节作用。不仅如此，这样的道德榜样在同辈群体之间也能起到巨大的示范作用，从而提升同辈群体的道德修养水平。2017 年，中共中央、国务院印发的《中长期青年发展规划（2016—2025）》提出："赢得青年才能赢得未来，塑造青年才能塑造未来。" 这是因为，青少年时期是个体社会化过程的重要阶段，此时的他们可塑性最强，但又正处于由不成熟走向成熟的过渡时期，在社会急剧转型期，各种文化思想互相碰撞、人的价值取向日趋多元的重重道德困难之下，更容易陷入道德迷茫和道德虚无主义的泥淖，那么

● 班杜拉. 社会学习心理学 ［M］. 郭占基，等译. 长春：吉林教育出版社，1988：22.

此时道德榜样的规范、引导和激励作用就能对其人生观、世界观和价值观的形成和发展起到重要的协调作用，进而提升社会整体思想道德水平，并起到营造良好社会道德风尚的作用。因此，对于道德榜样的作用研究，大多数研究者将关注点集中在中学生、大学生等青少年群体之中。

（三）关于道德榜样发展进程中存在的问题研究

道德榜样作为道德领域的先进典范，在新时期公民道德重点建设的背景下，呈现越来越重要的地位。特别是党的十八大以来，我国社会主义道德建设要求全面提高公民道德素质，也就是说，新时代的典型性特征助推了道德榜样的进一步培育、发展和进步。但是，随着时代的发展，新时代社会转型期的价值多元、个人主义、利己主义等思想观念使人们陷入迷惘，并且沉醉于现实世界科技至上、经济至上、消费至上等物质主义的泥淖而无法进入道德的可能世界，道德虚无主义的价值观也不断侵蚀着人们对道德的信仰，众多青少年对偶像明星的盲目崇拜与追逐模糊和掩盖了道德榜样的光环，特别是贪污腐败的道德"寻租"现象、道德"钟摆"现象和动因纯粹化等道德失范现象逐渐开始滋长蔓延并消解着政府的公信力，导致道德榜样的作用发挥受到了压制，其营造良好社会风气的功能也在时代的洪流中被冲淡，新时代的道德建设也面临着现实的尴尬境地。

具体而言，关于道德榜样存在的问题研究可以概括为以下两个方面。

第一，道德榜样的产生机制问题，即个体思想道德成长过程中面临的困境。首先在家庭方面，一方面，由于父母本身道德修养水平不高，如好吃懒做、缺乏信用、不诚实、损人利己等，孩子也会受其影响而表现出不良的行为举止；另一方面，受社会时代洪流的冲击，道德榜样作用式微的形势冲击着孩子、父母的观念，同时，社会对道德榜样的补偿机制不完善，造成家庭成员不能充分理解和全力支持道德榜样展示其高尚的道德行为，进而影响道德榜样的培育。其次，在学校方面，教师作为学生模仿学习的主要对象，是影响个体道德成长的关键因素，但受传统教师道德以及当下社会舆论和道德权威压制等因素影响，教师道德发展的自觉性、主动性、创造性和个体性被削弱，由此导致教师角色定位出现偏差、教师道德水平提升遭遇"瓶颈"，进而使得学校的道德教育效果大打折扣。最后，在社会方面，道德榜样作为人群中的普通一员，党和政府、城市、社区和农村基层组织等同样也在其高尚道德品质养成过程中发挥着主导地位。但是，曾经的模范干部蒋艳萍、廉政模范张昆桐和全国劳模王德元等贪污腐败、以权谋私的道德榜样退化、变质的消息冲击着人们的内心，不断消解着道德榜样的社会公信力，打击了群众的积极性，阻碍着道德榜样的培育之路。

第二，在道德榜样选树和教育过程中存在的问题主要包括道德榜样选树的类型单一、缺乏层次性，造成其教育效果难以实现大众普及化；选择标准不够优化；宣传过程中任意拔高和神化道德榜样的形象，使得榜样缺乏真实性，且宣传方式较为单一，宣传力度也不够深入，难以使公众在情感上产生共鸣；在运用道德榜样教育公众的过程中，多使用传统和固化的教育方法，且没有充分发挥这些方法在促进道德榜样教育实效中的合力。

（四）关于促进道德榜样发展的策略研究

关于促进道德榜样发展的策略，已有诸多研究，并主要集中在道德榜样的产生、选树和教育等方面。对于道德榜样的产生和持续发展，要注重品行和德性等道德观的培养，且单靠某一单方面的力量是不够的，而是需要家庭、学校和社会等多方主体在培育道德榜样的过程中形成合力。在家庭层面，需要家庭成员的以身作则、理解和支持。在学校教育层面，让道德榜样的感人故事走进课堂,❶ 尤其要重视对学生进行欲求教育、情感教育和挫折教育,❷ 以培养其道德榜样的塑造能力。同时, 教师以身示范的榜样教育效用也同样不容忽视。从社会的角度出发, 党员干部要以身作则, 要重视对个体日常行为的科学评测、全面长期教育和合法权益的保障。

对于道德榜样的选树和教育, 应力求从以下四个方面入手。

第一, 道德榜样的选树要多以能够体现时代精神和针对性的身边的人为原型, 特别是青少年的朋辈榜样和师长榜样的树立, 让榜样人物能够现身说法, 从而使得选树的道德榜样在情感上更容易被学习者所认可和接纳,❸ 在行为上更容易被模仿和超越, 进而达到道德榜样教育的目的。毛泽东同志从白求恩、张思德和神话故事人物, 如愚公的故事中总结出他的榜样教育思想, 认为在挑选榜样时, 要注重榜样的时代性, 时代性体现着民族性, 并与民族性辩证统一; 也就是说, 榜样的选取要具有典型性, 能够凸显榜样所处社会和时代的大背景, 摒弃脱离实际的"英雄式榜样", 宣扬平易近人的"草根式榜样"。在挑选榜样的同时, 不仅要注重外在形象的时代气息, 更要瞄准榜样个体内在强烈的道德责任感, 以实现榜样外在美和内在美的协调统一。

第二, 通过建立和完善赏善罚恶的社会机制, 特别是"对道德榜样的奉献和付出给予一定回报、照顾或奖励"❹ 的回报机制, 让道德榜样不仅获得心灵的宁静, 也让他们满足合乎理性的正当要求。在马克思和恩格斯看来, 道德是实践的, 是个人道德和社会道德的统一, 是需要制度保障

---

❶ 刘顺然. 道德榜样走进政治课堂的有效探索 [J]. 思想政治课教学, 2011 (6): 34 - 35.

❷ 沈大光. 青年的可塑性与道德榜样的塑造 [J]. 中国青年社会科学, 2017, 36 (4): 25 - 31.

❸ 高凤敏, 沈大光. 青年道德榜样情结的养成 [J]. 人民论坛, 2019 (13): 111 - 113.

❹ 邹秀春. 论建立道德榜样的回报机制: 以"受助不感恩"为个案的讨论 [J]. 学校党建与思想教育 (上半月), 2008 (5): 17 - 20.

的。列宁也认为，不能用个人的道德情感来代替社会原则，那样只会适得其反。

第三，中国国情决定了道德榜样塑造承前启后的内在必然性，● 那么我国在塑造道德榜样的过程中，就不仅要明晰所处时代道德榜样评选标准的独特性，而且要充分考虑传统道德榜样塑造的历史特点。换言之，道德榜样的选树标准要坚持传统性和时代性、多样性和代表性的统一，挖掘群众身边的榜样，尊重广大人民群众的心理需求。具体落实到实践中，要与时俱进地把握政治上、工作上和个人品质上的道德标准，也要注重标准的可实现性，避免所选择和树立的道德榜样脱离群众的现实生活。

第四，优化道德榜样的宣传环境，一方面要多渠道宣传，充分利用现代多样化宣传媒介，坚持主流媒体的正面引导，有效利用互联网、报刊、广播电视等现代化大众传媒；另一方面，要实事求是地宣传，既不可刻意拔高和宣扬道德榜样的完美形象，进而使公众敬而远之，产生莫大的疏离感，也不可忽视宣传力度，削减道德榜样的教育作用，如此，才能够使所宣传的道德榜样具有更强大的道德感召力和冲击力。❷

三、教师道德榜样相关主题研究

教师道德榜样，或称"师德榜样"，是影响教师群体和青少年道德水平发展最重要的因素，也是社会主义道德建设的重点领域和人群，因此，研究教师道德榜样，对个体道德成长和社会发展进步都具有重大意义。分

● 沈大光. 青年的可塑性与道德榜样的塑造 [J]. 中国青年社会科学, 2017, 36 (4): 25 – 31.

❷ 冯庆旭. 论道德榜样 [J]. 齐鲁学刊, 2016 (3): 92 – 96.

析已有文献，发现对于教师道德榜样相关主题的研究，一方面，体现在教师道德的培育作为教师队伍建设的途径，包含师德内涵的演变以及师德建设等问题；另一方面，体现为教师道德榜样作为一种教育方法和典型人物在实践中的运用，即教师道德榜样的培育和宣传问题。

（一）关于师德内涵的演变

教师道德从原始社会的自然神格发展而来，经历了奴隶社会的"君王表率"和封建社会的"圣贤示范"的演变，教师道德的意蕴也得以进一步完善。从新中国成立到社会主义改造和建设时期是建设道德的时期，通过一系列的道德建设措施形成了以集体主义为核心的道德准则。表现在教育中，全日制教育、业余教育、扫盲教育和"双百"方针等文化措施的实施提高了师生对社会主义新中国的道德认同，以及对平等地位和权利的追求。同时，由于当时人们闭关自守的态度，使得这一时期的教育主观主义较为浓厚，且多以政治教育为主，教师道德也多强调通过加强政治学习，培养以爱国主义、集体主义，以及艰苦奋斗、刻苦钻研等公共品德为核心的公德。在道德革命时期，个人崇拜的盛行和个人利益的压制使得这一时期的道德在曲折中缓慢发展。在教育中的具体表现是高考被取消，中小学以政治课和劳动课程居多，文化课很少，教师成为社会他者，甚至学生都可以随意进行批斗的对象。同时，由于教育教学的内容主要是语录和英雄人物事迹，因此，这一时期的教师道德是附庸的、压抑的、刻板的和模式化的，表现在教学活动中的教师道德失去了崇高形象，缺乏师生之间柔性的感情色彩。

改革开放以来，随着社会分工和生产力的发展，道德又重新进入了恢复和重点建设时期。职业是社会主义现代化建设事业的有机组成部分，个体道德自然与职业生活紧密相连，因此，社会主义精神文明建设开始聚焦到了个体职业道德的养成和培育。作为社会主义道德和共产主义道德的重要组成部分，职业道德既是社会职业的共性道德要求，在所有的社会职业中都有所体现，能直接映射社会的整体道德要求和面貌，包括热爱社会主义、集体主义、以人为本、敬业、创新、诚信、法治、奉献等精神，也是特定职业需要的道德意识和行为规范，❶ 是结合社会共性道德以及该特定职业工作的要求形成的一种特殊道德。以"教师"和"道德"（项间逻辑关系为"并含"）为篇名，以 1998—2022 年为时间划分，共检索和筛选出281 篇 CSSCI 来源期刊文献，对其进行分析梳理后发现，以"教师职业道德"或"职业道德"为关键词出现的频次最高。因此，在过去的很长一段时间内，教师道德都被认为是教师职业道德，是一定社会对教师职业行为提出的基本道德要求，❷ 包含比较稳定的道德观念、行为和品质，主要表现为三个层次，即"学高为师——师德之基，身正为范——师德之本，热爱学生——师德之魂"❸。

但从对这些文献进行的关键词时区图谱分析中发现，近年来随着对教师道德的深入研究，已逐渐从高校和中小学教师职业道德向教师教育和教师专业道德发生了转变。其突变检测也显示，2003—2005 年对教师职业道德的研究逐渐繁盛；2011—2013 年对教师道德成长的关注度有所提升；而从 2013 年至今，对教师专业道德的研究开始集中和凸显，且成为学者们研究的热点和前沿。换言之，对教师道德内涵的理解逐渐从教师职业道德转向教师专业道德，具有较高的格位特征，指个体在扮演教师这一特定社会角色时所呈现出来的道德面貌，是能体现教师专业特性、教师道德价值以

❶ 李培超，李彬. 中华民族道德生活史：现代卷 [M]. 上海：东方出版中心，2014：266.
❷ 田延光. 切实重视加强高校师德建设 [J]. 江西社会科学，2003（6）：166–168.
❸ 刘东英. 师德之现实判断 [J]. 黑龙江高教研究，2005（4）：89–90.

及教师人格品质的道德规范和行为准则，❶ 是社会公德、个人品德与职业道德的统一，引领着新时代师德建设研究。其中，教师道德规范多指教师这一职业的道德规范，是要求个体在教师教育教学的专业活动中遵循的一切行为规范的总和。它是指导和评价教师教育教学行为的重要依据，❷ 最早由康有为按照幼教、小教、中教和高教等不同层次❸分别提出了相应的道德要求和行为准则。发展到当下，多数研究者认为，教师道德规范应该在继承和发扬中华民族传统师德规范的基础上与时俱进。❹ 基于此，有学者就从"爱岗敬业（师业）、关爱学生（师爱）、严谨治学（师能）和为人师表（师风)"❺ 四个方面概括了教师道德规范的主要内容。

（二）关于师德建设问题的研究

教师道德研究具有重要价值，不论是宏观层面的社会主义精神文明建设和公民道德建设，还是中观层面高质量教师队伍建设，或是微观层面个体道德水平的提升，都呼唤着教师道德作用的发挥。❻ 对于师德建设的问题，通过对已有文献的分析发现，研究主要集中在加强师德建设的意义、困境、原因和对策等方面。

第一，在师德建设的意义方面。多数学者认为，作为教师队伍建设

---

❶ 张凌洋，易连云. 专业化视域下的教师专业道德建设 [J]. 教育研究，2014 (4)：116 - 121.

❷ 陈黎明. 如何完善我国教师职业道德规范？：基于对五个国家教师职业道德规范的质性内容分析 [J]. 教育科学研究，2019 (2)：74 - 81.

❸ 王露璐. 高校教师师德问题研究综述 [J]. 道德与文明，2006 (1)：76 - 78.

❹ 郑岚，胡守敏. 我国教师道德研究的回溯与展望：基于 CNKI 的知识图谱分析 [J]. 重庆文理学院学报（社会科学版），2020 (4)：112 - 123.

❺ 林崇德. 基于中华民族文化的师德观 [J]. 西南大学学报（社会科学版），2014 (1)：43 - 51，174.

❻ 郑岚，胡守敏. 我国教师道德研究的回溯与展望：基于 CNKI 的知识图谱分析 [J]. 重庆文理学院学报（社会科学版），2020 (4)：112 - 123.

的重要组成部分，师德建设对于青少年学生的健康成长和全面发展、❶ 教师个体价值的实现、全社会的道德建设以及社会主义现代化建设等方面都具有特别重要的作用。

第二，在师德建设的困境和原因方面。第一是教师个体层面在道德认知、情感、意志和行为等方面存在的问题及其原因。如有学者从高校教师的角度出发，提出当前师德建设的困境主要表现在"执教思想移、敬业精神弱，业务不精深、上课不认真，只管教书、不管育人"❷ 等方面。造成这些师德建设困境的首要原因在于，教师个体在学术道德规范方面存在认知的缺乏、偏差和消极悲观，"对失范行为、利益冲突和对失范行为所持的宽容态度，追名、逐利或求权成为部分教师的学术工作目标等。"❸ 也有学者指出，教师"职业认知错位，职业评价偏差，职业情感淡漠和职业行为商业化"❹ 是师德建设存在的主要问题。他们认为，造成这些问题的原因有很多，包括个体主观方面和社会客观环境，但关键在于教师对于教师职业道德修养的思想认识等主观方面的因素。第二是学校教育和社会环境的影响。在学校教育方面，有学者就从教学活动方式的视角出发，认为阻碍教师在现实生活中对道德关系和道德成长进行主动、积极建构的原因是"传统教育教学活动方式因其稳定的程序或方法造成消极的师生关系"❺。在社会环境方面，有学者从社会对教师道德的过高期待出发，认为人们"不正确地将对教师高标准的个人道德要

❶ 袁贵仁. 大力加强新形势下的师德建设 [J]. 求是，2004（17）：55-56.

❷ 张豪锋. 高校教师职业道德建设论要 [J]. 河南师范大学学报（哲学社会科学版），1998（2）：85-88.

❸ 戎华刚. 高校教师学术道德失范的内部动因探究 [J]. 中国高教研究，2011（11）：72-74.

❹ 马娟，陈旭，赵慧. 师德发展的影响因素及其作用机制 [J]. 教师教育研究，2004（6）：23-28.

❺ 杨炎轩. 基于教育教学活动的教师道德成长 [J]. 中国教育学刊，2013（3）：51-54.

求理解为普遍的职业道德要求"❶，这是我国师德建设误入歧途的主要原因。

第三，在师德建设对策方面。大部分学者认为，师德建设是一项系统工程，需要从教育、舆论和制度等方面共同推进，并针对不同层次教师体现其独特性。在教师道德教育方面，有学者基于幼儿教师的角度，提出通过"理论学习、实践反思、合作研究、榜样模仿等途径"❷激发教师道德行为的主动性和积极性，以促进教师道德的水平提升。也有研究者指出，"妥善处理教师素质与教师待遇、个人道德与社会道德的关系，从'理想'回归'现实'，从'高尚'走向'朴素'，从'强制'转向自主'养成'"❸这一实现教师生命价值的路径。但也有学者着重从某个具体角度对师德建设的路径和方法进行探讨。如从现代德育的角度，有研究者就基于德育的目标和内容、德育价值属性和德育活动中的师生关系❹三个角度，分别提出了建构智慧之师、信仰之师和仁爱之师三种教师道德人格的基本途径，进而促进教师道德的成长。一些学者则针对现实存在的困境，认为建设教师道德应该将重点放在教师政治素质和综合业务素质的提升方面，而为了达到这一目的，需要形成并采取具体的方法体系，即基本职业的全程跟踪教育、量化标准教育和结果评价教育。❺在舆论环境营造方面，大部分学者认为，新时期师德建设只有加强其文化氛围营造才能取得相应的成效。在制度监督保障方面，有学者认为，实现师德问题"标本兼治"的

---

❶ 甘剑梅. 教师应该是道德家吗：关于教师道德的哲学反思 [J]. 教育研究与实验，2003 (3)：25 – 30.

❷ 易凌云. 幼儿园教师专业理念与师德的定义、内容与生成 [J]. 学前教育研究，2012 (9)：3 – 11.

❸ 杜时忠. 教师道德从何而来 [J]. 高等教育研究，2002 (5)：79 – 82.

❹ 魏传光，葛畅. 德育教师道德人格的现代建构 [J]. 思想政治教育研究，2017 (1)：134 – 138.

❺ 李翠荣. 试论高校教师职业道德教育方法体系的构建 [J]. 河南师范大学学报 (哲学社会科学版)，1999 (6)：87 – 90.

有效途径是建立教师道德治理的长效机制，包括推进多元主体参与的社会共治、成立教师自律的同行认定组织、慎重处理师德热点及难点问题。❶也有学者提出，我国进行师德建设的前提保障是借鉴国外教师道德建设的成功做法和经验，尤其是借鉴国外在师生关系准则方面"强调教师职业道德规范的自主内化及行为习惯养成"❷等经验。

（三）关于教师道德榜样问题的研究

从收集的资料来看，研究教师道德榜样的文献较少。检索时间截至2023年7月12日，以"教师道德榜样""师德榜样""教师道德楷模""师德楷模""教师道德模范""师德模范""师德标兵""师德典型"等为篇名，在"中国知网数据库"进行检索，仅检索出281篇相关文献，以其为关键词则检索出497篇相关文献。大部分的文章载体为报纸，旨在对个人感悟或是专业发展进行总结描述，以达到宣传和感召的目的。其中，有一篇硕士学位论文专门以某"师德标兵"个案为例，采用质性研究法，对优秀教师道德信念从萌芽到形成、再到发展提升这一过程中所体现出的特点和规律进行了探讨和总结。而《追寻教师美德：斯霞教师德性解读》作为已出版的一篇博士学位论文，也通过分析斯霞这一先进教师典型的局部生活史，对教师道德内涵进行了解构研究，并提出了有益于一般教师效仿的教师发展的基本内核。

通过对相关文献进行研读发现，首先，学者们热衷于研究教师在教学中如何将道德榜样作为一种教育方法，发挥最大作用的实践运用，如教师将榜样作为一种教育方法在教学实践中存在的问题，以及教师在教学中应

---

❶ 程红艳，陈银河. 超越纵容默许与重拳出击：师德失范行为治理的对策研究 [J]. 中国教育学刊，2019（2）：64－69.

❷ 张贵春. 国外教师职业道德建设的经验及启示 [J]. 教育科学，2001（1）：33－36.

如何塑造道德榜样以针对学生进行道德教育，这在前文已有所论述。

其次，宣传师德榜样在师德师风建设、学生成长和学校发展过程中的重要作用。对于师德榜样在师德师风建设中所发挥的作用，有正面积极的，当然也有负面消极的。从正面积极的角度来讲，"从身边的榜样学起，更有真实感、亲和力和感染力，"❶ 作为普通教师的我们也可以发现自己是一个很出色的人，从而激发个体成为师德榜样的潜能和行动。但也有部分学者指出，师德榜样在师德建设中也存在消极影响。这主要是由于传统道德的权威思想，以及现实公众对师德榜样的过高期待等因素，为师德师风建设造成了特殊困难。如有研究者指出，伴随着全社会范围内伦理道德体系的转型，教师有了"走下神坛"的机会，但无私奉献仍然是师德标兵的首要标识，为师德建设带来特殊的困难。❷ 对于师德榜样在学生成长过程中的作用，主要体现为师德榜样对于学生的思想、行为和品德形成潜移默化的影响。这一问题历来受到众多思想家和教育家的重视。我国汉代著名思想家扬雄在他所著的《法言》中就曾强调教师在青少年成长过程中所起的关键作用："师哉！师哉！童子之命也。务学不如务求师。师者，人之模范也。"苏联教育家加里宁也曾提到教师道德对学生无处不在的影响，他指出："教师的世界观，他的品行，他的生活，他对每一现象的态度，都这样、那样影响着全体学生。"❸ 而法国教育家卢梭也在他的《爱弥儿》一书中提到，如果没有榜样，教师不可能教会儿童任何事物。卢梭非常提倡教师对儿童的以身作则和身体力行。对于发挥师德榜样在学校发展中的作用，通过将师德建设作为学校的文化软实力来考量，"文化的力量会成为一种正能量，润泽师生的心灵，影响学生的思想观念、价值追求，塑造学生的美好人格"❹，进而汲取学校发

---

❶ 孟祥杰. 师德建设，别忽略了身边的楷模 [J]. 中国民族教育，2017（1）：9.
❷ 刘长海. 师德建设的语境障碍及其突破 [J]. 教育发展研究，2013（24）：36－40.
❸ 加里宁. 论共产主义教育 [M]. 陈昌浩，译. 北京：中国青年出版社，1979：43.
❹ 孟杰. 走师德建设 促学校发展之路 [J]. 当代教育科学，2013（14）：50－54.

展的力量。

最后，师德榜样的选择和树立与宣传问题。对于师德榜样的选择和树立，必然要建立一套高效、科学的评价和选拔的方法及程序，以减少人为因素的不必要影响，进而客观、公平、科学地开展师德榜样的综合评选。鉴于各级各类教师道德都有独特的内涵表征，有学者就从高校教师的角度提出高校师德榜样的选择和树立是基于其对学术道德、廉洁从教和仁爱之心等道德的特殊内涵展开，"要以身作则，严于律己，做廉洁从教的执行者；要在坚守学术道德的同时，拥有仁爱之心，做爱的传播者。"❶ 同时，师德榜样的选择和树立必然要求榜样个体的典型性和可实现性，即要求师德榜样来源于普通教师群体，能够代表所属群体高尚的思想观念和职业操守，且被大众所认同。如以陶行知等教育家作为"万世师表"成为教育者学习的典范和楷模，能够在教师群体乃至社会群体之中形成强大的感召力，号召他者的效仿学习。对于师德榜样的宣传问题，包括宣传的途径和方式，要求秉持真实性和多样性等原则。只有那些基于事实的教师道德榜样宣传，才更能够激发公众的仰慕之情，进而转化为自身积极的模仿和学习行为。同时，多场合、各层面对师德榜样进行表彰和宣传，如通过发挥主流媒体和大众媒体等各级媒体资源合力、优化教育系统和校园舆论环境等举措，提高师德榜样的宣传效果，即造成其教育作用的最大化。

四、文献评析

通过对文献的梳理可以发现，学者们对"榜样"和"道德榜样"分别

---

❶ 张兴华. 在高校，如何做一名"好教师"：访"全国十佳师德标兵"、北京师范大学资深教授林崇德［J］. 山东高等教育，2014（10）：5－13.

进行了卓有成效的研究，对教师道德榜样则进行了探索性研究，这些都为笔者的"乡村教师道德榜样研究"奠定了理论和实践基础。但深入分析发现，这些研究都还存在一定的局限，尤其是关于教师道德榜样的研究，仍然有较大的拓展空间和可能。

第一，对于文献的量和质而言，教师道德榜样研究有待进一步加强。从数量来看，关于"榜样"和"道德榜样"的文献较多，且集中在德育、思想政治教育和心理学领域；有关对教师道德榜样的研究，虽然对师德建设方面的研究相对较多，但对教师道德榜样塑造研究的数量则相对较少，且以报纸新闻等宣传类文章居多，已有的关于凸显乡村教师道德榜样独特性和重要性的文献也比较分散。从质量来看，关于"榜样"和"道德榜样"研究的文献质量较高，部分文章发表在《教师教育研究》《心理科学进展》《马克思主义研究》《伦理学研究》《求是》等国内、外重要期刊上；对于"教师道德研究"的关注度呈现递增趋势，质量也在逐年提升，这一主题的研究刊发于教育类和思想政治教育类的期刊较多；关于"教师道德榜样"的文献大部分为报纸新闻类文章，且文献内容多为榜样的教学经验总结和个人成长叙事，旨在通过师德榜样个人感悟和事迹的描述达到宣传和感召的目的。因此，从已发表的文献数量和质量而言，有关"教师道德榜样"的理论研究较少，与教师道德榜样在教育教学中的重要作用形成较大的反差。其重要作用表现在，教师道德榜样作为日常教学生活中的存在方式，关乎教育教学的质量和学生的全面发展；同时，教师道德榜样对于帮助其他教师习得有效教学经验、促进个体专业发展、形成独特教学风格、培育强烈教育热忱和献身教育事业都具有至关重要的作用。由此可见，教师道德榜样有着较大的研究与提升空间。

第二，基于研究的主体视角，关于"教师道德"的理论研究缺乏一线教学工作者的实践检验，而关于"教师道德榜样"的研究则大部分为教师的经验总结，缺乏理论上的概括和提升，其教育作用的广泛推广受到一定程度的限制。具体而言，在"教师道德"研究的主体方面，多为来自师范院校和科研院所等研究机构的理论工作者，而一线中小学教师和综合院校的理论工作者对"教师道德"这一问题的研究则相对较少。而在"教师道德榜样"研究的主体方面则正好相反，与师范院校和科研院所的专家学者对相关理论研究的关注相比，"教师道德榜样"研究的主体多集中在新闻媒体工作者和一线中小学教师等群体。据此，提升"教师道德榜样"研究质量，关键在于充分利用和发挥来自高等院校和科研院所相关理论工作者的巨大作用，同时需要一线中小学教师道德榜样的配合，便于这些理论工作者加强对其经验和成长叙事的理性概括和总结，提升至理论层面的经验才能进一步得到推广并发挥积极作用，更好地推动教师队伍建设和个体全面发展。

第三，从研究内容来说，通过分析已有文献，发现有关"教师道德榜样"研究的内容较为贫乏，诸多领域仍待进一步挖掘。从文献的梳理中发现，关于"榜样"和"道德榜样"作为一种教育方法的研究内容比较丰富，涉及榜样教育的基本概念、主要作用、存在问题以及提升对策等方面的研究。而对于"榜样"和"道德榜样"作为典型人物本身的挖掘则较为贫乏，特别是在"教师道德榜样"方面，一方面，将关注点集中于教师在教育中利用榜样对青少年进行教育的过程中所面临的困境，以及所采取的解决措施；另一方面，尤其注重师德建设问题，涉及教师道德的内涵演变、现实存在的困境、原因及对策，而忽视了教师道德榜样个体本身价值的深度探索和意义发挥，尤其缺乏对"教师道德榜样"形成和发展机理的研究，包括教师道德榜样行为的影响因素探讨和个体经验的概括提升，且缺乏对教师道德的认知、情感、意志和行为等道德要素的全面了解，使得研究结果的代表性不够、说服力也不强。"他是如何形成他的思想的"比

"他得到了什么"更为重要，❶ 因为这能够从如何更为深刻地看待价值问题的角度为个体更好地进行选择和行动提供帮助。那么，教师作为榜样教育过程最为直接和关键的参与者和影响者，其道德成长过程内在作用因素的总结、提炼和辐射宣传能够在教师同伴群体和青少年的道德成长过程中发挥潜移默化的作用，进而帮助其他教师指向榜样的成长和青少年道德品行的全面发展。由此可见，进一步拓展和深化教师道德榜样研究的内容和范畴至关重要。

第四，从研究方法上看，对"教师道德榜样"的研究主要采用的是理论思辨法，而实证分析法则运用较少，尤其是缺乏理论思辨和实证分析的统一研究。通过对"教师道德榜样"研究文献的梳理发现，在理论思辨方面，多停留在对教师道德榜样形成与发展过程简单的理论推演，以及对其个人经验的简单总结；在实证研究方面，也缺乏对教师道德榜样规范和系统的调查研究。此外，由于相关叙事材料有限，并局限于固有的研究视角，所以已有的调查研究没能深入挖掘隐藏在"教师道德榜样"叙事材料背后的成长故事，且对"教师道德榜样"人物身上所能反映出的性格、时代特征、生活集体风貌等的概括总结也有所欠缺。由此可见，为提升"教师道德榜样"研究的质量，需深入分析和揭示"教师道德榜样"的内在发生机理和发展路径，并综合利用理论思辨和实证调查，进而从多个视角、多个维度对"教师道德榜样"这一课题进行系统探讨，将实践经验上升到理性认识和理论自觉，搭建"宏观"和"微观"之间的桥梁，更好地进行推广和教育，发挥其最大效用。

---

❶ 路易斯·拉思斯. 价值与教学［M］. 谭松贤，译. 杭州：浙江教育出版社，2003：7.

第二章 乡村教师道德榜样的基本问题

　　乡村教师是工作在乡镇和村落的知识分子，他们肩负着比城市教师和其他知识分子更多、更重的社会责任。在汉语语境中，社会责任包含很多内容，如政治责任、经济责任和法律责任等，但人们更看重的是道德责任。履行乡村教师的道德责任，事关乡村教师队伍建设，关乎"立德树人"教育根本任务的实现，更关系着乡村社会，乃至整个中华民族的振兴与繁荣，具有重大而深远的意义。促进乡村教师道德责任的履行，关键在于形成乡村教师对道德自觉自愿行为的良好道德品质，而道德榜样作为将社会主流意识形态人格化，并在其教育教学行为外化方面能够对他人产生示范和引导作用的个体或集体，充分挖掘他们身上所蕴含的示范效应，并使其作用发挥至最大化是提升乡村教师思想道德水平、促进乡村教师道德知行转化的重要载体和途径。

第一节 乡村教师道德榜样的概念解读

　　乡村教师道德榜样研究旨在通过对乡村教师道德榜样塑造演变过程的理论研究和实践考量，剖析这种演变过程对我国公民思想道德水平和社会精神文明建设进程产生的深刻影响，总结和借鉴这一形成和发展过程的历史经验与启示，进而提出新发展阶段我国乡村教师道德榜样塑造的若干建议。因此，探讨乡村教师道德榜样的基本问题，分析乡村教师道德榜样的概念与内涵，是形成合理的"乡村教师道德榜样观"的前提，也是乡村教师道德榜样研究的关键所在。

一、乡村教师的界定

在《辞海》中，"乡村"与"农村"这两个概念是通用的，是我国行政区划的基层单位，是用来表述我国与城市相对的社会区域的基本概念，主要指那些从事农业的、人口分布较城市更为分散的地区。教师是人类最古老的职业之一，在古代称教师为"师"，多是由军队的高级军官担任，其教育对象也主要是贵族子弟。随着社会的不断进步，文化教育事业得到了进一步发展，除了高级军官，还出现了越来越多的文官任教者，教育对象也从贵族子弟扩展开来，所谓的"师"也便成了社会上一部分人作为谋生的专门职业。由于"教"指传授知识的主要手段，人们便逐渐把"教"和"师"这两个字合起来称为"教师"，并首次出现在《学记》中："教师者，所以学为君也。"《辞海》将"教师"解释为："在学校担任教学工作的专业人员。"《中华人民共和国教师法》则规定，作为教师，要忠诚于社会主义人民的教育事业，勇于承担并有能力承担起教书育人的责任和使命，进而为中国特色社会主义事业培养合格的建设者和接班人，促进整个民族的强盛。

从上述"乡村"和"教师"的概念解释中可以看出，"乡村教师"是在城市以外的乡村学校担任教学工作的专业人员。结合 2015 年 6 月 1 日国务院办公厅颁发的《乡村教师支持计划（2015—2020 年)》，认为"乡村教师"和"农村教师"是一对等同的概念，是指在县级以下乡镇中小学、村小和教学点从事教学工作的专职人员，包括公办、民办和代课等性质的教师。换言之，乡村教师工作的地点主要在乡镇和村落，是以农村学龄人口为教育、教学对象的，他们处于基层，关乎乡村社会与农家子弟对未来的期望，对在农村地区普及九年义务教育，以及净化道德生态，都具有无可替代的作用，同时还担负着社会主义现代化建设、城乡教育均衡发展等一系列国家使命。资料显示，在国家相关政策的支持下，我国乡村教师队伍建设取得了显著成效，师资队伍质量在向好发展。然而，乡村教师作为我国的一个庞大知识群体，目前仍然面临着诸多现实困境，如乡村教师的福利待遇较低、总体地位不高、保障机制不健全等，从而导致乡村教师具有明显的强流动性，即"留不住、下不去、教不好"这一核心问题的出现。

二、乡村教师道德的意蕴

（一）"道"与"德"的语词廓清

在中国的古圣先贤那里，"道"和"德"是作为两个词使用的。"道"的本义为道路，后对其在众多领域进行了广泛引申。在哲学领域中，"道"指事物运动变化的规律，如《中庸》第一章就写道："天命之谓性，率性之谓道，修道之谓教。道也者，不可须臾离也；可离，非道也。"点明"道"即顺乎人性，是十分寻常，却又有价值的东西，而通常的精神文化、道德教育等也是培养道德意识。同时，虽然"道"是人人都不得不遵循的，但并非所有人都能做得完美，因此，就需要借助精神文化和道德教育的作用，从而帮助个体成为高尚、完美的人。"道"也指理想的人格或社会图景，或指宇宙万物的本原、本体，无从命名，也无法用语言来表达，而用语言来加以形容、表达，便称为"道"。因为其没有可以名状的属性，因此"道"只是一个指称，又因物从来自在、道从来自在，因此"道"的指称也就从来自在，即"道"是万物之所由来，是一切起源的起源，后引申为做人的准则、规矩。同样，应用于思想政治领域时，"道"指的是为政的基本原则、主张和思想体系。在应用于伦理道德领域时，"道"指道德准则。

"德"，即得，指有得于道。换言之，道是万物的由来，而"德"则是万物本性的依据，万物的"道"即是"德"，"德"是"道"在具体事物上的具体化，是该事物内含的能力，是道德功能的体现。"德"在公元前770—公元前476年的春秋和公元前475—公元前221年的战国就已然存在，在西周金文中就已经具有德行、品德的含义。《辞海》中的"德"指的是具体事物从"道"所得的特殊规律或特殊性质；如北宋张载在《正蒙·神化》中提到，"德"是气之体，"道"是气之用。概言之，"德"可以指任何事物本有的品质，也可以是人伦关系中的德行，一般情况下，则多将其引申为人的能力或品德之意。后来，将"道"和"德"连称，最早出现在《荀子·劝学》中，即"故学至乎礼而止矣，夫是谓道德之极。"自那之后，方才出现"道德"一词。且从战国后期开始，"道德"一词便开始在各种书籍中频繁出现。

（二）道德的释义

从词源学角度来讲，"道德"一词源于拉丁文 moralis，意指风俗、习惯、品性等。❶"道"字从路，"德"字从双人与心，讲道德者，不必求

---

❶ 徐光春. 马克思主义大辞典［M］. 武汉：崇文书局，2017：85.

上，而求脚踏实地、以心待人，内含着在遵循事物发展普遍规律及本原特性的过程中发展起来的能力和品德之意。许慎在《说文解字》中认为，道德指的是人的本体性的存在方式，关系做人的根本目的和方向。[1] 在中华传统文化中，道德被视为人的本质属性，即道德是人之所以为人的本质特征，在人类开始从动物的兽性中剥离出来之时，便作为人的鲜明特征逐渐彰显。如在儒家看来，人与人之间的人伦关系，以及基于人伦关系的道德使得人与动物区别开来，道德本身的要求在于人做自己所应该做的事情，不在于达到外在的结果和目的，即知命，明知不可为而为之，不为外在结果，只在"做"的行为意义；而以自身作为尺度来衡量和规范自己的行为，是道德的开端，也是道德的完成。在新道家看来，道德就如同典制一样，都是应时而变、顺应时代的，要发挥道德的最大功效、实现人潜能的最大限度发挥，则应在继承优良传统的基础上开发道德的时代特性。而现代对美德的定义就是遵守规则的定义与市场经济条件下提倡的道德原则和价值导向的统一相协调，即道德作为一种社会意识形态，是调整人与自我、他人、集体、自然和社会之间关系的行为准则和规范的总和。从这一层面来说，道德表现为风俗或风尚，[2] 就是一种对善与恶、荣誉与耻辱、正义与邪恶、诚实与虚伪等观念的价值判断，包括是与非、善与恶、荣与辱、义与利、信与不信等内容，且道德反应多建立在情感的基础上，有道德的人即使在良心未能成功预测和抑制越轨行为，而又未被发现时，也会受到内心情感的谴责和害怕受到群体或者社会惩罚的体验，而不道德的人则把快乐建立在打破规则的行为基础上。

道德存在于各个生活领域。党的十七大报告就明确指出："大力弘扬爱国主义、集体主义、社会主义思想，以增强诚信意识为重点，加强社会

---

[1] 鲁洁，夏剑，侯彩颖. 鲁洁德育论著精要［M］. 福州：福建教育出版社，2016：126.
[2] 戴木才. 中国人的美德与核心价值观［M］. 北京：中国人民大学出版社，2015：219.

公德、职业道德、家庭美德、个人品德建设。"❶ 当下是全民范围的道德重点建设时期，不是平均主义的道德准则，需要的是鼓励人们发扬社会主义集体精神，它将个人利益与国家和集体利益相结合，并要求摒弃一切损人利己、以公谋私和金钱至上等思想和行为。由此可以看出，道德不仅包含是与非、对与错、美与丑、真与假等二元对立的外部道德规范，而且包含个体内在的品行修养。外部的道德规范通过与法律形成一种既相互区别，又相互配合和相互补充的关系得以实现，个体的道德品质和社会道德风气则通过荣辱观的知耻心和勇毅观的仁智义等进行塑造和养成。同时，内在于个体的品德修养，在与人的社会交往过程中实践道德行为，主要外在表现为家庭生活层面的个人品德、职业生活层面的职业道德和社会生活层面的社会公德等方面。其中，家庭美德表现为个体是一个好的家庭成员，包括尊老爱幼、夫妻和睦、勤俭持家、邻里团结等内容；职业道德表现为个体是一个称职的社会主义事业建设者，包括爱岗敬业、诚实守信、服务群众和奉献社会等内容；社会公德表现为个体是一个优秀的社会公民，包括遵纪守法、文明礼貌、爱护公物和保护环境等内容，是公民道德修养水平的映射，也是社会文明程度的表现。

根据上述分析，道德即成人之道，是一个从他律到自律和自觉的养成过程，从而反过来成为调整社会各类行为关系的准则和规范。它既包括客观道德，也包括主观道德。客观道德是所处社会对其成员提出的基本要求，主要指道德标准、道德规范和道德关系等。主观道德是个体在社会中的道德实践，也是现实生活中绝大多数人所关心的道德问题，主要指道德意识、道德情感、道德信念、道德品质、道德判断和道德行为等。换言之，道德强调的多是实践道德，即来自人的本能或本性的美德促进个体善

---

❶ 胡锦涛. 高举中国特色社会主义伟大旗帜　为夺取全面建设小康社会新胜利而奋斗：在中国共产党第十七次全国代表大会上的讲话［M］. 北京：人民出版社，2007：35.

的理念和行为发生；同时，人作为社会关系的总和，在他们的交往互动过程中，道德与社会性产生关联，并表现出带有偏好选择的创造美德。因此，人的内在本能赋予道德行为以可能性，而人与人之间的社会交往则促进道德行为的改进与提升。

道德与物质生活存在着直接的关系，表现为道德建设与所处时代社会经济发展的需求相适应，反之，经济发展也是道德成长需求满足的物质保障。如孟子强调，人们的物质利益需要得到一定程度的满足；管仲揭示，出富民、利民才是使百姓具备仁义道德的基础；❶ 韩非子认为，只有将利害结合起来治理，才能使个体向善，而不作恶；马克思指出，一切以往的道德论归根结底都是当时的社会经济状况的产物；❷ 我国改革开放的总设计师邓小平同志也指出："道德是经济基础的反映，而不是脱离历史发展的抽象观念。"❸ 基于此，基于物质利益关系的调整，个体的道德被激发，即道德是作为物质利益关系在价值观上的反映而存在的，道德的标准和终极目的，就在于使个体和社会的利益最大化。道德具有实践性。一方面，道德体现的是人心之同，即用同一意义系统去解释道德的价值取向和规范命令，它通过对主体自身思想道德、文化素质修养的提高，塑造自我，从而超越自我去关注和成就他人；另一方面，道德并不是瞬间为人们所接受和认同的，而是与历史、传统和文化紧密相连，不能割裂或抽离于这些场域而存在的，它以"应当"如何的方式调节人们的行为和生活方式，包括对物质生活能动的反作用和维护一定的利益。此外，道德还具有普遍性和全人类性。这是因为，在不同的社会体系之间，在历史发展的不同阶段，人们都会面临许多道德行为调节的共同问题，从而使得不同的道德体系之

---

❶ 陈桂荣. 中国传统道德概论［M］. 北京：社会科学文献出版社，2014：39.
❷ 马克思，恩格斯. 马克思恩格斯文集：第9卷［M］. 北京：人民出版社，2009：99.
❸ 中共中央文献研究室. 改革开放三十年重要文献选编：上册［M］. 北京：中央文献出版社，2008：434.

间具有某些共通或者相一致的地方，并被所有人所认同和推行。

　　不难发现，道德的基本功能在于规则和价值观的内化，不在于永远保持严格的刚性，在某些情况下也允许一定的灵活度，不仅帮助我们思考和评判内化的规则和产生的欲望，而且能够引导我们树立和追求更大的社会目标，如获得良好的社会道德声誉等。作为生活的派生物，"将心比心""设身处地"地理解人是个体品德形成的基础，它不是通过闭门思过的方式营造，不是用"早请示、晚汇报"的行为强制，也不是用单纯的知识灌输形塑，而是个体从内在的自我出发，又回到自我的内在的往复过程，是内外的双向建构。它让我们预先感知羞耻，从而从内心深处自觉克制反社会或非道德的行为。一个有良心的人才能成为道德自律者，这正是道德教育所要追寻的目标。❶ 同时，道德靠社会舆论来维持，常常是以群体事务的形式出现，但需要特定的个体在其中发挥带头作用。在这一过程中，"谈论"是其关键，而"流言蜚语"作为谈论的特殊形式，是道德共同体发挥社会惩罚和控制功能的重要因素。这样的流言蜚语类似于公共舆论法庭，没有正式的和公开的听证会，却通过审判式的共同体生活形式塑造着人类社会生活的道德结构，❷ 因此，正常的流言蜚语可以间接发挥社会控制的功能，发挥阻止作用，同时，一些高度有用的社会信息也能够被广泛传播开来，从而使整个群体达成一致意见。但作为一种特殊的法庭，当事人根本无法为自己辩护，特别是当下互联网发达的时代，如果罔顾事实，而仅以片面的言辞对他者的行为进行传播或者造谣，将会对个体造成无法磨灭的伤害，因此，需要在传播过程中秉持审慎的态度。

---

　　❶ 鲁洁，夏剑，侯彩颖. 鲁洁德育论著精要 [M]. 福州：福建教育出版社，2016：136.
　　❷ 博姆. 道德的起源：美德、利他、羞耻的演化 [M]. 贾拥民，傅瑞蓉，译. 杭州：浙江大学出版社，2015：306.

(三) 教师道德与乡村教师道德

教师道德简称"师德"，早在原始社会时期，人类在刚刚剥离动物的兽性之时，便开始以集体的、权威的、不带个性特点的形象出现。此后，在经历了奴隶社会的"君王表率"和封建社会的"圣贤示范"，特别是新中国成立以来，从教师职业道德的聚焦到专业道德的转向之后，教师道德的现实意蕴逐渐得以发展、形成和完善。具体而言，一方面，教师作为分工和职业的一种形式，其道德同医生道德、律师道德等一样，是一种职业道德，是体现在教师这一专业和业务中的道德，指教师在师范专业的学术活动中和教书育人的业务工作中形成的人际伦理关系道德。它主要指在与学生、同事和家长的交往活动中所体现的集体主义、相互尊重、互相促进、紧密合作等道德素质，暗含于教师专业发展过程中，是教师对自身教学行为的自我约束和自我规范，并作为实施教育的条件发挥作用。另一方面，教师本身就具有的道德示范群体的功能，以及以身立教、以身作则的职业特殊规定性，要求教师道德包含教师在非职业领域的人际伦理关系道德，即个人领域的私德以及公共领域的公德，并在教育过程中作为关键要素和资源与教育手段发生融合而发挥重要的作用。这也是人们对教师除了职业道德的较高修养要求外，同时也在个人私德和公共道德领域发挥道德标杆作用的延伸和美好期盼。其中，教师个人私德包含教师的个人领域和小部分他者领域，小部分的他者多指有血缘或亲缘关系的他人和其他有限的关系亲密的信任他者，包括教师的个人品德、修养、作风、习惯和处理家庭、婚姻和邻里关系时的道德规范，其中，家庭美德是其核心体现。在教师的个人私域中，不需要道德规范进行调节，主要以个体的良心作为指引；在涉他的私人道德领域中，则不仅涉及个体的良心，而且需要社会控制手段进行调节。教师公共领域的道德是在公共场所里非指定性涉他领域中所体现出的道德修养和有关社会公众安宁和幸福的行为，没有个体的隐私期待，主要包括遵纪守法、文明礼貌、爱护公物、保护环境等内容。教师职业道德介于个人私德与公共道德之间，是有限的公共性道德或共同私域道德，只在与教师教学活动行为相关的特定群体内具有公开性。

综上所述，教师道德包含个人领域的私德、职业领域的道德和公共领域的公德，是教师在自我的职业实践活动中形成的，与其特殊责任感、道德要求和行为规范相适应的道德观念、情操和品质，包含教师在教育教学活动中需要了解、内化、遵守并执行的职业所规定的各种道德规范，以及教师个体为提升自身品行修养而自觉形成、遵循、反思的人与自身、人与人（包括学生、同事、家长等）、人与社会和人与自然之间的人际伦理关系道德，并在教师的教学活动中得以最充分地彰显。其中，教师职业道德主导着教师的个人道德和社会公德。一方面，教师职业道德的主导地位在我国对教师作出的道德规范（爱国守法、依法执教，爱岗敬业、甘为人梯，关爱学生、严慈相济，教书育人、因材施教，为人师表、以身立教和终身学习、探索创新）中得以凸显。另一方面，教师职业领域作为教师实现人生价值最集中和突出的领域，特别是教学本身作为一种道德活动和道德努力的存在，其职业道德自然彰显着教师作为教学决策者在处理教学活动中的道德困境时"借助某种价值理论，以善恶为标准"❶ 作出价值判断和选择的主导地位。因此，在新时代背景下，特别是"立德树人"教育根本任务的提出，使得"人"的因素得以隆重出场，"师德为先"的要求和教师的模范带头作用也赋予教师不仅要完成职业领域方面知识传授的任务，还要引领教育对象，乃至整个社会实现向善的道德旨归，从而确保教师道德在教学活动中的决策和主体地位，实现教师作为职业人与个体人的

---

❶ 李森，陈君. 教师教学道德决策的意蕴、特征及实践策略 [J]. 课程·教材·教法，2018（4）：25－31，43.

内在统一。此外，一般而言，自个体接受职前师范生的教育起，就已经具备了在社会环境的影响下形成的有关教师道德的概念与认知，再通过较为系统的教育奠定教师道德习惯的基础，并以种种方式表现自己的道德意志、品质和行为。

由于乡村教师职业的特殊性，使得他们肩负着比城市教师更多的社会责任。他们除了要完成日常教学活动，还要承担照顾学生日常生活的责任，并担任未获法律认可的儿童监护人、儿童社会过程中的"重要他人"、传统文化传承和现代文化传播的乡村"文化人"等角色，因而乡村教师道德也就蕴含着更多的道德内涵，主要表现在对权利与义务的对等性、师德尊严的嵌入性、生活与工作的平衡性、道德生态的引领性和师爱与母爱的融合性等方面的强调。

其一，在以遵守一系列伦理规范为标志的职业道德中，乡村教师职业道德更多地强调乡村教师在教育教学中权利与义务的对等性，而非义务履行的单方面倾轧，从而凸显乡村教师这一职业的内在统整性，对内维系着乡村教师群体对乡村教师这一职业的认同，从而确保乡村教育教学活动开展的良好秩序，对外关系到城乡教育的均衡、公平发展，从而为社会的和谐稳定提供保障。

其二，尊严就是最能使人高尚起来、使他的活动和他的一切努力具有崇高品质的东西。● 在现代社会分工基础上发展起来的、集道德原则和权利保障于一体的●乡村教师师德尊严嵌入与他人的关系之中，透过与他人的日常交往活动得以塑造和彰显，包括受到村民、学生及其家长的尊重、理解和认可，从而使乡村教师的教育、教学活动具有意义，避免产生巨大的心理落差和精神负担，造成乡村学校师资的流失和师德的滑坡。

● 马克思，恩格斯. 马克思恩格斯全集：第 1 卷 [M]. 北京：人民出版社，1995：458.
● 刘晶. 乡村教师日常生活中的尊严及其结构性困局 [J]. 清华大学教育研究，2020，41 (2)：83 –91，111.

其三，由于农村人口结构失调以及乡村教师性别比例悬殊，造成乡村教师被婚恋与工作之间的博弈与焦虑所裹挟，从而促进乡村教师道德注重个人私德与职业道德之间的微妙平衡。

其四，鉴于乡村教师在社会中扮演的多重身份，特别是在乡村社会中的文化人角色，要求乡村教师不仅要承担教书育人的责任和使命，还要在乡村社会这一大环境中发挥其文化引领和道德生态改善的作用。

其五，乡村教师的主要任务是对附着有留守、溺爱、放任等标签的乡村学生开展教育教学，那么对乡村教师道德的理解就不能离开融母爱与师爱、情感与理性于一体的德性，它是自然性情感与社会性情感的融合，也是对学生成长发展等内在利益的关怀与追求，是实现教师幸福的根基。

三、乡村教师道德榜样的内涵

（一）榜样的界定

"榜"和"样"均起源于古汉语。"榜"本是一种矫正弓弩的工具，《现代汉语词典》将其基本含义解释为张贴出来的文告、名单或匾额，如榜文、光荣榜、题榜。"样"则含有样子、形状、品种、做标准的东西、扔下之意，如样品、模样、样本、样下。"榜"和"样"结合为"榜样"，其最初的含义是"样子""模样"，后来演化为情形、状况、表率、楷模等含义。《辞海》对榜样的解释是"作为仿效的例子。"❶《现代汉语词典》对

---

❶ 夏征农，陈至立. 辞海［M］. 上海：上海辞书出版社. 2009：97.

"榜样"的解释为"作为仿效的人或事例（多指好的）"❶。同时，"榜样"也作规范，是"标准"这一概念的引申，即"衡量事物的准则"。"榜样"的英文单词是 example，是能代表同类事物性质或一般规律的典型例子或具有代表性的典范，多指好的典型，用于被他人所模仿，有时也指不好的典型，能用于警告他人。为此，"榜样"常被用作教育方法，即"榜样示范法"，是一种教育者利用典型的人或事例的示范引导或警示警戒作用，鼓励受教育者模仿和学习那些具有高尚德性的人或事例，或劝阻受教育者模仿和学习那些具有反面、威慑意义的人或事例的方法。个体的模仿本性能力是这一教育方法行之有效的前提条件，而榜样理想人格的现实化和具体化使得每个人作为一个道德动物的道德理想有了实现的可行性，从而使榜样成为道德教育方法的依据。它可以帮助受教育者提高思想道德认识、强化思想道德情感、坚定思想道德意志和信念，以及养成思想道德行为习惯，从而使受教育者的思想道德理想与现实相协调和统一、激发其道德行为积极性、提升其思想道德素质水平和促进中国特色社会主义建设。

不难发现，"榜样"是一个中性词，没有特殊的情感倾向。但"榜样"一词的两个字均从木，木代表朴实无华，那么能够成为"榜样"的人，也就是质朴正直的。因此，鉴于研究的特殊性，文中涉及的"榜样"均是指在特定社会和历史时期的同类事物中，最具有代表性的，并且被仿效的、好的人或好的事例，又称先进典型、表率、模范、楷模，因此，"榜样"是一个褒义词。从这一角度来讲，"道德"是一切榜样的共同韵律和内在规定，是"榜样"的题中应有之义。

---

❶ 中国社会科学院语言研究所词典编辑室. 现代汉语词典［M］. 第 5 版. 北京：商务印书馆，2005：41.

（二）道德榜样的辨析

在黑格尔和马克思看来，物和自然都没有历史性，因此，就没有否定性，而否定性只有来自人，唯有人才有历史，才有否定的力量，才能不断地从占有的知识体系中挣脱出来跳向下一个"石墩"，才意味根本性的、质的变化。因此，人的道德发展是一个从量变到质变的渐进过程，也是一个由理想到现实的升华过程。❶ 换言之，人的道德成长是在社会的实践活动中得以实现的，当内在于个体的道德情感和外在于社会的道德行为从量的积累达到质的飞跃时，借助社会舆论的作用，就有可能成为现实生活中的道德榜样。结合上述分析，作为一定社会或者一定阶级道德理想的具体表现，道德榜样是指践行道德的模范，是人格化的道德的化身，是将社会主流意识形态人格化，并在其外化的社会行为方面能够对他人产生示范和引导作用的人或集体。

作为在道德领域践行的突出表现者，道德榜样是中华传统美德的时代精英，集成并传播优秀的传统文化；是所处社会的文化符号，塑造并践行先进的价值观念；是未来理想的模范先锋，开拓并追逐理想的道德形象，这意味着道德的解放、消除社会对个体的压制，以实现个体的自由、全面的发展以及纯人类道德生活的创建。道德榜样是人内在情感的外在显现，也是社会道德文化氛围影响辐射的必然结果，融合并彰显崇真、向善和尚美的行为标准和价值取向。道德榜样的提出和树立的必然性在于社会中人们参差不齐的道德层次需要，通过道德榜样的示范、引领，能够帮助提升社会整体的道德水平。道德榜样是在价值观逐渐多元化的社会环境下确

---

❶ 沈大光. 青年的可塑性与道德榜样的塑造［J］. 中国青年社会科学，2017，36（4）：25－31.

立、宣传和夯实社会主流意识形态的主要途径，是政府基于社会道德发展阶段和公众道德水平状况，适当提高一定标准而树立的，这一标准是人们经过一定道德努力就可以达到的程度，从而以其代表的主流道德价值观引领社会道德风尚，促进社会主义和谐社会的建设。换言之，道德榜样的产生并不是与生俱来的，而是一个漫长、复杂的过程。作为真、善、美的感性呈现，道德榜样是激发个体道德动机和契合群体道德诉求的实践指向，是道德行为主体与自然相处的和谐互动，也是符合人们理想善恶标准的人物，在家庭、学校、社会和国家等因素的作用下，促使其在道德认知、道德情感、道德意志和道德行为等方面的表现均优于普通群众，从而成为大众衡量是非善恶和德行高低的准则，以及效仿学习的对象，引导着公众趋向至善的行为。

不管是内在品行修养，还是对外在道德规范的践行方面，道德榜样都是道德实践中的先进人物和供群众学习、仿效的对象，他既是道德理想的化身，又存在于道德的现实生活中，并通过个人德性与公众道德生活之间的契合，达到道德理想和道德现实的协调统一。在个体自身的道德生活中，道德榜样的德性得以表现出来，并体现在其个人（家庭）生活、职业生活和社会生活之中。其存在的价值不在于虚无缥缈的彼岸世界，而在于真实存在的此岸世界，存在于现实中，不能将之神格化和极致化，否则将导致善恶、荣辱、义利等的妖魔化。同时，"爱有等差"的人性定律也同时决定了道德榜样的过人之处和有限作用，即道德榜样并非道德生活上的完人，且人人皆有经过自身的道德努力成为道德榜样的可能。

道德榜样具有历史性。事物的历史性即它的时间性，体现在客观实在自身的发展过程和反映客观实在的人类认识的历史发展过程中。❶ 因此，道德榜样的历史性也体现在社会和个体发展两个层面。

---

❶ 徐光春. 马克思主义大辞典 ［M］. 武汉：崇文局，2018：48.

第一，就社会发展层面而言，不同历史时期存在不一样的道德，即使是同一历史时期，也会因不同阶级的存在而有着不一样的道德。对于无产阶级而言，在社会主义的初级阶段、发展阶段和形成阶段，道德的内涵和标准都不尽相同，那么，一个民族、一个时代在不同的历史时期也就应该有着符合当时所处社会经济、政治、文化等背景的特定的道德准则和道德观念，从而造就了道德榜样的历史性特征，使得道德榜样呈现出具有特定时代意义的形象，并主导着当时的社会道德生态。如原始社会的道德形象体现为能够在小群体，即氏族内共同分享肉食，这种平等主义思想便是榜样的现实表征。而从奴隶制和封建制的臣民社会发展到当下的公民社会这一漫长的演变历程中，物质的匮乏使得道德榜样（阿尔法型个体）起到压抑和节制被统治阶级人们各种物欲的示范作用，而一旦这样的阿尔法型个体的特权导致普通大众的妒忌心理，就会刺激下级组成联盟进行反抗。而现代社会则是消灭了阿尔法型个体的平等主义社会，道德榜样就是超越日益丰富的物质资料并寻求精神世界的丰富与完善的标榜。

第二，就个体发展层面而言，道德行为是基因、良心、社会控制等多种因素综合作用和约束的结果，基因的不断演化和社会环境的持续进步，都影响着个体道德意识和行为的发展和进步。同时，道德对可能世界的追寻也意味着榜样个体会随着生活的展开而不断提升自身的道德修养，并生成新的道德意义，从而改变和完善自身的道德观念和行为。从这个意义上来讲，当下仅仅是作为个体涌向未来的暂时的停顿，不能将对道德榜样个体的研究只停留在当前现状的考察，否则将看不到其榜样形成的动态变化和内在本质。因此，道德榜样的形成过程是动态的、变化发展的，意味着非循环和质的飞跃，即个体的过去、现在和未来不相等同，体现出发展性和进步性等特征。

（三）乡村教师道德榜样的内涵

乡村教师道德榜样是践行乡村教师道德的模范,指能将社会主流意识形态人格化并在其教育教学行为外化方面能够对他人产生示范和引导作用的乡村教师个体或集体。乡村教师道德榜样的形象作为普通群众中可亲、可信、可学的、身边人的代表,在崇高伟大的形象背后渗透着凡人般朴实无华的人性,能为广大普通群众效仿和践行。他们通过自身内外形象的塑造,刺激他者主体人,特别是乡村教师的多元道德动因,在他者的内心世界产生情感的共鸣和思想的融合,在反复的这种强化中最终达到榜样教育的目的。理解乡村教师道德榜样的概念内涵,需要根据道德榜样的一般表征,并结合乡村教师道德的独特内涵,主要表现在政治导向性、历史发展性、乡土认同性和形象多样性等四个方面。

第一,乡村教师道德榜样不仅是政府根据乡村社会的道德发展阶段和水平状况适当提高一定标准而为广大公众树立的,是政府公信力的具体体现,有着坚定的政治立场,更是人民大众意志的代言人,符合乡村社会阶级的利益需求,有着扎实的群众基础,方才使得乡村教师道德榜样示范教育功能的发挥成为可能,从而保证农村社会坚定的政治立场,促进社会的和谐稳定。第二,乡村教师道德榜样是践行乡村教师道德的突出表现者,他们的思想道德水平高于普通的乡村教师,并随着时代的改变而形成不同的主导形态,体现着具有时代特性的乡村教师群体的道德理想和道德追求,是普通乡村教师乃至所有教师模仿和学习的对象,同时也在不同程度上预示了未来培育和塑造乡村教师道德榜样的趋势。第三,乡村教师道德榜样对乡村教师道德有着全面的认知,热爱并坚守着乡土文化和乡村教育,是具有牺牲小我利益（或幸福）而成就大我利益（或幸福）的人或群体,他们做出了符合乡村教师的道德要求,并且对大众有益的崇高行为,受到教师、村民、学生及其家长等的普遍尊重和认可，其自身也有着强烈的个体获得感。第四，每一位乡村教师道德榜样身后都有一个不同寻常的故事，代表着乡村教师这一职业的某种精神品质，如对扎根农村、甘为人梯、乐于奉献、积极向上等崇高精神的发扬，绽放着"因播种光明而美丽"的光芒。他们用自己的行为书写着乡村教师的别样情怀，感召着社会、诠释着乡村教师这一行业高尚的思想观念和职业操守，使得乡村教师道德榜样的表现形式呈现出多元化的样态。如放弃优越生活、扎根苗乡的"时代楷模"陈立群，用大义凛然、知险而上的勇气将灾难和危急变成平安和生机的"全国见义勇为模范"王敏，用对岗位的责任心和使命感为乡村教育和社会发展奠定牢固根基的"全国敬业奉献模范"农加贵，等等，他们都是乡村教师道德榜样的现实写照。

塑造乡村教师道德榜样并不是一个一蹴而就的"短期工程"，而是需要经历乡村教师师德养成、选择和树立、示范教育以及再塑造四个阶段。第一个阶段，乡村教师师德的养成是乡村教师道德榜样的准备阶段。它要求乡村教师个体在个人私德、职业道德和社会公德等领域实现对乡村教师师德的认知同步、情感共鸣、意志坚定和知行转化，从而使得这些个体的思想道德水平明显高于普通乡村教师。从知、情、意、行四个方面层层推进，引导乡村教师道德榜样的素质养成基本按其先后顺序展开。同时又紧密联系、相互融合，在现实中遭遇道德困境或者阻碍时，即感受到理想与现实的矛盾、冲突与分裂，帮助乡村教师个体在分裂中寻求自身的统一，在理想中寻求现实的超越，从而内化于自身言行的统一，全面提升乡村教师的思想道德水平，实现自我的完善和升华。在第二和第三个阶段，乡村教师道德榜样的选择和树立，即乡村教师道德榜样的确立，是根据一定的原则、标准、目的和方式等内容，将那些在乡村教师师德方面表现突出的乡村教师个体发掘出来，使之成为供广大乡村教师模仿和学习的典型。而乡村教师道德榜样的示范教育是乡村教师道德榜样塑造的关键环节，是指运用一定的途径、载体、工具和方式等对乡村教师道德榜样进行宣传，进而使之作为一种教育方法对乡村教师思想道德水平的提升起到示范和引领作用，是对乡村教师道德榜样存在的必要性进行确证。其中，乡村教师道德榜样的选树是将其作为一种教育方法对公众进行潜移默化影响的前提；反之，乡村教师道德榜样作为一种教育方法则是对其进行宣扬的有效途径，表达了社会对乡村教师道德榜样的群体认同，有助于彰显乡村教师这一职业的价值，以及乡村教师对自己职业的热爱和对教育对象的热情，提升乡村教师对自身职业的自我认同和践行，进而推动乡村教师道德榜样的进一步发掘和公众思想道德水平的提升。在第四个阶段，乡村教师道德榜样的再塑造，是指在榜样树立以后，采取一系列措施以保证所树立的乡村教师道德榜样能够起到明显的、持续的示范作用，促进他者乡村教师道德榜样的培育，从而形成一个良性的榜样培育循环系统，而不是昙花一现，之后便被人们遗忘。

第二节　乡村教师道德榜样的理论依据

扎实的理论依据是开展研究的前提和基础，明确理论依据之于研究的作用以及各个理论之间的相互关系，是构建研究分析框架和确保研究逻辑自洽的关键。对于乡村教师道德榜样而言，它是建立在马克思主义道德观基础之上的；换言之，马克思主义道德观的阐释为乡村教师道德榜样这一课题的研究提供了立论基点。此外，中国传统文化中关于"榜样教育"的理论，以及观察学习理论、道德认知发展理论和身份认同理论等西方心理学理论则从不同角度和不同层面也为乡村教师道德榜样的研究提供了一定的理论阐释。

一、马克思主义道德观

马克思主义道德观是马克思和恩格斯在总结无产阶级运动及其道德品质过程中所创立的理论体系，经由列宁的发展和进一步完善，由俄国在20世纪20年代引入中国，并迅速成了中国伦理文化和伦理思想的主流。在马克思主义道德观及其中国化的成果中，对道德问题的论述包括道德的意识形态本质论、家庭道德观、道德范畴探讨和道德与利益的关系等，揭露了资本主义社会和社会主义社会道德现象的深层本质，进而在我国新时代公民道德建设的关键时期发挥着重要作用，也为乡村教师道德榜样这一课题的研究提供了立论基点。

（一）马克思主义道德观的主要内容

马克思和恩格斯在《论犹太人问题》《1844年经济学哲学手稿》《关于费尔巴哈的提纲》《德意志意识形态》《共产党宣言》《反杜林论》《家庭、私有制和国家的起源》等经典文献中，都集中阐释了伦理道德问题，从而成了马克思主义道德观的思想基础，也是我们研究马克思主义伦理道德问题的出发点和逻辑起点。为此，明晰马克思主义道德观的主要内容，是推进乡村教师道德榜样塑造，以便提升其示范效应、加强乡村教师队伍建设、营造良好社会风尚的必要前提。

1. 马克思和恩格斯道德观的形成与发展

从《神圣家族》和《关于费尔巴哈的提纲》（以下简称《提纲》）开始，马克思和恩格斯关于道德问题的论述已经表现出了历史唯物主义基础上的无产阶级道德观走向。在《神圣家族》一书中，马克思和恩格斯"开始明确阐述物质生产活动在社会发展中起决定性作用的思想，阐明需要、利益对人所起的作用"❶，这使得马克思和恩格斯关于道德的论述更接近于历史唯物主义的道德观。《提纲》认为，在费尔巴哈对道德思想的补充中，没有从实践的角度出发全面理解和认识，并从实践的角度提出了环境与人发生相互作用的观点，即"环境是由人来改变的，而教育者本人一定是受教育的。"❷ 概言之，《提纲》对人和社会实践本质的理解，为马克思主义道德观的最终形成和确立提供了理论前提。

在《德意志意识形态》一书中，马克思和恩格斯提出了"道德的意识形态本质论"，自此，马克思主义道德观得以明确形成。马克思和恩格斯认为，道德与政治、法律、哲学和宗教等一样，是社会分工发展的结果，由社会物质生产条件所决定，因此不存在所谓永恒的和超阶级的抽象道德。之后，马克思在《哲学的贫困》一书中充分肯定了人在社会历史中的作用，也表明了共产主义道德为全人类幸福而奋斗的本质。而《共产党宣言》则是对前者的进一步充实。它将个人的完美与幸福融入每个人自由全面发展的道德理想之中，深刻批判了资本的道德二重性，描述了无产阶级的道德解放图景，标志着马克思主义科学道德理论的最终确立。马克思和恩格斯对资本主义社会罪恶的"金钱"道德辩证地进行了批判。他们指出：资产阶级道德是道德堕落的表现，只有共产主义才是最道德的，并重申了为之奋斗终身的道德理想，即共产主义道德的理想目标就是实现人的自由与解放。同时，只有以制度道德建立为基础，建立起人道主义的社会制度，对个体的道德行为进行规范，那么社会的不道德现象才能得到消除，共产主义的理想道德才能得以实现。概言之，共产主义道德是实践的，是真正平等的，是为全人类谋福利的，它消灭了异化和剥削，是个人

---

❶ 高凤敏. 马克思道德观生成发展的理路考论 [J]. 贵州社会科学，2012 (6)：34-37.

❷ 马克思，恩格斯. 马克思恩格斯文集：第 1 卷 [M]. 北京：人民出版社，2009：500.

道德与社会道德的辩证统一，并且需要制度的保障。

之后，马克思还分析了小农和小农伦理道德观念和道德习惯方面存在着眼光狭隘、组织纪律性缺乏等缺点和不足，肯定了劳动者是道德和价值评判的真正主体，揭开了被拜物教所掩盖的人的道德关系。而恩格斯撰写的《反杜林论》作为反映马克思主义伦理思想的经典著作，则对马克思主义科学的道德观和道德的本质属性进行了系统全面的阐述。第一，道德具有显著的社会性。表现为道德是社会中起决定作用的经济关系的产物，这就决定了任何时期的道德建设都必须坚持实事求是的原则。第二，道德具有阶级性。这一特征决定了社会主义道德建设必须坚持"以人为本"。第三，道德具有创新性和共同性等特征。即使对于不同的阶级，其道德表现在随着外在环境的改变而改变的同时，也会因一些共同特点而有着某些共同的道德因素，这就决定了道德建设必须坚持解放思想。第四，道德具有历史性。"善恶观念从一个民族到另一个民族、从一个时代到另一个时代变更得这样厉害"❶，因此，一个民族、一个时代的不同时期，都有着自身特定的道德观念和准则，这就决定了当下的道德建设必须坚持与时俱进。此外，在《家庭、私有制和国家的起源》一书中，恩格斯还系统地阐述了他的家庭伦理思想，该书也是马克思主义婚姻家庭道德观的经典之作。在恩格斯看来，家庭伦理属于一种特殊的道德关系，在未来的共产主义社会，社会责任包括父母与子女之间、夫妻之间以及兄弟姐妹之间的关系，是家庭伦理的价值导向；同时，家庭伦理也离不开文化的影响，其发展的内在动力是对文化的传承。

2. 列宁对马克思和恩格斯道德观的继承与发展

在列宁的著作中，他运用苏联新的革命实践经验丰富了马克思主义伦理思想，在经济关系的发展与道德发展之间的必然联系、道德评价、马克

---

❶ 马克思，恩格斯. 马克思恩格斯文集：第9卷［M］. 北京：人民出版社，2009：98.

思主义伦理学的道德规范和道德范畴、社会主义社会中的伦理道德、共产主义道德基础等问题上均有所论述。列宁不仅捍卫了马克思和恩格斯所创立的马克思主义道德观的基本观点，而且将马克思主义道德观推向了一个新的历史阶段。

列宁强烈批判了宗教道德，并揭露其实质是用虚伪的道德说教来毒化群众的意识。在《唯物主义和经验批判主义》一书中，列宁揭露了唯心主义道德理论的反动实质，认为人的本性本身就能抑制任何社会犯罪现象，进而提出以马克思和恩格斯的唯物史观作为研究道德问题的理论基础。基于此，列宁进一步阐明了社会经济与作为意识形态的道德之间的关系问题，这在进一步澄清有关道德的起源、本质、发展规律以及社会作用等问题方面发挥着重要作用。在《论国家》的讲演中，列宁提出，在未来的共产主义社会中，人们在道德上是高度自觉的。列宁还在《青年团的任务》的演说中，对共产主义道德进行了深入论述。他认为，共产主义道德有着明确的阶级性，其本质是属于无产阶级的阶级道德。同时，他反对理论脱离实际的说教式道德教育方法，认为共产主义道德的形成需要青年将自身同这个斗争相联系，获得革命斗争的实践经验。对于道德和利益之间的关系，列宁一方面肯定了阶级根本利益在阶级社会里对特定阶级成员道德面貌所起的决定性作用，另一方面又承认了人的道德面貌与其所反映的阶级利益之间没有必然的联系，表现为阶级成员作为个体具有道德上的表现差异。基于此，必须坚持从不同阶级的阶级利益出发去研究阶级社会的道德问题。同时，道德是通过政治等中间环节去反映一定阶级的阶级利益的，因此，虽然个人道德品质在社会活动中发挥着重要作用，但毕竟是从属的东西，不能为达到某种目的而用个人的道德情感来代替社会原则，或者使用破坏他人个人道德威信的方法，那样只会适得其反。列宁还通过一些杰出的榜样人物，说明激发和提高广大人民群众先进道德意识在革命斗争中的重要作用，这不仅是革命群众的重要精神支柱，而且能够在新旧意识形态的斗争中为道德的进步扫清障碍。

在"道德评价"这一问题上，列宁坚持了马克思和恩格斯唯物主义的决定论原则，认为人们的道德意识和道德行为选择等取决于人们的物质生活条件等客观因素，还显示了马克思主义伦理学的实践力量，即坚持从实际出发，并在道德评价过程中使用唯物辩证法，从而使得马克思主义道德评价理论有了更为丰富和科学的体系和方法。列宁还通过密切联系社会主义革命与建设的实践，使得道德规范成为社会主义社会的人们在现实生活中的行动准则，并使之成为共产主义道德的规范，进一步深化了共产主义道德的内涵，包括无产阶级的革命英雄主义和献身公共事业的精神，共产主义劳动态度成为具有日益突出的现实意义的道德规范，爱国主义和国际主义作为道德规范有了日益重要的意义。在《哲学笔记》一书中，列宁则在社会实践中引进了道德范畴，并赋予道德范畴以明确的实践内容，在《国家与革命》一书中，列宁对提倡尊重社会公德的问题也有所论述。

3. 中国化的马克思主义伦理道德思想

20世纪20年代，马克思主义伦理学被引入了中国，并迅速成为我国伦理思想和文化的主流。在马克思主义伦理学中国化的成果中，对道德问题的论述非常多，它指导着中国革命、建设和改革的进程，实现了从政治革命伦理到经济建设伦理、再到社会发展伦理的过渡。这也表明道德是一个历史范畴，虽由社会物质基础及其产生的社会关系状况所决定，但又因其表现出的历史继承性和时代创新性等特征而不完全与社会物质基础及其产生的社会关系同步。

毛泽东伦理道德思想是中国化马克思主义伦理道德思想的第一种理论形态，经历了从产生到发展、再到转变的过程。毛泽东早期的道德思想受其教育经历影响，形成了关于道德来源的思想核心是自作主宰，带有明显的心学维度。但在五四运动之后，毛泽东的道德观逐渐开始向马克思主义的新道德观转变，并建立起了一种以"全心全意为人民服务"为核心的新道德观。它以集体主义、革命的人道主义和功利主义为道德的原则，以爱国主义为先为道德的规范和道德观的最高表现，而且还包括加强科技及职业道德建设的思想，通过道德榜样的塑造及其教育功能的发挥进行道德教育，并秉持动机与效果相结合的道德评价标准。换言之，以毛泽东为代表的新中国第一代领导人集体充分认识到了共产主义道德对于激发人民群众追求自由和平等新生活的强大精神力量，并提出无产阶级道德观的最高要求是"适合人民的利益"。在毛泽东看来，道德的价值主体和评价主体是人民大众，且评价的标准在于符合人民大众的意愿。对于道德评价问题而言，要根据群众的反映来检验，"一个人死了开追悼会，群众的反映怎样，这就是衡量的一个标准。"❶ 不仅如此，道德评价还要注重道德行为动机的良善和效果的有益状态之间的关系，强调动机和效果的统一。对于个体道德修养的加强和理想人格的培养问题，毛泽东提出通过不断的读书学习，自觉、老实、内省（自我批评）的自我修养，在社会实践中，以锻炼意志和性格等方式进行培养和塑造。

在职业道德建设方面，毛泽东的榜样教育观发挥着重要作用。受我国古代思想家和马克思主义经典作家的影响，毛泽东的榜样教育思想包括榜样的挑选、培育和学习，形成一套完整的方法论合集。其一，榜样的挑选要瞄准时代性。时代性体现着民族性，与民族性辩证统一；也就是在挑选榜样时，要注重榜样的典型性，要能够反映榜样所处社会和时代的大背景，摒弃脱离实际的"英雄式榜样"，宣扬平易近人的"草根式榜样"。比如大爱无疆、敢于奉献生命的白求恩，为人民服务的张思德，以及拥有坚定信念和超人意志的神话故事人物——愚公，让这些具有时代意义的榜样事迹以及他们所体现出来的榜样人格感染群众，从而营造良好的社会风尚。其二，不仅榜样的外在形象要富有时代气息，而且还要实现榜样的外

---

❶　毛泽东. 毛泽东选集：第三卷［M］. 北京：人民出版社，1996：60.

在形象美和内在心灵美的辩证统一，即榜样的培育要更注重其品行和德性等道德观的培养，要有强烈的道德责任感。其三，学习榜样要敢于接地气，要向榜样学习，也要践行榜样，即学习榜样人物的长处，并将自己塑造成榜样，在实践中践行榜样的精神，并进一步感染其他人。

邓小平伦理道德思想是马克思主义伦理道德思想中国化的新发展，他以"五爱"思想作为社会主义道德的重要内容，以培育社会主义"四有"新人和提高整个中华民族思想道德与科学文化素质作为社会主义道德建设的根本目标，充分重视和肯定人民群众在追求正当物质利益时的合理性，并坚持国家和集体利益要高于个人利益。对于道德和利益的关系问题，邓小平立足于实践，认为道德要建立在经济基础之上，这是对马克思主义道德观本质的坚持，也是对"一切以往的道德论归根结底都是当时的社会经济状况的产物"❶的科学回答和时代响应。同时，邓小平也补充和发展了马克思主义在道德对政治和法的反作用论述方面的忽视，他立足于社会主义本质要求、"两个文明"共同发展和改革开放，提出社会主义道德一经从社会交往实践中产生出来，也会作为一种相对独立的力量对经济建设发生反作用，进而成为夺取新时代中国特色社会主义事业全面胜利的根本保证。为此，邓小平提出了物质文明和精神文明"两手抓，两手都要硬"的方针，它们相互推进、共同发展，为新时期的道德建设指明了方向。

邓小平的伦理道德观还为贯彻落实江泽民同志"以德治国"的治国方略提供了理论基础。它不是对法治的摒弃，而是强调法治与德治的相辅相成和相互促进。江泽民认为，个体思想道德素质的高低决定着社会的精神面貌，随着人们思想道德素质的提高，进而以道德成长的力量促进社会道德风尚的好转和社会主义市场经济的健康发展。同时，道德也能够通过强大的舆论影响力促进人民群众接受道德规范的约束、增强社会的稳定。他

---

❶ 马克思，恩格斯. 马克思恩格斯文集：第9卷［M］. 北京：人民出版社，2009：99.

还提出，领导者和青少年是社会主义道德建设的重点对象，针对不同的对象要实行不同的道德要求。

胡锦涛的科学发展观也蕴含着丰富的伦理意蕴，体现的是"以人为本"的伦理精神，包括民主法治的政治伦理思想、人民共享改革成果的经济伦理思想、社会主义荣辱观的文化伦理思想、人与自然和谐相处的生态伦理思想、公平正义的社会伦理思想和构建和谐世界的国际伦理思想。他认为，加强公民道德建设在实现中华民族复兴的重要使命中有着重要的影响力，并倡导以"趋荣避辱"的社会主义荣辱观为着力点加强公民道德建设，将公民道德建设与党风建设和民主法治建设结合起来。随着中国特色社会主义进入了新时期，我国面临着因政府与市场的边界界定等造成的城乡差距和贫富差距的扩大、诚信的缺失以及不正当竞争等社会问题。而伦理道德体系的建构对于政府与市场关系的界定可以展现出新的精神风貌，进而对推进改革开放事业的发展具有重要的作用。这些都为新时代马克思主义伦理道德思想的进一步中国化发展提供了基础。

基于此，习近平总书记立足于中华优秀传统文化，对有关伦理道德建设的问题作出了重要论述。习近平的伦理道德思想萌芽于他的青年时期，发展于他在地方任职时期，形成于党的十八大之后，主要围绕政治、经济、文化等多个方面展开。习近平总书记在政治建设中的伦理道德思想，表现在以下三个方面。首先，始终坚持法律与道德协同发力的治理思路，我国的法律既要符合社会主义道德要求，也要将那些得到实践检验的道德要求上升为法律层面的规范。其次，推进以理想信念为核心的党的建设。坚定将理想信念作为党的思想建设的第一要务，个人对社会理想和理想人格的追求，与加强理论学习密不可分。同时，要认识到党的作风建设在树立和培养道德理想中的重要性，道德所具有的先进性和广泛性也分别体现出了道德理想目标的崇高性和道德底线思维的务实性。党员干部在这一过程中要树立并自觉追求崇高的道德理想，保持廉洁，成为人民群众学习的道德榜样。最后，强调制度伦理在党风廉政建设中的价值，包括明文规定的规矩和不成文的规定。通过"笼子"理论阐明建构明文规定规矩的重要性，通过党和国家监督体系加强两者之间的联合约束力，并强化党和国家的自我监督。

习近平总书记表现在经济建设中的伦理道德思想，首先从教育、就业、社保、脱贫等维度概括了以"人民为中心"的新发展伦理理念，同时强调了全民、全面、共建和渐进的共享发展伦理理念。此外，还突出强调了绿色发展的伦理理念，要求人与自然要和谐相处、经济发展要与生态文明建设相统一、加强社会主义公民生态道德教育，其"两山论"思想就意味着生态环境的保护已经上升为关系民生福祉的重大政治和社会问题。

习近平总书记表现在文化建设中的伦理道德思想，包括弘扬以"讲仁爱、重民本、守诚信、崇正义、尚和合、求大同"❶为主要内容的中华民族优秀传统美德，倡导以个人、社会和国家等三个层面的德为实质的社会主义核心价值观，以及加强大学生价值观和道德观教育。其中，符合国家和社会的"大德"要求是满足个人"小德"要求的先决条件，个体修德的过程即是从"小德"走向"大德"的过程。而青年时期作为价值观和道德观形成的非常时期，教师不仅要求学生做到勤学、修德、明辨、笃实，而且应该为学生提供科学的教育和正确的引导。

（二）马克思主义道德观对乡村教师道德榜样研究的启示

马克思主义道德观告诉我们，道德源于生产实践活动，旨在实现每个人自由而全面发展的理想道德目标。为此，马克思主义道德观对乡村教师道德榜样研究提供的理论视角和重要启示在于以下五个方面。

---

❶ 习近平. 习近平谈治国理政：第一卷［M］. 北京：外文出版社，2014：164.

第一，乡村教师道德榜样在激发和提升乡村教师先进道德意识中发挥着重要作用。乡村教师道德榜样是乡村文化的精神支柱，能够在新、旧意识形态的交替中为乡村教师和公众思想道德的进步扫清障碍，从而助推乡村教师群体思想道德水平提升，实现乡村社会道德生态优化这一理想目标。

第二，乡村教师道德榜样需要个体道德主动行为的坚定信念和道德制度规范的完善，以带动和创造良好的社会道德风尚，同时也需要榜样个体所处环境的积极响应，包括来自家庭成员的理解支持，以及社会媒介的舆论宣传，以确保主流价值的导向地位，保证榜样人物作用的延续和发展。

第三，乡村教师思想道德的成长离不开主体的人性，更不能脱离现实的客观物质基础，没有永恒不变的乡村教师道德，物质生产方式的变化必然会催生新的乡村教师道德观，在此基础上，乡村教师道德榜样的内涵也会随着经济的发展而产生变化。同时，不同阶段乡村教师道德榜样所蕴含的道德观念也会直接作用于乡村社会的道德实践，进而以其道德的力量促进乡村社会道德风尚的不断改善。具体表现为通过帮助人们端正生产目的、规范市场行为和保持经济发展正确方向与分配的伦理化，以促进乡村社会政治、经济、文化的健康发展与长足发展。因此，必须坚持从与乡村教师群体利益密切相关的政治、经济等物质条件出发去研究乡村教师道德榜样的道德意识和道德行为选择所呈现出的特征和规律，从而为乡村教师思想道德水平的提升和理想道德榜样的塑造提供经验，来推动乡村社会的发展和进步。

第四，塑造乡村教师道德榜样不能脱离具体的物质生产方式，即不能脱离利益空谈道德，但也不能过分拔高利益的作用，从而掩盖人的道德关系。

第五，乡村教师道德并非对集体利益的片面强调，而是个人道德和社会道德、崇高性和务实性的辩证统一，其榜样的选取不仅要求外在形象富有时代气息，更重要的是注重外在表现与内在品行和德性等的高度自觉，要求对乡村教育事业的忠诚，归属于乡村社会的阶级道德和情感，并由其在广大群众中所产生的具体效应加以检验。

二、我国传统的榜样教育理论

榜样教育理论作为思想道德教育的重要内容，来源于中华民族优秀的传统文化，最早可追溯到原始社会，并且在经历了不同时代和地域的具体实践之后，两千多年前的孔子、孟子、荀子等先哲的教育思想和著作得到了系统而全面的阐释，形成了我国传统的榜样教育理论。之后，随着人类社会实践活动的日益丰富，我国传统的榜样教育理论得以在政治、经济、文化和教育等层面自上而下比较全面地开展，且在具体的社会、家庭、学校和个人领域都发挥了重要作用。那么我国传统的榜样教育理论在当前也能做到古为今用，继承和不断发扬几千年来积累的宝贵经验和成果。随着社会的进一步发展，人们的思想道德水平呈现出多样化和多层次化的特征，实践榜样教育的领域和方式也日渐多元化，通过探寻和梳理我国传统的榜样教育的理论与实践经验，对于正确审视乡村教师道德榜样在实践中所呈现出的现象和规律，总结吸收其合理因素，提升未来乡村教师道德榜样示范教育的效用具有重要的启发意义。

（一）我国传统的榜样教育理论的主要内容

我国传统的榜样教育理论最早可追溯到原始社会。当时，人们对自然，如炎帝、神农等有着朦胧的道德认知和崇高的敬畏，还塑造出以尧、舜、禹为代表的理想圣人形象。群体、社会的符号就是个体的符号，即个体是与其共时态的家族、部落、氏族他人和历时态的祖先他人一体的复数的人。在这一时期，人们教育后代的任务是在生活的现场通过口耳相传的方式完成并实现的。比如，人们通过向后代传授制造和使用工具的方法，并教授采集果实、狩猎、捕鱼和抵御自然灾害袭击等生活和生产的技巧。同时，他们对自身所处部落和氏族的整体利益持高度认同和绝对服从的态度，认为它们是神圣不可侵犯的道德信仰和道德追求，从而形成了一种整齐划一的道德格局。概言之，原始社会时期的榜样是集体的、权威的，有神格化和圣人化的倾向和色彩，榜样教化也是在一些无意识的不自觉行动中完成的，还没有形成系统的统治方略。但同时也塑造着普通人无法企及的榜样形象，造成了榜样形象的高高在上和脱离实际，使得人们无法真正学习和效仿，因此也就无所谓道德教育，道德培养也缺乏道德意识的外在激发、影响和辐射。

进入阶级社会之后，在君王和学校教育的积极推动下，榜样教育逐步成了一种系统的统治方略。在奴隶社会，随着学校教育形式的出现、社会分工和生产力发展的加快，人与人之间因"对君臣、主仆、师生和长幼等隶属关系的认同而形成的地域共同体，强化了处于从属地位个体的人身依附意识，统治阶级也特别重视教育的国家规范性"❶，将统治者作为榜样的最高形象代表，使得榜样教育不再仅依靠以血缘关系为基础的原始共同体，即以榜样的个体力量开展道德实践活动，而是与政治相统一，注重通过道德教化达到国家治理的意图，文王、武王和周公等统治者也因此成了我国古代统治者和百姓学习的楷模和典范。到了封建社会，随着社会的进步和生产力的发展，开始分化出了地主阶级和农民阶级两个对立的阶级，自然也出现了两种对立的道德，进而使得道德的政治性、阶级性和规范化等特征得到了凸显，也使得我国传统的榜样教育理论在这一时期逐渐得以

---

❶ 郑岚，汪建华. 论教师道德的意蕴及当代转向 [J]. 教学与管理，2021（3）：5-7.

完善和体系化。具体表现为：地主阶级的道德体系占据着统治地位，主导着当时社会的道德生态；政策上倡导榜样教化，建立专门的制度以推选和任用榜样，特别注重从专门执掌教化的官员中树立榜样，并实行榜样的奖赏制度；统治者身体力行，成为普通民众的榜样；教育上注重官学和私学的相互补充，深入推行榜样教育。在封建社会，统治者还十分注重通过民间舆论场域树立、传播和传颂道德榜样，使得当时的孔子、孟子等"圣贤榜样"的思想或事迹得以传播得更为持久和深远。

不难发现，中国封建社会的统治者一贯视"立德、立功、立言"为"三不朽"，注重在生活中以"礼仪"和"榜样"的形式教化民众，经由倡导和教化个人孝道，从而把"孝亲文化"扩大到"人之老"以及各级官吏和君主层面，即升华到忠、顺的层面。在这样的背景下，我国传统的榜样教育理论便形成了以儒家伦理道德为核心，融合道家、法家和墨家思想积极成分的格局，并带有浓重的政治性、等级观念和权威色彩。如对儒家而言，作为"道德决定论"的道德史观的典型代表，强调的是道德教育或教化的功能，倡导的是统治者通过自身的模范行为和道德教化活动，将一定的价值观念灌输给民众，并转化为他们发自内心的自觉自愿行为。道家也认为，学习即模仿，指出了榜样人物的教化作用。概括而言，我国传统的榜样教育理论中所讲的榜样教育概念与当前所指的不同之处在于更加强调榜样教化的功能。其中，教化属于伦理学、政治学和教育学概念，主要关乎伦理道德教育，教化权力则是长老统治的表征，即年长者对年幼的示范和教导，体现在"活到老，学到老""出则悌"等长幼有序的态度和格局中，既非民主也有异于不民主的专制。因此，作为传递文化的过程，我国传统的榜样教育突出的是榜样在政治和道德方面对公众的教化功能。此外，我国传统的榜样教育理论还特别重视个体的道德表率作用，强调教育者的身教，特别是拥有圣人、仁人和君子等理想道德人格的榜样形象的树立；榜样教育的实践渠道既有自上而下的政府的有效推动，也有自下而上

的普通民众及民间组织的积极配合；榜样教育的内容既包含对各级统治者
统治之道的要求，也涵盖对平民道德行为的规范和约束。

（二）我国传统的榜样教育理论对乡村教师道德榜样研究的启示

从上述内容分析可知，我国传统的榜样教育理论是以儒家思想为核心
的，它更多地强调的是统治者作为榜样的道德示范，而依托民间场域的各
种社会组织对普通民众施以道德影响，是我国传统的榜样教育的显著特
点，其中，学校在这些社会组织中占据着核心地位。对于乡村教师道德榜
样研究而言，要辩证看待并在批判中继承这一理论，为我国当前及未来乡
村教师道德榜样教育作用的发挥提供现实启示。

第一，乡村教师道德榜样通过在学校这一主要场域中以道德伦理为内
容对普通乡村教师和学生进行教育，通过这些受过教育的师生在群众中进
行示范，成为群众的道德行为楷模，由此达到感化和教化群众、形成良好
社会风尚的目的。在个体受教育的过程中，教育的外部因素与个体的内生
因素发生交互作用，形成对于乡村教师道德榜样和道德规范的认识，辅之
以"自求自得"的主观道德理想和目标动机，从而通过"行"以践行和实
现有关乡村教师道德的"知"和"情"。换言之，乡村教师道德榜样教育
能够促进一个人形成对于乡村教师道德的完整认知，并将这些完整的道德
认知转化为内在的道德情感和道德意志，再将其转化为个体自觉自愿的道
德行为习惯，最终形成乡村教师个体崇高的道德品质和情操。

第二，塑造乡村教师道德榜样不仅要看到乡村教师主体与实践—认
识客体之间的双向建构运动，还要注意教师榜样个体的塑造是只有在与
他者主体的关系中才能形成的运动。这里的涉他性主体主要指家人、朋

友、学生、同事、学校领导，以及社会他者（占多数人优势的公众观念或行为）。

第三，发挥乡村教师道德榜样的教育作用，不仅需要个体主动性的发挥，而且需要客观制度的保障，以及社会舆论的宣传。客观制度在规定乡村教师责任和义务的同时，更加强调对乡村教师权利的保障；社会舆论在宣传注重主流媒体责任和使命的同时，充分利用电视、网络、广播、报刊等大众传播媒介对乡村教师道德榜样进行宣传，进而呈现其生动形象，强化其示范效果。

第四，在塑造乡村教师道德榜样的过程中，突出的是榜样个体能够给公众以较大道德影响力的道德生活，而道德生活毕竟只是道德榜样个体生活的一部分，其他生活方面也许还存在某些不足之处。因此，榜样的力量在于真实，那些脱离人们生活实际的、以"高大上"的标准所塑造的榜样形象难以发挥榜样的真实作用。概言之，乡村教师道德榜样的选择和运用要遵循实事求是的原则，在宣传时，没有必要人为地进行不合事实的美化，要让乡村教师道德榜样人物现身说法，才会在公众中产生更强的感染力和说服力，从而提升乡村教师道德榜样教育的实效性。

三、西方心理学理论

有关"榜样"和"道德榜样"问题的研究，在西方心理学的发展史上具有强大的生命力，如以皮亚杰为代表的"认知发展理论"，以加涅为代表的"学习理论"，以及以布鲁纳、奥苏贝尔为代表的"认知主义学习理论"。但相比较而言，在西方心理学的众多理论中，班杜拉的"观察学习理论"、科尔伯格的"道德认知发展理论"，以及社会心理学的"身份认同理论"，最能够为乡村教师道德榜样研究提供理论的借鉴。

（一）班杜拉的观察学习理论与乡村教师道德榜样研究

观察学习理论的代表人物是美国著名心理学家阿尔伯特·班杜拉（Albert Bandura）。他通过一系列儿童攻击玩具娃娃的实验，证明了人类可以无须任何奖惩就能够形成新的行为，并据此提出了"观察学习理论"，也称"社会学习理论"。该理论认为，个体的行为并不依赖于直接强化，而是蕴含着丰富的认知因素，并通过自我调节过程作出反应，且主体人主要是通过在社会环境中不断地学习来发展和塑造自身个性。概言之，观察学习的整个过程，实际上就是个体观察榜样如何示范的过程，也就是被观察者作为榜样的示范过程，主要受注意过程、保持过程、动作再现过程和动机过程等四个相互关联的子过程制约。

其一，注意过程是观察学习的起始环节，是作为观察者的个体将心理资源贯注于榜样行为的过程，榜样和观察者的特征是影响其效应的主要因素。具体而言，那些行为具有显著性和吸引力的、可辨性和亲和力强的、与观察者生活相似度越高的观察对象更容易被观察者选择为榜样；同时，观察者自身的特征，如感知能力、已有的偏好等，也影响和制约着观察学习的注意过程。

其二，保持过程指在榜样不再出现的情况下，观察者通过表象的或语义概念的符号这一媒介，将自身所获取的有关榜样行为的信息储存于长时记忆之中的过程。保持过程的符号转化基本是一种建构过程，大多数榜样行为的信息便是以抽象的符号方式被观察者所习得和保持的，而由于这些抽象符号很少与榜样的表面特征相似，所以需要考虑将榜样的行为信息组成为易于记忆的、有效的符号。其中，及时和不断的认知复述、心理演练和动作演练都有助于观察者将注意到的信息进行长时间的保持和储存。

其三，动作再现过程指观察者提取储存在自身记忆中的关于榜样行为的符号表征，并将其转换成外显的物理行为过程，即再现以前所注意和保存的榜样示范行为。一般而言，这一过程会受到观察者的生理性能、成分技能以及榜样行为的清晰性等因素影响。观察者的观察学习水平越高、动作技能越强，榜样行为的储存符号越清晰和容易辨别，其动作再现就越精确。

其四，动机过程指在某种诱因作用的特定情境下，观察者表现榜样行为的过程，这些动机来源于外部强化、替代强化和自我强化，调节并支配着观察者对榜样行为的注意、对榜样行为信息的加工和保持，以及对那些榜样行为的再现。

其中，外部强化是指当观察者正确重复了某种榜样行为时，因自身获得了有价值的结果而自然地倾向于再现这种行为，如观察者的某种模仿行为获得了奖赏、良好的社会评价，那么这些奖赏和评价就对观察者的行为起到了直接的外部强化作用。替代强化是指观察者通过观察榜样的某种行为获得了有价值的结果，从而强化了自身对于这一行为的再现，如观察者看到榜样的某种行为受到了奖励或者产生了积极的结果，那么远比那些受到惩罚或消极后果的行为更能刺激观察者对榜样行为的再现。自我强化是指观察者通过对自身行为表现或结果的评价，对行为作出进一步的调节，如个体因自身某种行为的结果符合或者超出自我原定的标准，从而成为一种自我驱动力，促进个体对该行为的再现。此外，虽然外部强化、替代强化和自我强化都以不同的方式促进或者抑制着观察者的行为，但相比于外部强化和替代强化，由观察者自身价值观和兴趣促成的自我强化，在观察学习的行为过程中发挥着更为重要的作用。此外，班杜拉还提出了"让榜样行为易于被观察者接受并模仿"的三个方面的考量，即观察者与榜样在相似度上要接近，观察者自身具备的价值观念、情感动机等心理特征，榜样自身的人格魅力及其行为的"示范效应"。

根据上述分析，班杜拉的观察学习理论对于乡村教师道德榜样的研究提供了如下的参考和依据。其一，通过乡村教师道德榜样的塑造，给乡村教师群体树立标杆，让乡村教师通过观察、学习乡村教师道德榜样先进的思想道德品质和行为习惯，进而将其内化，转化为具体的行为实践，使他们坚定扎根乡村教育、服务乡村振兴的决心。其二，树立乡村教师道德榜样，应注重榜样本身的典型性、可信性、多样性和创新性，以及榜样与观察者之间的贴近性。其三，发挥乡村教师道德榜样的示范作用，不必专门安排一些直接强化物去影响观察者的行为，可以通过榜样本身及其所产生的"社会效应"来调节观察者的行为，特别注重激发观察者的自我驱动力。同时，在利用宣传媒介对榜样事迹进行宣传强化时，应尽量避免对不良行为细节的描述，以免造成适得其反的宣传效果。其四，对乡村教师道德榜样的模仿与学习不是一个简单地学习他们具体行为模式的过程，而是需要观察者经历一个从有意识或无意识的注意，到对有用信息的提取、加工、编码和保存，再到动作的拆分、重组和再现的漫长的、复杂的演变过程，是从榜样的行为模式中挖掘、学习并领悟到蕴含在其中的乡村教师道德观念本身的精神，从而培养观察者自己的道德判断能力。因此，在乡村教师道德榜样塑造的过程中，应首先通过对乡村教师道德榜样先进事迹的介绍和宣传，吸引观察者注意和提取乡村教师道德榜样行为中所蕴含的高尚道德品质，在此基础上，将这些乡村教师道德品质内化为自身的坚定信念，进而形成观察者自觉自愿的意识和行为。其五，个体人发展和塑造自身个性的途径，主要是通过在社会环境中不断地学习和提升，对于乡村教师道德榜样而言，也主要是通过在国家的政策导向、社会的主流导向和学校的文化氛围等社会环境中不断学习和自我提升，进而塑造出榜样个体的个性特征。

（二）科尔伯格的道德认知发展理论与乡村教师道德榜样研究

20 世纪 60 年代，美国心理学家科尔伯格（L. Kohlberg）通过道德两难情境的创设，以及长时间跨文化比较的实证研究，提出了他的道德认知发展理论。该理论认为，道德判断是道德行为的基础，按照个体道德判断的结果性质，当个体在面临伦理困境时，其道德行为反应呈现了明显的差异，主要表现为三种水平和六个发展阶段。在科尔伯格看来，个体道德认知发展的三种水平和六个发展阶段呈螺旋式上升，每一个水平和阶段都是个体认知发展的结果，有其固定的特点，且都比前一个水平和阶段的观点更加全面、综合和清晰，在处理伦理困境时的反应也更为恰当。没有人能够一直处于道德认知发展的最高水平和最高阶段，也没有人可以越过前一水平和阶段而直接进入后面的水平和阶段。

具体而言，第一个水平是前习俗水平。处在这一水平的个体在进行道德判断时，是以行为的直接后果与奖惩等利害关系为标准的，并且顺从于权威人物制定的行为准则。其中，第一阶段是惩罚与服从定向阶段，这里的个体还没有形成真正的道德概念，他们认为好坏的标准便是受到奖惩。第二个阶段是相对功利取向阶段，相较于第一阶段，此时的个体不再把权威或规则视为绝对的、固定不变的，而是将是否符合个体自身利益作为判断好坏的标准，对个体自身需要的满足则是其道德价值的来源。第二个水平是习俗水平。处于这一水平的个体开始内化社会规则，并从社会成员的角度思考道德问题。其中，第一个阶段是寻求认可定向阶段，也是道德认知发展水平的第三个阶段，处于这一水平阶段的个体以人际关系的和谐为其道德价值导向，行为的标准在于他人对"好孩子"的要求，目的在于获得他人的赞赏和认可。第二个水平，也是道德认知发展水平的第四个阶段，是遵守法规和秩序定向阶段，他们以服从权威作为自身的道德价值导向，并以法制观点作为判断好坏的标准。第三个水平是后习俗水平，处于这一水平个体的道德判断标准超越了法律与权威的规定，并将人类正义和个体尊严内化为个体自身内在的道德命令，也是较少有人达到的境界。其中，第一阶段的社会契约定向阶段是道德认知发展水平的第五个阶段，处于这一水平阶段的个体一般不会违反法律和规范，但同时也认为它们不是绝对的，不能仅用单一的规则衡量个体行为的好坏。第二阶段的原则或良心定向阶段也是道德认知发展水平的第五个阶段，此时的个体不再受法律和规则的限制，认为正义、公平、良心、生命的价值、尊严、自由等普遍的道义高于一切，只要动机是好的，那么行为也就是正确的，是个体道德发展的最高水平。

科尔伯格的道德认知发展理论揭示了内化社会规范对个体道德行为影响的规律，其实质是个体从他律到自律的认知发展过程。道德认知是道德情感、道德意志和道德行为的基础与核心，如果个体的道德认知处于某一阶段，那么其道德发展也不会达到更高水平。因此，要促进个体道德发展水平达到更高层次，其前提是提升个体对道德的认知水平。同时，由于个体的道德判断力是在与他人，尤其是在与同辈群体的交往过程中习得的，而这种交往又受特定社会文化水平的影响，因此，个体的道德发展水平也受社会文明发展程度的制约，特别是同辈群体的交互作用过程中。

根据上述分析，科尔伯格的道德认知发展理论为乡村教师道德榜样研究提供了有益的启示。第一，由于乡村教师道德榜样的道德发展水平高于普通的乡村教师，因此树立乡村教师道德榜样，就是在普通乡村教师群体与乡村教师道德榜样之间建立起有效互动，从而通过同辈群体的榜样示范带动乡村教师整体道德水平的提升，这也是提升乡村教师道德发展水平的主要途径。第二，乡村教师的道德发展水平受社会文化发展水平制约，不同时代和历史环境中的乡村教师在道德认知、情感、意志和行为等方面都呈现出了不同的特点，从而导致不同时代所树立的乡村教师道德榜样都具有各自的独特表征，但同时也有着不同程度的包含和重叠现象。因此，对不同历史阶段的乡村教师道德榜样进行研究是可能且必要的。通过对不同时代乡村教师道德榜样的探讨，梳理不同阶段乡村教师道德榜样形成和发展的特征和规律，并根据不同道德发展阶段采取相应的引导措施，能够为现在及未来乡村教师道德榜样的塑造和乡村教师道德水平的提升提供经验与借鉴。第三，通过乡村教师道德榜样的示范作用提升乡村教师的整体道德水平，同样遵循知、情、意、行的阶段性发展特征和规律，即提升乡村教师对于道德榜样的认知水平是加深乡村教师道德情感、坚定道德意志和行为的前提和基础，如果对道德榜样的认知程度较低，那么榜样促进道德发展水平提升的层次也不会太高。

（三）社会心理学的身份认同理论与乡村教师道德榜样研究

身份认同指的是个体如何看待自身以及所处社会关系中的地位和意义。随着西方社会哲学的流变，关于身份认同的研究涉足了多个学科领域，并呈现出了多种理论流派共存与争鸣的局面。从心理学的视角来看，大体形成了由外至内和由内至外两种建构路径的身份认同理论。由外至内的"身份认同理论"以斯特莱克（Sheldon Stryker）为代表。他认为，身份认同是与客观环境相联系的，个体在社会活动中扮演着不同的角色，也因此承担着将所扮演角色内化为个体身份的责任，自我便是在各种身份的认同过程中得以实现的。在这一概念里，含有两个组成部分：一是受社会制度和规范认可而客观存在的、与社会分层体系相联系的社会位置或地位；二是个体对所处社会位置或地位的态度，以及心理上形成的一致性等内在化的心理感受。在个体所扮演的多种角色中，对某一身份的责任担当越多，那么个体的行动也就更加倾向于符合这一角色所要求的行为模式。当特定社会环境下的制度、价值观等外部条件和结构发生改变时，个体的身份认同便会出现建构的变化。由内至外的身份认同理论以伯克（Peter J. Burke）为代表。他强调身份认同是与主观人际互动相联系的，我们在社会生活中所扮演的每一种角色，都有着特定的自我成分，个体内心根据自身所知觉到的角色位置形成自身的认知工具和标准，在根据自我意识实施身份行为的过程中，会与他人发生交往互动，随后互动他人对自身行动产生反应，而这些反应会进一步影响到个体对所扮演角色身份的确认：当外在环境的反应与自我意识相符合时，个体会维持这样的身份认同；当外在环境的反应与自我认知标准有差异时，个体就会试图对自身的意识和行为作出改变。

这两种建构路径的"身份认同理论"都涉及个体对角色的选择策略。一方面，个体对角色的选择受社会制度、价值观念等客观外在环境的影响；另一方面，个体在与他人互动中对角色的认同和转变又受自我意识的限制。在现实中，外部的结构和内部的自我确认对个体的身份认同发挥着联合作用，当主体自身建构与客观社会建构发生矛盾时，便出现了身份认同问题。此外，在身份认同的理论框架里，身份认同理论主要是用来明确"我是谁"的问题，即主体如何定位自己的身份，在我国则较多应用于职业认同感和流动人口认同感研究，如教师的身份认同、农民工的身份认同等。

根据上述分析，身份认同理论为乡村教师道德榜样研究提供了如下现实启示。

第一，对乡村教师身份的认同就是对乡村教师自身归属的主动追求，是乡村教师个体能够体认自己归属于"乡村教师"这个群体，能够接受并践行所属乡村教师群体的价值取向、原则和行为规范，能够认定并承担乡村教师所应承担的权利、义务、责任和规则等，它与乡村教师道德发展共生，决定着乡村教师道德水平的高低。如乡村教师对自己作为乡村社会一份子的身份认同不高，就会导致自身承担乡土文化人的责任感不强，影响其社会公德培育。换言之，乡村教师身份的建构需要处理好乡村教师与自我的关系、乡村教师与学生及其家长和社会的关系、乡村教师与乡村教师整个共同体的关系，进而在这三种关系中寻求自身的定位和身份归属，明确身份的乡土认同，发展乡村教师的道德。

第二，从乡村教师所处地理位置来说，他们工作生活于乡村环境中，与农民无异；但从社会关系来说，乡村教师与生活在乡村的民众来说又有着本质的区别。作为被动的乡村群体，他们所处时代的社会环境、过往经历、与农民和城乡教师的互动情况等，都会影响其身份认同，在多重身份的选择过程中，必然导致他们不能在短时间内提升对乡土文化的归属感，变成地道的乡村教师。那么，塑造来自乡村教师身边的道德榜样，就在于通过建立乡村教师道德榜样与普通乡村教师之间的互动交往影响他们对身份的认同感，提升作为乡村教师的道德水平，进而做出符合乡村教师身份角色的行为。其中，我是教师，是对身份归属的定义；而我是乡村教师，即对身份的乡土认同，才是乡村教师身份认同的核心表现。

第三，我国乡村社会几经变迁，政治、经济、文化等各方面都经历了较大的改变，不同时代塑造的乡村教师道德榜样也代表着乡村教师不同的成长背景，那么，他们对于乡村教师对自身身份及榜样认同的一致性也必然受到影响，这也使得对乡村教师道德榜样进行研究成为可能。它旨在通过对乡村教师道德榜样演变特征和规律的发掘，启发普通乡村教师的乡土身份认同，进而提升乡村教师整体道德水平，使他们扎根乡村、服务乡村教育。

第三节　乡村教师道德榜样研究的基本历程

由上可见，乡村教师道德榜样研究旨在对符合不同时代精神文明建设和公民道德建设要求的、在乡镇和村落工作的乡村教师道德榜样的相关问题进行研究，可以为我国未来乡村教师道德榜样塑造提供可资借鉴的历史经验，进而促进乡村地区思想道德水平提升和乡风文明建设，助推乡村振兴和中华民族伟大复兴中国梦的实现。沿着时间发展的线索进行梳理，考虑到时代变革的历史划分和教育发展变革的阶段，以新中国 70 多年历史发展为时间线索，秉持史与论、宏观与微观、系统与重点分析相结合的原则，以"新中国 70 年历史就是中华民族从站起来、富起来到强起来的历史"这一重要论断为参考依据，以重要的社会政治、经济、文化运动及相关政策的发展，基础教育方针、重要政策和制度变迁，社会思潮和价值观念的冲突和演变，以及乡村教师队伍主体构成的转变为参考节点，以乡村教师道德成长的丰富内涵及其在思想道德建设中的具体运用为显著表征，将新中国乡村教师道德榜样的发展历程大致划分为三大阶段：1949—1976 年；1976—2000 年，以 20 世纪八九十年代为主体；2000 年至今，21 世纪以来。

一、历史分期的划分依据

在划分新中国乡村教师道德榜样发展的基本历程时，首先是要明确乡村教师道德榜样的划分依据，以保证基本历程划分的科学性和有效性。因循前文对乡村教师道德榜样的内涵分析以及理论启示，坚持社会主义发展方向和社会主义道德主导地位不动摇这一政治理念贯穿于阶段划分的始终，也指导着新中国乡村教师道德榜样的塑造。而"人创造环境，同样，环境也创造人"❶，乡村教师道德榜样从诞生起就以模范带头的方式去影响、改变和创造着环境。同时，乡村教师道德榜样又生活在一个既定的社会历史和地理环境中，如何去参与社会环境的改造，以及能改造到什么程度，这些都是由其所处的时空环境决定的。因此，新中国乡村教师道德榜样基本历程的划分依据，要从宏观的社会层面和微观的乡村教师个体层面进行系统和重点的探寻。概括而言，新中国乡村教师道德榜样基本历程的划分需要以"新中国70年历史就是中华民族从站起来、富起来到强起来的历史"这一重要论断为参考依据，同时，还要遵循以下四点依据。

一是，新中国重要的社会政治、经济、文化运动及相关政策的发展变化。从农村冬学运动、私塾改造运动、教师思想改造运动、知识青年上山下乡运动，到市场经济体制改革、社会结构深层变迁、社会主义精神文明建设，再到公民道德建设的全面开展、"乡村振兴"的责任履行、社会主义核心价值观的培育和践行、"立德树人"教育根本任务的实现，乡村教师道德成长的内涵发生了明显的改变，同样，乡村教师在社会中应担负的道德责任及其在农村思想道德建设中的作用发挥也相应发生了变化，而这也正是将新中国乡村教师道德榜样划分为三个阶段的主要依据。

二是，新中国基础教育方针、重要政策和制度变迁。新中国成立初期，《中国人民政治协商会议共同纲领》和第一次全国教育工作会议确立的社会主义教育方针，奠定了乡村教师以革命的政治教育为主要内容的变革基调，进而推动了思想政治观念先进的乡村教师个体的凸显。"文化大革命"结束以后，农村基础教育综合改革的开展、宣传思想工作制度的恢复与重建、第

---

❶ 中共中央 马克思 恩格斯 列宁 斯大林著作编译局. 马克思恩格斯文集：第1卷 [M]. 北京：人民出版社，2009：545.

二次全国教育工作会议对教育改革和发展的进一步安排等，都不断深化着乡村教师要将为经济发展或生存发展条件改善服务作为思想道德主要内容的重要性认识。21 世纪以来，随着素质教育的全面落实、"撤点并校"农村中小学布局调整、乡村教师支持计划的颁布与实施、教师荣誉制度的建立与相关配套政策的完善等，对乡村教师的思想道德素质提出了更高的要求，也为其多重社会责任的履行和价值的延伸作出了规定。因此，对新中国乡村教师道德榜样的历史阶段划分需要充分考虑这些因素。

　　三是，新中国社会思潮和价值观念的冲突演变。自 1949 年新中国成立，我国社会制度出现了质的变革，使得整个社会的意识形态、人们的道德观念和行为模式等都发生了诸多变化，进而开启了新中国思想文化建设的崭新时代。在乡村社会，由于其思想觉悟较低，在新、旧价值观念的转变过程中面临诸多困难，但又事关国家稳定和社会主义道德建设全面布局，便亟须乡村教师作为农村主要知识分子在思想政治觉悟上起到榜样引领作用。随着对外开放的开启和逐步深入，西方多元文化和意识形态渗透于人们的日常生活中，进而影响着人们的价值观念。最突出的表现即是网络道德虚无主义，它是现代性与市场经济衍生的拜物教、个人主义以及功利主义等力量的聚合和发酵，使人们陷入迷惘和沉醉于现实世界经济至上、科技至上、消费至上等物质主义的泥淖而无法进入道德的可能世界。表现在意识形态建设较为薄弱的乡村社会，造成了道德失范和道德失落等不良态势，并影响着人们行为的道德退化，即道德滑坡，因此需要榜样在上述集体与个人利益的冲突之间进行道德引领。21 世纪，在经济全球化的国际浪潮和政治多极化的国家背景冲击下，个体独特性、个体权利、个体主体性、个体之间差异的强调成为这个时期的主题，❶ 即人们的个体差异

---

　　❶ 旷平昌，周良荣，杜作勋. 建国六十年我国道德榜样的历史变迁及其现实意义 [J]. 复印报刊资料：思想政治教育，2009（10）：11 – 13.

性日渐凸显，价值观念变得多样化，其思维方式也从单一模式转向了弹性多元的多维模式，从而使得人们思想的多变性和独立性也得到了显著增强。在此背景下，乡村教师道德内涵的丰富和延伸也就成了必然。同时，这些社会思潮和价值观念的改变还在相关理论研究成果中得到了体现。如对《人民教育》报刊中含有"乡村教师"或"农村教师"主题的报道文章进行分析，发现 1976—2000 年的热点关键词主要是围绕着"教育事业"展开的。为此，这也成了对乡村教师道德榜样进行阶段划分的重要依据。

四是，新中国乡村教师队伍主体构成的转变。新中国成立初期，"以民教民"是乡村学校的做法。他们以贫下中农成分居多，大多思想政治意识领先的优秀教师被提拔为政府干部，而当时的农村干部又有着较高的社会地位和声望，进而为以政治道德为主要内容的乡村教师道德成长奠定了基础。20 世纪八九十年代，民转公教师、代课教师和中师毕业生成了乡村教师队伍的主体。这一时期乡村教师的体制性身份成了人们关注的焦点，"两基"目标下师资队伍的建设也是对素质培养和福利待遇提升的双向关注，这不仅在于是对个体物质生存的保障，而且还是对个体发展的责任履行，彰显了乡村教师道德的崇高境界。21 世纪以来，乡村教师队伍发生了较大转变，主要体现为"农村服务计划"对乡村教师的多渠道补充，他们在教育经历、成长体验、性别等方面都呈现出显著变化，从而也为农村地区思想道德建设提供了一条全新的发展道路。

二、历史阶段的内在关系

综合以上四个方面的考虑，将新中国乡村教师道德榜样的基本历程划分为三个阶段：1949—1976 年，政治发展需要的满足占据着乡村教师道德榜样的全过程；1976—2000 年，对个体物质生存和精神发展的关注是当时乡村教师道德榜样的重点；2000 年至今，个体成长智慧的群体分享和价值的社会延伸成了这一阶段乡村教师道德榜样的目标追求。

自 1949 年新中国成立至 1976 年，是新中国乡村教师道德榜样发展的第一阶段。在乡村社会，其实早在 1927 年毛泽东同志成功将全党的工作重心从城市转向了农村之后，在新民主主义教育思想指导下，就形成和发展了革命根据地的教育，加上一些知识分子在"教育救国"理念下深入农村进行的教育教学改革实验，不仅促使当时的革命力量得以在农村进行保存、恢复和发展，而且为进一步促进后来乡村社会成员思想道德观念的进步和改变埋下了伏笔。这些变化集中体现在我国乡村的教育科学文化事业方面，并在与所有国民都有关系的、属于最大职业群体之一的乡村教师，尤其是乡村教师道德榜样身上更加充分地展现了出来。作为当时与大多数国民都相关的职业，乡村教师成了最大的职业群体之一。资料显示，这一历史阶段的乡村教师是一个饱受磨难的群体，他们当中的相当一部分成员都在历次的政治运动中受到了巨大打击和迫害。然而，这一时期又是新中国教育取得巨大发展的时期。尤其是在农村地区，乡村学校教育规模大幅扩张，吸引了众多农村适龄儿童和农民接受文化和扫盲教育。乡村教师的数量也急剧增加，出现了大量的民办教师（没有干部身份的乡村教师），使得农村地区的教育得到了普及和提高。概言之，由于这一时期的乡村处于新、旧政权交替的关键阶段，对政治需要的满足贯穿于当时的整个教育和伦理活动之中，尤其是那些符合时代革命精神品质的、有思想觉悟的、有文化的乡村教师道德榜样的出现，以及广为人知的、促使这一阶段强调的是满足政治需要的乡村教师道德榜样。

自 1976 年至 2000 年新旧世纪之交，是新中国乡村教师道德榜样发展的第二个阶段。经过政治上的拨乱反正与改革开放，党的知识分子政策不断落实，农村学校领域思想政治教育的优良传统逐渐得到了恢复，从而为农村学校师资的恢复、发展和提升创造了良好的环境。同时，广大乡村教师群体也迸发出了他们长期被压抑的热情，施展其被埋没的才智，在新时期发挥出无穷的力量，为我国农村教育事业发展和思想道德建设作出了巨大贡献。尤其是以"经济发展为中心"的改革开放，引发了学校教育和社会群体的分层，表现为城乡之间差距的出现，学校之间、教师之间收入和身份的分化，造成乡村教师道德榜样政治身份的逐渐淡化，以及对与其职业身份有关的道德和形象提升的关注，即由满足政治需求的乡村教师道德榜样向关注生存发展的乡村教师道德榜样转型的过程，这是新中国乡村教师道德榜样发展演变的第二个阶段。概言之，在这一阶段，乡村教师道德榜样更多关注的是乡村教师个体生活本身的状态，主要关涉这些先进个体体现在为满足生存的物质生活和发展的精神需求而进行的各种职业活动及其经验中的道德品质，树立、宣传乡村教师道德榜样并发挥其示范引导作用也成了农村社会乃至国家经济发展的需要。

2000 年至今是新中国乡村教师道德榜样发展的第三个阶段。世纪之交，随着市场经济的进一步深入发展，以及全球化、信息化与网络化程度的日益提高，我国社会进入了一个关键的变革时期，也是一个更加开放和多元的时代。在这样的一个时代里，道德榜样的内涵超越了以往对无私奉献的追随，转向了对现实快乐和幸福的关注，形象建构呈现出全球化、多元化和个性化的趋势，作用发挥体现在鼓励人们过一种有尊严的生活，以及成为一个奋发向上的、高尚的和充实的人。表现在农村教育领域也是如此。随着 21 世纪社会的进步和科技的发展，素质教育在我国全面推进，基础教育改革也在我国得以不断深入，加上社会主义核心价值观践行背景下公民道德建设的全面开展和"立德树人"教育根本宗旨的回归，教育事业发展的主题因此发生了由普及教育向提高教育的转变，这自然对乡村教师的思想道德素质和队伍建设质量也提出了更高和更全面的要求。概括而言，它不仅要求满足个体成长对知识和技能的需求，更需要注意的是启迪受教育者的智慧和塑造其人格，以培养德、智、体、美、劳全面发展的社会主义的建设者和接班人。进而使其服务社会的价值得到充分延伸与彰显，是在自己活得好的基础上，也让别人活得好，让乡村，乃至整个社会得到发展和进步。因此，21 世纪的乡村教师道德榜样从对个体生存发展的关注转向了对价值延伸的追求，这是新中国乡村教师道德榜样发展演变的第三个阶段。

不难发现，我国乡村教师道德榜样发展演变各个阶段的划分并非绝对，而是有着内在的联系；各个阶段乡村教师道德榜样的发展演变也并非瞬间发生的，而是有着其发展的历史轨迹和走向。换言之，随着社会分工和生产力的深入发展，人们开始不断地对以往的乡村教师道德榜样进行深刻的反思，并在批判地继承以往树立和宣传乡村教师道德榜样所获得的经验和教训的基础上，融入了一定的时代元素，推动着乡村教师道德榜样在时代的变迁过程中发生了深刻的转型，这是一种极大的进步。那么，厘清1949 年新中国成立之后不同历史阶段乡村教师道德榜样发展的特征和规律，对我国农村社会乃至人类历史的发展而言，都有着非常重要的历史借鉴意义。

第三章　1949—1976 年的乡村教师
道德榜样

1949—1976 年，是新中国乡村教师道德榜样发展演变的第一个阶段。在这一历史阶段，根据乡村教师所处的不同发展状态，可以细分为速成的、流动中的和"革命"的三个不同时期。虽然不同时期有着不同的特征内涵，但每一个时期都包含着乡村教师道德榜样为发展农村教育事业和推动社会主义建设进程而作出的艰苦探索，且人们对社会主义乡村教师所应担负的政治责任的思考和探索实际上一直占据着主导地位，这不仅体现在政府和有关教育部门颁布的相关政策文件中，而且还在当时的主流报刊上有着突出的呈现。为此，将这三个时期合并为新中国乡村教师道德榜样发展演变的第一个历史阶段，塑造的是以政治身份和政治道德为显著标识的乡村教师道德榜样。

第一节　速成的乡村教师道德榜样(1949—1956 年)

从 1949 年新中国成立到 1956 年社会主义改造基本完成，是新中国所经历的最为深刻和重大变化的转折时期。在中国共产党的领导下，各个领域的社会主义成分都在不断增长。表现在教育领域，主要是实现从新民主主义教育到社会主义教育的顺利过渡，为达到这一目的，不断加强社会主义教育是其必然途径。这也并非要对已有的新民主主义教育体系和观点进行根本改造，而是循着以其良好经验为基础的提高和正规化的方向前进。就新民主主义教育而言，早在土地革命时期、抗日战争、解放战争等20多年历史中便开始了探索和实践，并积累了很多教育方面的经验。如认为群众业余教育的工作中心在于农民，在农村普遍开展小学教育是解决乡村教育事业需求的主要途径；教育对象以工农及其子女为主体，要使绝大部分师生都树立献身革命的人生观。随着人民解放战争的胜利，毛泽东同志进一步提出：应"迅速地有计划地训练大批的能够管理军事、政治、党务、文化教育等项工作的干部"❶，从而在较短时间内建立起一支新型的人民教师队伍。因此，对于新中国成立初期的农村教育而言，提倡对乡村教师迅速进行培训和改造，并以政治教育为主，促进教师思想观念的改进和知识水平的提升，从而以民族精神教育新后代，发挥乡村教师作为农村主要知识分子在农村教育事业和其他公共事务中的重要作用。其中，乡村教师道德榜样作为乡村教师的典型代表，对于这一时期教育任务的完成，以及从教育方面加速新中国的建设速度和进程都具有极大的推动作用。

一、时代背景：《中国人民政治协商会议共同纲领》与乡村社会现状

在人民的事业里，任何一件工作都具有它的政治意义。❷ 乡村教师作为一种特殊的工作，当然也不能例外。新中国成立初期是新、旧政权更替

---

❶ 毛泽东. 毛泽东选集：第四卷 [M]. 北京：人民出版社，1991：1347.
❷ 丁浩川. 教师怎样看待自己的工作、学生和自己 [J]. 人民教育，1950（1）：34 - 37.

的关键时期，必然引发乡村教师思想文化方面多元纷杂的问题。为迅速统一中国共产党对新中国教育的集中领导，及时纠正当时普遍存在的、错误的"识"不果腹、识字无用的思想，以促进占据新中国教育大头的乡村教育的发展，顺利完成新民主主义革命，实现从新民主主义教育向社会主义教育的过渡，乡村教师这一特殊职业的工作便被赋予了更多的政治色彩和迫切的期望。

（一）《中国人民政治协商会议共同纲领》奠定乡村教师变革的基调

1949 年 9 月 29 日，中国人民政治协商会议第一届全体会议通过《中国人民政治协商会议共同纲领》（以下简称《共同纲领》），《共同纲领》迅速成了我国教育的施政方针，为新中国的文化教育政策指明了方向。《共同纲领》明确规定，新中国的文化教育是民族的、科学的、大众的，并提倡以爱祖国、爱人民、爱劳动、爱科学、爱护公共财物为主要内容的国民道德标准，还要求开展应革命工作和国家建设工作广泛需要的革命的政治教育，保护真实新闻的报道自由，注重有益于人民的通俗书刊和报纸的出版。据此，1949 年 12 月召开的第一次全国教育工作会议也明确指出，新中国的学校教育要多多吸收工农子女和工农青年，并将普及与提高相结合。"在师生中有效地进行政治思想教育，使他们逐步建立革命人生观"❶ "从识字教育和基本政治文化科学教育，提高到教高级的科学技术和政治教育"❷，为国家建设培养新的坚强骨干。从这些规定不难发现，新中国成

---

❶ 沈壮海，徐海蓉，刘素娟. 中华人民共和国学校德育大事记［J］. 思想·理论·教育，2005（21）：78 - 80.

❷ 中共中央文献研究室. 建国以来重要文献选编：第 1 册［M］. 北京：中央文献出版社，1992：88.

立初期教育的首要任务是培养社会主义的建设人才，而针对教师开展的不同规模的组建、培训和改造，对于过渡时期教育任务的完成则具有决定性作用。这也为乡村教育各项制度、政策的形成奠定了基调，并进而影响了乡村教师道德榜样的形成及示范作用的发挥。

（二）乡村社会的状况呼吁榜样的塑造

第一，从当时乡村社会发展的状况来看，思想领域方面的复杂多元需要乡村教师道德榜样发挥建构主流意识形态的主导作用。新中国成立之初，由于我国处于新、旧政权更替的社会变革关键时期，必然引发新旧思想和文化的激烈冲突和纷杂多元的格局。当时的"许多教师受过国民党和帝国主义长期的欺骗宣传，或受封建的、资产阶级思想的影响，对于一些重大的政治问题认识还不够清楚"❶。乡村学校教师作为新中国最基层的知识分子，大部分人停留在将"教师"视为一种职业机会或谋生之道上，在政治认识上还有所欠缺，但这些教师又渴望进步。因此，依照政府规定，不仅负责政治课的教师，而且所有学科的全体教师都要加入政治理论和时事政策的学习当中，以提高自身的思想政治水平。因此，发挥乡村教师中道德榜样的带头作用以对乡村教师群体及社会他者进行思想改造，便最能够激发普通民众认识和学习新的思想政治文化的积极性和主动性，最终实现"一个政治上自由和经济上繁荣的中国……一个被新文化统治因而文明先进的中国"❷。

第二，是文化教育方面的欠缺和空白催促乡村教师道德榜样发挥积极实践和改造的带头作用。一方面，从新中国刚刚成立时的乡村文化教育氛

---

❶ 毛礼锐，沈灌群. 中国教育通史：第 6 卷［M］. 济南：山东教育出版社，1989：45.

❷ 毛泽东. 毛泽东选集：第二卷［M］. 北京：人民出版社，1991：663.

围来看，当时的乡村教育几乎是一片空白，农民们都认为在食不果腹的前提下，学习认字毫无意义，均拒绝在这种情况下让自己及子女接受教育。他们说："饭吃不上，上什么学？一天愁都愁不过来。"❶ 并且这一时期乡村教师的人员构成也比较复杂、水平较低，处于知识分子的中下层，私塾教师向民办或公办教师转变时，部分教师被淘汰或另择他业，影响了当时社会的稳定和政府的形象，需要谨慎处理。另一方面，从当时乡村社会的文化教育资源来看，绝大多数农民都没有接受教育的机会。生活在农村的适龄儿童又多，对教育特别是基础教育的需求占据了我国当时教育的主体地位，但由于国家财力有限而无法创办足够数量的学校，以满足广大农村儿童的入学需求。就乡村教师资源而言，由于当时中专以上的教师资源极其有限，而乡村学校又需要大量的教师，于是，便在群众中号召动员一切识字的人去当民办教师。自此，"以民教民"成为农村学校补充师资的一贯做法，民办教师也成了乡村教师队伍的重要组成部分，但也因此造成了农村学校师资质量不高等问题。在此背景下，就需要推举一些比较有典型意义的乡村教师个体。他们不仅能带领并敦促普通民众积极接受文化教育，而且能帮助解决农村受教育机会少和资源极少的问题，从而填补乡村文化教育方面的欠缺与空白，提升乡村社会群众整体的思想觉悟和文化水平。

二、发展契机及其代表人物

政策的着力点和实施目标往往由于社会条件的不同和政策制定者自身

---

❶ 西鸿. 从石匠到模范教师：刘海书 [J]. 人民教育, 1950 (7): 59 - 60.

的原因表现出阶段性特征，❶ 从而成为推动乡村教师道德榜样发展的最直接动力，进而导致乡村教师道德榜样的形成和发展也经历了这样一个发展历程。对于从新中国成立之初到社会主义改造完成这一时期的乡村教育而言，为实现农村主流意识形态的一元化和思想文化的普及与提高，在党和国家的相关引导下，迅速采取了开展农村冬学运动、农村私塾改造活动、学习苏联教育经验下的教育教学改革和教师思想改造运动等重要举措，从而为政治道德主导下速成的乡村教师道德榜样的形成提供了契机。同时，正是因为这些速成的乡村教师道德榜样，推动了各项重要措施的落实。

（一）农村冬学运动的开展

为消除农村普遍存在的封建思想，以及满足农民的识字需求，教育部于 1949 年 12 月出台了《关于开展 1949 冬学工作的指示》，揭开了冬学运动的序幕，农村冬学运动在农村迅速、持续和广泛地开展。冬学本是在农村冬闲时为成人文盲和适龄儿童接受文化教育而开设的季节性学校。通过对两年来新中国教育实践经验的总结，1951 年 10 月，新中国政务院颁布了《关于改革学制的决定》，规定将冬学正式纳入初等教育体系。自此，农村冬学的重要地位得以确立，也使得冬学得以系统开展。到 1956 年，农村冬学逐渐"衰落"，开始向常年民校转变。冬学运动是自上而下推行的一次扫盲教育活动，旨在促进教育的普及与提高。农村冬学的教师一般由各级政府的干部和职员、农村中的贫苦知识分子、旧有学校的教师和出身地主富农家的失学知识分子❷等四部分人组成。他们向广大农民施以有主

---

❶　曲铁华，樊涛. 新中国农村基础教育政策的变迁及影响因素探析［J］. 东北师范大学学报（哲学社会科学版），2011（1）：147 – 153.

❷　李祥兴. 论建国初期的冬学运动与中共主流意识形态的建设［J］. 中南大学学报（社会科学版），2015（1）：245 – 250.

题的政治时事和文化教育，❶ 是在积极理解和领悟冬学办学方针的基础上，与农村干部的政治力量形成合力，从而使得长期以来处于社会底层的农民群众的思想觉悟、文化水平和生产方面的科学知识都得到了显著提升，为实现党对教育的集中领导、对广大农民的改造和对农村社会的思想整合奠定了良好的基础。

不难发现，来自农村冬学的教师在这一运动中发挥了至关重要的作用。特别是那些政治觉悟高、坚决拥护中国共产党统一领导的村干部和农村中的贫苦知识分子，虽然他们的数量较少，但他们带头推动了冬学的成立，并积极劝说农民接受冬学的教育，可以说，没有这些先锋教师的涌现及其在思想文化领域的榜样示范，就没有冬学的成功实践和农民思想觉悟的提升。如模范教师王四则，在成为一名乡村教师道德榜样之前，他本身就是一名深受群众爱戴的干部。虽然他只念完了初小，但是通过对当时办冬学方针的用心领会和向村干部说明办好冬学、上好政治时事课的好处，并"针对各个不同的思想情况，用多种方式"❷ 进行思想动员，从而成功地向群众进行了宣传，提高了群众的思想觉悟和识字水平。模范群众教师杨会信也是如此。在当选为模范教师前，他也在村里担任村干部，只是兼任村里的群众教师。概言之，冬学运动的开展，是新中国成立之初时代环境下的必然之举，同样也促成了那些在政治道德上起先锋模范作用的"榜样教师"的良好形象和重要影响，从而助推了农村地区整合多元思想和普及文化教育目标的实现。

（二）私塾改造活动的推进

在新中国成立之初的农村基础教育中，还存在着新式小学和私塾并存

---

❶ 方海兴. 简评建国初期的农村冬学 [J]. 天府新论，2008（5）：113–117.
❷ 李恩. 模范教师王四则 [J]. 人民教育，1950（7）：57–59.

的二元格局。其中，旧社会的私塾在农村还占据着较大的比重，且拥有着不小的势力，一些地方的私塾数量甚至超过了公办小学。私塾教育以"灌输道德思想，进行社会伦理的教化"❶ 为主要目的，采用填鸭式的教学方法，以打骂或罚跪等体罚的方式进行管理。其塾师的人员构成也比较复杂，水平也比较低下，"有清朝时的童生秀才，有店员，有职员，有失业的知识分子，有道士，甚至还有压榨人民的联保主任"❷。他们的知识结构僵化、陈旧，违背了新民主主义教育方针，无法满足学生全面发展的需求。而新式农村小学教育则主要为四年制初小教育，以教授算数、语文等新内容和思想为主要目的，教师多是来自富裕农家的男性个体。这些新式小学的教师多是小学程度，是新中国成立初期一年制的速成中学培养的。❸他们通过"速成"的方式补习了文化知识，使得师资质量低，与面向工农干部和产业工人而设立的工农速成中学的教师一样，面临着"教学质量尚需不断提高；政治思想指导需要继续加强；教学方法需要改进；教师的数量和质量需要充实和提高"❹ 等诸多问题。

显而易见，私塾教育的办学理念与新中国人民的、大众的、科学的教育方针相背离。即使是为适应新政权需要而建立的农村新式小学，其教师的身份构成也呈现出多样性的特征，造成其政治素养和文化水平处于参差不齐的状态。在此背景下，教育部于 1950 年 4 月出台了专门针对农村私塾的改造政策，自上而下、因地制宜地推行私塾改造活动，使私塾学校化。私塾改造政策使得大部分私塾教师转为公办或民办小学教师，到 1952 年年

❶　江涛. 人类学视野中的乡村教化 (1949—2014) [D]. 长春：东北师范大学，2015.

❷　吴修申. 新中国成立初期农村私塾的改造 (1949—1952) [J]. 安徽史学，2014 (5)：86 - 93.

❸　郑新蓉. 共和国五代乡村教师代际特征研究 [J]. 贵州师范大学学报 (社会科学版)，2016 (3)：120 - 127.

❹　中央教育部工农速成中学教育处. 五年来的工农速成中学 [J]. 人民教育，1954 (11)：34 - 35.

底，农村私塾已基本绝迹。在这一过程中，部分思想道德观念处于较高水平的乡村教师个体依循重要的社会运动和政策、农村教育和教师变革的重要政策，在乡村教师群体中脱颖而出，对推动私塾的进一步改造、乡村教师思想道德水平的整体提升和农村教育事业的发展起到了极大的榜样作用，也给村民和学生留下了深刻的印象。

然而，即使1952年年底改造私塾的活动取得了巨大的成绩，但民办教师始终占据着农村地区教师的主体地位，且对于农村地区教师的相关政策也带有"不公正"色彩，乡村教师长期面临着工资拖欠、"同工不同酬"等问题，导致乡村教师队伍数量不足、质量也不高。学校里的教师，会因为有调动的机会，而有更大的教学积极性，想尽办法提高自己的教学水平和社会声望。[1] 此处的"调动"主要是指有水平的乡村教师被推选进村委会担任村干部，表现突出者再被进一步选拔为上级机关干部，流入社会管理层。因此，从本质上来讲，"那些各种各样、大大小小的干部——从乡镇、公社干部到村、大队、小队干部"[2] 才是这一时期在乡村教师中发挥示范作用的"道德榜样"。简言之，私塾改造活动中的乡村教师道德榜样多由干部群体充当，他们的道德是充满浓郁的政治色彩的道德。

（三）学习苏联教育经验，进行教育教学改革

苏联创造的新文化，应当成为我们建设人民文化的范例。[3] 新中国成立之初，由于我国受到帝国主义的层层封锁和严密包围，且又缺乏建设社

---

❶ 江涛. 人类学视野中的乡村教化（1949—2014）[D]. 长春：东北师范大学，2015.
❷ 毕世响. 乡村生活的道德文化智慧 [D]. 南京：南京师范大学，2002.
❸ 毛泽东. 毛泽东选集：第三卷 [M]. 北京：人民出版社，1991：1083.

会主义国家的经验，而苏联有许多世界上所没有的、完全崭新的科学知识，❶ 因此，为了加快社会主义教育的发展步伐，第一次全国教育工作会议便提倡全国教育工作者积极学习苏联已有的成功经验，并将苏联作为我国建设社会主义新教育的方向。通过对苏联教育经验的借鉴和学习，结合我国的实际情况对我国的旧教育进行了改革，使我国教育工作者熟悉并接受了苏联的教育理论、教学方法和管理制度等，促使广大中小学教师能够在教育实践中加以广泛应用，并取得了显著成效。

对新中国乡村教育教学改革产生较大影响的政策有：第一，将小学学制改为"五年一贯制"。但由于乡村学校的教材和师资等文化教育资源不足，因此未能全面实行便被叫停。第二，建立教研组制度。教师们参加集体备课，虽然助长了部分教师的依赖心理，却使得老教师对青年教师的模范带头作用和示范引领作用得到了充分发挥。第三，实行统一的教学计划和教学大纲。忽视了我国城乡教育发展水平不均衡的问题，使得学校的教学水平下降了近乎一年的水平，那些严格按照教学计划和大纲进行教育教学的教师被广泛宣传，成了大家模仿、学习的对象。学习苏联教育家的教育理论。一方面，通过报告会、辅导讲座等宣传形式既普及苏联教育家的教育理论，又宣传了教育家献身教育事业的精神，因此获得了广大乡村教师普遍的尊重和认可，成为他们在教学实践中学习的楷模；另一方面，利用《人民教育》《光明日报》《文汇报》等主流报刊，推出一系列学习苏联教育经验的乡村教师先进典型，他们是从旧教育转向社会主义教育这一政治方向的坚定支持者，从而以榜样的力量推动了普通乡村教师学习的深入开展。概言之，在苏联教育经验指导下的教育教学改革进程中，由于苏联教育强调教育的阶级性和党性原则，我国又在多方面直接照搬了其教育经验，包括在各级各类学校建立健全政治思想教育和道德品质教育制度，

---

❶　金铁宽. 中华人民共和国教育大事记 1 ［M］. 济南：山东教育出版社，1995：4.

增强唯物主义的教育内容，从而使得那些在乡村教师，乃至整个农村地区发挥道德榜样作用的教师个体也在政治道德主导下达到的，并成为以践行苏联教育经验为显著标志的形象。

（四）教师思想改造运动的勃兴

教师思想改造学习运动开始于 1951 年 9 月，目的是提高广大教师的思想和政治觉悟，并帮助他们树立革命的世界观和人生观。由于这一思想改造过程实质上还包括改造之前的政治理论学习和后期的教学运动实践，因此教师思想改造运动大体经历了从 1949—1952 年的点滴深入，以及 1952 年之后的教学转变。具体而言，教师思想改造运动最早在北大教师中发起，是与提高业务水平、教好功课结合起来的。主要内容多是一些政治思想问题，最初目的在于改造思想和高等教育，要求"教师要注意自己的一举一动，都要成为少年儿童道德的表率和行为的模范，使自己成为他们学习的好榜样"❶。由于在短时间内不仅帮助很多教师纠正了自己的个人主义倾向，提升了集体团结意识，还改进了自身的教学内容和方法，因此，中共中央于 1951 年 11 月 30 日发出《关于在学校进行思想改造和组织清理工作的指示》，要求将这一教师思想改造运动从高校扩展到中小学师生当中，也从城市发展到了农村，并"使得参加过这一运动的大、中学校教师们在思想上有了显著的提高……都产生了在工作上积极，学习上努力等进步的表现……教师之间开始掌握运用批评与自我批评的武器，团结有了进步，学习政治的要求普遍提高"❷。

对乡村学校的教师而言，对他们的思想改造实际上是党和政府与中、

---

❶ 何东昌. 中华人民共和国重要教育文献：1949—1997［M］. 海口：海南出版社，1998：13.
❷ 刘震. 加强大、中学教师思想改造后的思想工作［J］. 人民教育，1953（5）：33 – 35.

下层知识分子互动的结果❶。对乡村学校教师思想进行改造的重点与其他教师改造标准的不同之处在于，它是以推广小学"五年一贯制"的教育体制改革为主要目标的，便于广大劳动人民子女接受完整的初等教育。但是，由于"五年一贯制"对乡村教师师资和教材等条件的要求较高，这在当时我国的社会条件下是很难达到的，加之这一举措漠视了中国国情中的城乡差别，因此不久后便被政府叫停。即便如此，在这一改造过程中，却促进当时一批比较特殊的乡村教师个体出现在了公众的视野。他们是新中国成立之初培养出的一批"速成"的乡村教师队伍，以接受了文化知识、精简课程（贯彻爱国主义思想教育）和新学制（革命的政治教育）教育的中等速成教育为显著标志，在思想文化上优于其他乡村教师，并以身示范，帮助乡村教师乃至整个乡村社会成员树立了革命的世界观和人生观，提升了乡村社会整体的思想觉悟和文化水平。如模范教师任逢华，他"严格要求自己，耐心地说服教育，不但改造了许多人，甚至对转变那一带村庄风俗也起了很大作用"❷。最终他以一己之力带动整个村子由一个文化落后的地方变成了一个文化上先进的区域。

此外，对于前述"速成"乡村教师的教育者，一定程度上也在乡村教师群体中发挥着道德榜样的模范带头作用。"我们伟大的祖国和人民对于那些身为优良的工农子女的教师们将给予最高的敬意和感谢，因为他们为祖国和人民的伟大的将来献出了他们的心血。"❸ 这些教师大部分是从中等学校或高等学校调配的优秀师资，但也有大胆吸收的部分乡村教师，他们愿意帮助工农群众识字、学文化，有一定的思想觉悟，同时也具有一定的业务水平。由此可见，这一时期在乡村教师中发挥示范效应的道德榜样，

---

❶　金晶. 建国初期苏北地区中小学教师思想改造运动说微［J］. 安庆师范学院学报（社会科学版），2010（2）：62 - 66.

❷　洛寒. 群众教师的旗帜：任逢华［J］. 人民教育，1950（7）：55 - 57.

❸　钱俊瑞. 当前教育建设的方针［J］. 人民教育，1950（1）：10 - 16.

首先是要求有先进的思想政治觉悟，同时，也要求具有一定的业务水平。如辽西双辽市模范教师刘海书，是从一名石匠成长为人们学习的榜样人物的。"刘海书就深深感觉在这伟大的时代里有一分热该发一分光。"❶ 虽然识字不多，但他全心全意播撒文化和智慧的种子。另一位优秀的义务民校教师郭长福，"依靠党和团组织，勤勤恳恳地结合实际工作来宣传党和政府的方针、政策，从而推动了村子的生产建设，活跃了村子的文化生活"❷，也为推动社会主义建设提供了乡村教师方案。"教师旗帜"任逢华在乡村不仅积极开展识字教育，而且"常常帮助政府讲解法令，宣传政策，表扬英雄模范，调解诉讼"❸。

三、作用发挥：思想觉悟和条件支持

农村冬学运动、农村私塾改造活动、学习苏联教育经验热潮和教师思想改造运动从开始到结束的过程中，所塑造的乡村教师道德榜样在众多内外因素的助力下发挥了其应有的模范带头作用。

（一）乡村教师个体的思想觉悟水平

在推广典型经验时，不但要保证它的真实性，更须注意到它的思想性。❹ 在新中国成立初期，乡村教师道德榜样的勃兴离不开乡村教师个体在自身思想觉悟引导下的积极作为，即乡村教师的思想觉悟水平越高，对

---

❶ 西鸿. 从石匠到模范教师：刘海书 [J]. 人民教育，1950（7）：59-60.
❷ 李承. 优秀的义务民校教师郭长福 [J]. 人民教育，1955（11）：38-39.
❸ 洛寒. 群众教师的旗帜：任逢华 [J]. 人民教育，1950（7）：55-57.
❹ 亟须注意典型模范的培养工作 [J]. 人民教育，1952（6）：8.

政策的主动理解和领会程度就越高，成长为时代所需要的乡村教师道德榜样的可能性越大，从而填补乡村教育的空缺，带领乡村教师群体，乃至整个乡村社会民众实现思想觉悟和文化水平的提升。如率先将自己认识到的有关政策以座谈会的形式传递给其他教师，带领全体教师深入群众做好宣传教育和思想动员工作。如青年模范教师张学贤，唤起教师和民众希望的模范教师刘海书，从多次失败中积极总结经验，广泛开展动员说服工作的模范教师杨会信，研读灾区教育方针，将教育与生产相结合，进而提高了"全村群众文化、政治、工作等各方面"❶ 水平的模范教师陈敬寅。由此可见，从新中国成立之初到社会主义改造完成的这一时期，乡村教师道德榜样虽然是速成的，但他们在政治思想觉悟方面都有较高的相似度和显著性，表现为在这些乡村教师道德榜样个体的身上，他们都发自内心地认同新中国的社会形态和教育形态，深深感到知识分子在思想和文化落后的乡村地区所肩负的重大责任，并在中国共产党的教育与鼓励下，将配合干部的工作视为自己的分内之事，不怕困难，帮助群众，忠诚地为广大劳动人民服务。

（二）客观物质条件的支持和保障

《共同纲领》和第一次全国教育工作会议上明确提出的教育方针，奠定了乡村教师以革命的政治教育为主要内容的变革基调，促成了在政治、经济和文化等方面与乡村教育有关的各项制度、政策和举措的制定与实施。特别是对模范教师的表扬和奖励，推动了乡村教师群体中思想政治观念先进的部分个体的凸显，从而为农村中小学的恢复与改造，以及乡村教师的思想进步提供了可靠的物质保障和精神引领。因此，对于乡村教师道

---

❶ 吴名. 坚持灾区教育的模范教师：陈敬寅 [J]. 人民教育, 1951 (10): 38 - 39.

德榜样模范带头作用的发挥，更离不开客观条件的支持和保障。

首先，借助"三反"运动、批判《武训传》等社会重大政治活动的开展，以及主流宣传媒介（报纸杂志、宣传网等）对榜样人物思想改造事迹的大量刊载和宣传，从正、反两个方面着手对农村地区乡村教师的思想改造进行动员，以帮助他们端正自身革命的立场和方向，树立革命的教育观。从正面典型宣传来讲，有受武训故事影响而成为"群众教师旗帜"的乡村教师任逢华。《人民教育》《光明日报》《文汇报》《人民日报》等全国性主流报纸对他带头办学、从生产上帮助群众解决上学困难，在提升群众学习积极性的同时，不断推进生产效能的模范教师刘海书等乡村教师道德榜样的相关报道，《苏北日报》等地区性的主流报纸经常刊载具有典型代表性的乡村教师的思想检查，还有每村设有的识字班、屋顶广播台、黑板报和文艺节目等宣传媒介和宣传网都积极宣传政治觉悟高的乡村教师。从反面典型宣传来讲，如对成毅武式的言语之间透露着的浓厚的小资产阶级等不健康情绪的批评，对某些农、理、化专业人才认为在经济建设大潮中从事教师工作是学非所用、浪费人才错误思想的纠正。这些报道和书面检查都显示出，那些身上存在的封建的、剥削的错误思想根源于封建家庭的出身，并将之后个体在新思想、新观念方面的进步视为参加思想改造运动的结果，才能够"以全新的马列主义、毛泽东思想来武装自己，为新国家、新政权的建设服务"❶，从而达到从正面宣传动员普通群众积极进行思想改造或从反面警示普通群众克服某些错误思想和行为的效果。

其次，结合多项相关政治和经济政策，为乡村社会思想界的一元主导或主流意识形态的建构，提供了可靠的物质支持与保障。如 1950 年对乡村小学经费和全国各级学校教职员工工资的调整，就特别照顾了工资最低的

---

❶ 金晶. 建国初期苏北地区中小学教师思想改造运动说微［J］. 安庆师范学院学报（社会科学版），2010（2）：62－66.

农村小学教师。虽然这些经济政策并未彻底解决乡村教师特别是那些农村里群众自办的、财力不足的小学教师的生活问题，却也帮助大部分乡村教师免除了他们的后顾之忧。再如 1951 年在农村地区形成了乡文教委员会领导下的宣传网，进行经验的广泛宣传和推广；1952 年作出由政府教育部门实施对各级各类教育统一领导的规定。这些政策制度的颁布促使更多的乡村教师和乡村社会成员在乡村教师道德榜样个体的带领之下集中精力、全力以赴地参与到乡村社会思想道德水平的提升过程。此外，还有 1955 年提出了推选优秀教师，1956 年发起了以特级教师领衔的现代"教师荣誉制度"的建设。虽然这些举措都只停留在临时性的尝试阶段，也未推向全国，特别是缺乏对乡村教师这一特殊群体的关怀，但显示政府已经意识到了设置"教师荣誉制度"的重要性，进而为以后教师道德榜样作用的发挥树立了信心，也提供了物质保障。

最后，加强面向农村地区的初级师范学校教育，为农村学校高质量师资的培养和培训提供了机会。初级师范学校是新中国成立初期专门培养小学教师的中等学校。1952 年颁布的《师范学校暂行规程（草案）》进一步规范了其招生、学制和教学计划等，并在关于改革学制的决定中规定了初级师范学校可附设师范速成班。1954 年，《关于师范学校今后设置发展与调整工作的指示》又明确指出：将现有初级师范学校逐步改为师范学校或轮训小学教师的机构。分析这些政策文件可以发现，此时的初级师范教育主要在于对现任的小学教师进行培训，即重在提升社会主义乡村教育事业建设者的教学工作能力。虽然由于其起点与水平原因，在一定程度上制约了自身的发展和社会地位的提高，[1] 但这些举措仍然为逐步完善初级师范教育体系作出了贡献，并大大增强了乡村教师队伍的阵容。"据 1953 年统计，全国初等师范学校已增加到 427 所，学生人数也增

---

❶ 唐松林. 中国农村教师发展研究［M］. 杭州：浙江大学出版社，2005：189.

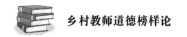

加到了 25.1 万人"❶，进而为农村地区普及教育提供了便利，也为发挥乡村教师道德榜样的作用奠定了智力基础。

四、社会影响及其局限性分析

如前所述，由于从新中国成立到社会主义改造完成这一时期，教育的主要内容和目的在于革命的政治教育，因农村冬学运动、私塾改造活动、学习苏联教育经验下教育教学改革运动，以及教师思想改造运动等一系列活动形成的乡村教师道德榜样，借助自身的积极作为和客观条件的支持，在加强党的统一领导和乡村教师多元思想的整合过程中，发挥了模范带头作用，基本达到了整合新中国成立初期乡村教师群体中存在的复杂多元的思想、为新中国乡村教育事业发展服务、从教育方面加速新中国建设速度的目的，向社会证明，一般号召与个别典型相结合能够取得显著的成效。为此，即使这一时期形成的乡村教师道德榜样是速成的，也仍然将其影响延伸到了改革开放之后很长一段时间内乡村教师思想道德建设的内容及进程之中。

同时，由于私塾改造活动的失败、教师思想改造运动的矫枉过正、"五年一贯制"推行的失败、工农"速成"培养而出现了的种种问题。如"洗澡""过关"等过激的做法，伤害了部分教师的自尊和情感，因此在之后的教学中，大家在认真积极工作的同时，也更加谨小慎微，宁愿随大流，也唯恐犯错。同时，教育行政等部门也陷入事务的泥沼，而忽视了科学的组织工作。所以，即使在过去这段时间为推动乡村教育和社会发展树立过一些乡村教师道德榜样，但所发现和树立的乡村教师道德典型一方面

---

❶ 郭笙. 新中国教育四十年［M］. 福州：福建教育出版社，1989：212.

还很稀少，使得乡村工作的创造性还不够，乡村教师道德榜样的作用发挥也受到了一定限制；另一方面，过去所宣传的那些因教学质量高而被调去行政部门的模范教师事例，也滋长了一些将模范人物作为晋升阶梯的不良倾向，是需要在未来乡村教师道德榜样塑造过程中加以制止的。

第二节　流动中的乡村教师
道德榜样(1956—1966 年)

1956—1966 年，是新中国成立以来发展十分重要的十年。社会主义改造基本完成，社会主义教育制度初步建立，接下来便面临如何开展社会主义建设的紧迫性问题。由于新中国成立之初教育的空白，所以当时很多的教育教学措施都是学习苏联的教育模式。但事实证明，一味照搬苏联的教育模式是无法适应我国教育发展需求的。同时，中苏关系开始恶化，当时的形式主义、教条主义和经验主义的错误也日益严重，教育质量和水平已经无法满足社会发展的新要求，我国便开始了教育发展特殊道路的独立探索。

这一时期，以毛泽东同志为代表的中国共产党第一代领导集体极为重视思想政治教育的地位和作用。只是相比于新中国成立之初，教育与生产劳动相结合也成了这一时期教育的主旋律。而榜样的典型事迹更被刻意提出用于群众的精神教育，从而使得乡村教师道德榜样在领导全体教师，乃至整个社会以高昂的革命精神克服前进道路上的困难和失误中发挥了巨大作用。同时，在乡村教师队伍人数大量缩减，且随着国民经济的恢复，只有少部分的"下放"教师回到了学校。因此，这一时期的乡村教师道德榜样是在身份流动的威胁下，仍然坚持结合生产劳动并为政治服务的"乡村教师典型"，从而为今后乡村教育的发展探索了经验。

一、时代背景：政治环境下的教育工作需求

1955 年年底至 1956 年春，为了准备党的八大和迎接大规模的经济建设，毛泽东等中央领导人进行了大量周密而系统的调查研究。1956 年 4 月 25 日，毛泽东在中央政治局扩大会议上作《论十大关系》的讲话，5 月 2 日又向最高国务会议作了报告。《论十大关系》使我国独立探索社会主义教育发展道路有了一个良好的开端。同年 9 月，党中央提出现阶段我国教育工作的首要任务就是要求发挥知识分子的积极性和创造性，这标志着在中国共产党的领导下，我国教育开始走上了适合自身国情的发展道路。对于我国的知识分子而言，从进入 1956 年以来，他们的状况相比之前发生了很大变化，表现为全面建设社会主义时期更加需要知识分子并充分调动其劳动积极性，需要不断提高他们的政治觉悟，并尽可能迅速地利用科学知识提高他们的业务水平。这里所说的"劳动"并非单纯指"体力劳动"，而是指体力劳动和脑力劳动的结合。此后，毛泽东同志还正式提出了实行"百花齐放、百家争鸣"的"双百"方针，以促进知识分子的团结和繁荣社会主义的文化事业。但是，在当时的时代背景下，反右派斗争正逐步在中小学教职员中展开，"双百"方针并未得到贯彻执行，学校教育也出现了忽视政治的偏向，以及党政不分、以党代政的严重问题，以及强调师生参加体力劳动而忽视脑力劳动等问题。在此背景下，乡村社会也发生了一些特殊变化。在学校突出表现为乡村教师的流动性太大而导致农村学校师资质量低，也促使乡村学校教育的改革和推出乡村教师道德榜样变得更加迫切和必要。

（一）整风范围的扩大

面对党内外和国内外的一系列巨大变化，以及党内存在的脱离群众实际的官僚主义、宗派主义和主观主义思想，1957 年 4 月 27 日，中共中央发出《关于整风运动的指示》，于是在全党范围内进行了一次普遍的、深入的整风运动，要求通过参加体力劳动的制度进行思想政治教育，以适应社会主义全面建设的需要。但在这次整风过程中，少部分残留的资产阶级右派分子乘机鼓吹所谓的"大鸣大放"，妄图通过对党和新生的社会主义制度的肆意攻击以取代中国共产党的领导。在此背景下，党中央开始领导全党和全国人民旗帜鲜明地、坚决地进行反右派斗争，以避免全国陷入思想上和政治上的大混乱。但由于对那些极少数右派分子的进攻形势作出了过于严重的估计，在运动中又采取了很多简单、粗暴的做法，从而使得整风的范围从党内扩展到了工人、农民、中小学教员和军队中，发展成了一次全民的整风运动。

在这场运动中，乡村教师作为农村社会主要的知识分子，大部分也被错划分为右派分子而受到打击，直至 1978 年 11 月，全部右派分子的"帽子"才被彻底摘除。具体而言，乡村教师在这场运动中，其教师身份和教学权力被剥夺，在经济上陷入了贫困，挫伤了乡村教师的积极性和创造性；他们在政治上受到了歧视，影响了其在学校思想政治工作中主体责任的履行。这便要求当时的政府部门和相关教育管理机构针对乡村教师群体采取一定的激励措施，以发挥乡村教师作为农村社会知识分子和农村学校思想政治教育工作主要负责人的作用，发挥他们在建设中国特色社会主义教育独特道路上的积极作用。在此背景下，乡村教师道德榜样的塑造便呼之欲出。

（二）社会主义教育方针的实施

毛泽东同志说："我们的教育方针，应该使受教育者在德育、智育、体育几方面都得到发展，成为有社会主义觉悟的有文化的劳动者。"❶ 这里强调三个方面的问题。首先，社会主义教育方针强调知识分子在学习文化科学知识的同时，也要将德育和有社会主义觉悟放在重要位置。其次，社会主义建设需要个体积极参与生产劳动，知识分子也不例外。他们作为有社会主义觉悟的、有文化的劳动者，直接影响着青年一代能否更好地参加社会主义建设这个事关全局的大问题。最后，要使受教育者在德、智、体等方面都得到发展，兼顾学习与娱乐、休息、睡眠。毛泽东同志所说的教育方针，德育是居于首位的，意味着社会主义教育首先是进行马克思列宁主义、毛泽东思想基本观点的教育。此外，还要求受教育者学习文化科学知识，在劳动锻炼中增强体质。1958 年 9 月，中共中央、国务院发出《关于教育工作的指示》。该指示明确提出："党的教育工作方针，是教育为无产阶级的政治服务，教育与生产劳动结合。为了实现这个方针，教育工作必须由党来领导。"❷ 它解决了教育工作的方向问题，与前述社会主义教育方针结合起来，作为我国社会主义社会统一的教育方针加以贯彻实施。

但是，在强调教育为无产阶级政治服务的同时，出现了教育单纯、直接、片面地为政治服务的偏向。在强调教育与生产劳动相结合时，出现了生产劳动安排过多的偏向，表现为过多地组织学校师生参与大炼钢铁、秋收、深翻土地等校内外劳动，用生产劳动代替学习，教师和学生成了单纯的劳动力，破坏了正常的教育教学工作秩序。在强调教育工作必须由中国

---

❶ 毛泽东同志论教育工作 [M]. 北京：人民教育出版社，1992：258.
❷ 中共中央国务院关于教育工作的指示 [N]. 人民日报，1958 – 09 – 20（1）.

共产党领导的同时，出现了党政不分、以党代政的偏向，助长了一些学校干部独断专行的坏作风。尤其对农村学校教育而言，影响了学校教师积极性的发挥，损害了学校教育事业的健康发展。在此背景下，社会呼吁那些在思想觉悟、文化知识和行动能力方面具有强大号召力和示范作用的先进个体或先进群体的出现，以期能够引领社会主义教育发展朝向正确的方向前进。

二、发展契机及其代表人物

如前所述，尽管受到了众多条件的限制，在学校教育领域仍然不乏那样一批先进个人和先进群体的涌现。他们在党的领导下，以自身的聪明才智发挥了引领教育改革的模范带头作用，从而助推了教育事业发展和社会主义建设，而这也成了社会需要这些"教师道德榜样"的主要原因。表现在农村学校，前期激增的乡村教师队伍得到精简，大部分乡村教师从教师身份转变成了农民身份，随后的调整又让少部分教师从农民变回了教师，而大部分的民办教师，特别是女教师，却无法重返乡村教师工作岗位。在学校与家庭、教师与农民之间身份的不断流动和转移背景下，部分有思想觉悟、有文化的乡村教师脱颖而出，充分发挥了他们在稳定乡村学校师资方面的模范带头作用，激发了广大乡村教师及社会成员的革命热情。

（一）教育工作的调整

农村学校的教育规模得以扩大，出现了如"耕读小学、送教上门、巡回小学、马背小学、船上小学以及农业中学"❶ 等灵活多样的办学模式。教育管理权得以下放，出现了由公社和大队集体兴办的农村中小学校。虽然学校的教学内容仍以生产劳动为主，严重冲击了正常的教学秩序，在学校又不适当地采用了群众运动的方法，妨碍了教育中生动活泼局面的出现，但上述农村地区学校教育形势的变化却从另一方面缓解了广大农村地区的入学压力，吸收了相当一部分数量的农村适龄学生就读，还提高了地方办学的积极性，出现了大量由农村集体聘用的"民办教师"。在这些乡村教师群体中，女性教师的比例大幅度提升，出身于贫下中农的教师数量也较之前有明显的增加，还有少部分接受过正规师范教育的毕业生，以及从城市下放、转业的人员。

这是因为，教育大革命背景下的农村地区学校教育得到了快速发展，表现为教育管理权下放影响下学校规模的扩大和办学积极性的提升，促使乡村学校迫切地需要扩充乡村教师队伍。在这样的背景下，一些受过一定程度教育的农民，特别是一些大龄的、怀孕的女青年获得了从农村、家庭走向学校的机会，成了乡村学校的民办教师。他们由农村集体聘用，没有干部身份，工资又来源于农村生产队，是教师群体中地位和收入最低而又占比最大的部分，且流动性很大。而那些少部分从正规师范学校毕业或从城市来到农村任教的教师，"经过学习，确立了专业思想，认识到教师工作在国家建设中的重要性，才对教师工作有了较真挚的感情"❷。

此后，我国各级各类学校将教育工作的重点放在了生活方面，通过以"抓生活"为中心来抓思想政治工作。直到 1960 年 12 月，学校不再安排大量的校内外体力劳动，学校的教学和科研工作得到恢复和调整，教育革命的发展势头才逐渐降温、结束。但是，随即而来的是教师队伍的大量缩

---

❶ 曲铁华，樊涛. 新中国农村基础教育政策的变迁及影响因素探析 [J]. 东北师范大学学报（哲学社会科学版），2011（1）：147–153.

❷ 高和玉，陆福畴. 教学工作能跃进，也能够多快好省 [J]. 人民教育，1960（5）：41–42.

减。尤其是在农村学校，大批事业编制的教师被精简"下放"，激增的女性教师又因体制性身份、生计、子女户口政策规定和社会地位等原因最先被"下放"，也自然成了不久后恢复教师身份和转正最困难的群体。然而，正是在这样的教育调整中，仍然凸显了一些乡村教师先进个人或先进群体。如田原县牛坊沟小学复式教学的带头人李采，荷山窝里的优秀山村小学教师胡安政，在龙秋山村在办好全日制小学的同时，还主动为贫下中农开办午班的好老师纪治花。他们是时代背景下思想政治和主流意识形态的集中反映和必然结果。表现为他们不惧怕艰苦的偏远山区生活，也不惧怕作为乡村教师，会面临着要经常在农民和教师之间、在家庭和学校之间不断地流动和转移等问题。作为能够在乡村教师群体中发挥模范带头作用的先进乡村教师个人，特别是农业学校和农村业余学校的教师，如勇挑重担、艰苦创业的红色的山乡教师张瑾瑶。他们积极响应党的号召，积极为贫下中农开办业余学校，白天教儿童，晚上教民校，以自身的实际行动践行一个乡村教师应有的政治品德和坚守。他们的行动成为激发农村教育事业发展的巨大动力，他们带领广大乡村教师为彻底改变农村地区的落后面貌发挥了重要作用。

（二）教学改革试验的实施

从 1958 年开始，为发展我国教育事业，适应经济建设需要，在全国范围内掀起了规模较大的中小学教学改革试验的热潮。到 1960 年，基础教育事业发展已超出了国民经济的承受范围，特别是对于当时还较为落后的农村地区，学校教育的发展远远超出了农村教育事业本身所允许的条件。所以，陆定一提出："进行规模较大的试验，在全日制的中小学教育中，适当缩短年限，适当提高程度，适当控制学时，适当增加劳动。"❶ 在当时看来，我国中小学教学改革试验实际是教育革命的继续，也是思想改造的过程。如通过语文识字教学、讲读教学和学校领导干部兼课的制度化进行思想政治教育，其目的在于实现全民教育的普及与提高，以及共产主义觉悟和道德品质的极大提高，内容在于施行学制、课程、教材、教学内容和方法等方面的改革。由于这一时期农村学校的主要任务是普及小学教育和逐步发展中学教育，所以表现在农村地区，主要是进行较大规模的学制改革和教学改革试验。

学制改革是指适当缩短年限、提高程度、控制学时和增加劳动，年限长、程度低对工人阶级是不利的。教学改革包含下放部分课程、精简内容、改革教材和教学方法，同时，还在师生中发起了向土专家、劳动模范和生产能手等榜样学习的活动。虽然有部分地区由于教学改革试验面太宽、教材要求太高，在课时增多、教材减少前提下，教学方式不当，如将语文课教成文学课❷等原因造成的教师教学任务太重，并与提高教学质量成反比等问题的出现，仍然促使部分能够最先勇敢地、自觉地起来"革资产阶级教育思想的命"❸ 的先行者在农村学校凸显出来，并成了广大乡村教师模仿和学习的对象。其中，特别是那些来自为适应农村教育需要而在全国各地蓬勃发展起来的农业中学、农村业余学校和农村社办小学等农村学校的先进教师个人或教师群体。如对在党委领导和支持以及教师努力下创办起来的海安市双楼乡农业中学，❹ 采取设立师资辅导站、开办函授学校、举办短期训练班❺等举措提高师资质量，在调查研究基础上，编写农

---

❶ 陆定一. 教学必须改革：在人大二届二次会议上的发言 [J]. 人民教育，1960 (4)：1 - 7.

❷ 洛寒. 不要把语文课教成文学课 [J]. 人民教育，1963 (1)：15 - 20.

❸ 杨凤鸣. 思想革命是教学改革的先行 [J]. 人民教育，1960 (5)：38 - 39.

❹ 季志伯，杨询. 海安县双楼乡的农业中学 [J]. 人民教育，1958 (5)：16 - 17.

❺ 湖南浏阳县教科所. 大力培养提高教师 [J]. 人民教育，1958 (7)：18 - 19.

民业余小学教材等模范农村学校典型案例的介绍和报道。总之，他们坚持了"乡村教育走进农业大课堂"的正确方向，对于改革农村教育结构，促进农村教育更好地为农村经济建设服务有着积极的意义。

（三）教学改革的继续推进

虽然通过 20 世纪 60 年代初期教学改革试验之后的农村教育显露出了向前发展的勃勃生机，为进一步办好农村教育创造了良好条件，但还是存在一些不平衡、不适合等问题。第一，是农村教育的普及问题，特别是贫下中农子女的入学率有所下降。第二，是教育适合农村需要的问题，表现为农村中小学教育与农村实际、农业生产结合得不够。第三，是教学效果不佳问题。为此，中共中央、国务院和教育行政主管部门颁布了许多指示和举措。如毛泽东作出的"三一"指示和"七三"指示，在 1964—1966 年继续推进了我国的教育教学改革进程。表现在农村地区的中小学教育教学改革方面，主要是逐步精简课程、改革教材、改进教学方法和考试方法。其中还包括：大力发展农村的半工（农）半读工作，发展职业教育和业余教育；在农村地区办好对乡村学校师资进行进一步培训的函授教育和夜校；秉持"少而精"的原则加强教材建设的思想性。这对于有效增进教育教学内容与工农生产实际的联系、迅速普及农村小学教育和发展中学教育都产生了积极作用。

在这一过程中，个别思想觉悟高、教学效果比较突出的乡村教师伴随着教学改革的继续推进出现在了广大群众的视野中，特别是半工（农）半读学校的教师先进个人脱颖而出。如江西省铅山县石溪小学"贫下中农信得过"的好教师、模范教师方菊香，河北省枣强县大吕木生产大队"不当队长当教师"的转业军人任立明，平舆县小冯庄耕读小学"一定要把贫下中农子女教育好"的阎克英。他们的思想引领也推动了教学改革的继续发展，还帮助恢复和建立起了农村学校教育教学的正常秩序，为教育事业发展和社会建设培养了一支"又红又专"的乡村教师队伍，使得当时的农村教育得到较为平稳的发展。

三、作用发挥：政策保障与宣传落实

在这样的困难时期，尽管教育工作的许多失误压制了大部分乡村教师教育教学的积极性，造成乡村教师长期处于教师与农民、学校与家庭之间身份的不断流动之中。但他们自身有着优良的品德和作风，又用自己的政治热情、革命干劲和工作责任心艰苦努力地工作。同时，党的思想政治工作部门也积极发现并总结了他们的先进事迹和经验，在全国大范围地开展宣传教育，进而发挥了乡村教师道德榜样作为先进个人或群体在发扬、提升乡村教师优良的职业道德品质和共产主义道德品质这一过程中的模范带头作用，也帮助广大乡村教师乃至普通人民群众焕发出了建设社会主义事业的巨大精神力量。

（一）政府层面的政策保障

中共中央和相关教育主管部门等政府宏观层面的政策保障，特别是教育事业大调整和《中小学工作条例》的贯彻实施。教育事业大调整以"调整、巩固、充实、提高"为方针，包括对农村学校规模进行适当调整和压缩，将优秀师资用来巩固和提高各级学校的师资质量，鼓励人民团体或个人开办学校等。《中小学工作条例》强调，教师要在教学中以马克思列宁主义、毛泽东思想为指导，以爱国主义和国际主义为主要内容开展思想道德教育，要求加强师生为农业服务的思想教育和团结教育，并对长期从事教育工作的、少数优秀的教师给予政策倾斜，如教龄津贴、越级提升等。此外，还有其他调整知识分子的政策。第一，为广大乡村教师平反甄别，让他们参与学校重大事务决策，并对乡村优秀教师给予生活上的照顾和补助；第二，进一步办好面向农村的函授教育和夜校政策，以加强农业中学等乡村学校的师资培训；第三，重申中等师范学校培养目标，并对其进行调整；运用讲村史、家史、社史、厂史等方法，对广大师生进行阶级和阶级斗争的教育。虽然这一过程不免受"左"倾错误思想影响而出现急于求成的情况。例如，教育调整过程中裁并学校与人员的方式过于粗糙，以及缺乏思想工作而伤害了师生的感情，公办转民办过多导致适龄儿童入学率的显著减少，中等师范学校削减过多导致农村师资培训质量下降，以及受当时社会经济发展程度的限制而无法从根本上解决乡村教师的生活困难。但一些措施的实施也仍然促使我国农村地区学校教育的各项工作变得有章可循，一定程度上为乡村教师提供了工作和生活的保障，提升了乡村教师的思想觉悟和文化水平，激发了乡村教师长期扎根并服务于农村教育的决心，进而为乡村教育事业发展、国民经济恢复和发展，以及培养社会主义事业的建设人才作出了突出贡献。

（二）社会层面的宣传支持

社会层面的宣传支持，可以帮助乡村教师养成革命的乡土教育情怀，从而坚定扎根农村教育的理想信念，比较突出地表现在以下三个方面。一是通过主流报刊对《工农读写教学的实践经验》《一位女教师的笔记》《教育战线上的一面红旗》等国内外书籍中，以及《红色花朵》等国内外优秀影片中榜样教师教学经验进行介绍与宣传，帮助广大乡村教师在教育工作中树立起革命的热情和果敢毅力，对于帮助他们总结教学经验、改进教学工作是有好处的。二是在坚持"又红又专"的方向上对先进、优秀教师学习资料进行形式多样的实物展览，既表扬了先进，介绍了经验，又提倡了榜样教师长期刻苦的精神，在教师群体中形成了一种扎实肯干的学习风气。三是通过超越行业限制的非教师榜样的广泛树立，对广大师生进行共产主义思想品德教育。如以雷锋同志的英雄形象作为榜样，教育广大师生当"雷锋式"的人物，坚决服从分配，放在哪里就勤恳工作干出成绩。树立这样光辉的榜样，为稳定乡村教师队伍、提升广大乡村教师献身农村教育事业的决心，提高农村教育质量提供了保障。此外，还有郭兴福等人的"解放军教学方法"在社会上的宣传，指引着乡村教师要以毛泽东思想为指针，严格要求，以身作则，既练业务又练思想，用思想带动业务，在业务中体现思想。

（三）学校层面的具体落实

学校微观层面教育教学行为的具体落实，主要表现为依据相关政策、配合相关社会宣传而在学校层面组织多种多样的教育教学活动和采取相应的教育教学方法，从而达到促进乡村教师道德榜样示范引领全体乡村教师提高思想觉悟，进而提高教学质量的目的。如通过上政治课、作报告、办小报、召开经验交流会和参观访问等形式，开展以讲解政治理论和宣传乡村教师先进典型为主要内容的正面教育教学活动，发挥榜样的积极作用，向广大乡村教师和群众推广他们的成功经验，灌输革命的真理和正面道理，从而使农村教育事业和社会主义建设都有了较大的发展。当时江苏省的农村学校就开展了深受教师欢迎的"广播讲座"，让有经验的、优秀的小学教师亲自介绍或者由广播员代播教学经验或教学实况，使受众教师犹如身临其境，大大提升了其教学质量和水平。此外，还通过多种多样的方式对乡村教师进行革命的思想政治教育。如通过访贫问苦报告和社会调查等活动的广泛开展，加强乡村教师主体自身对共产主义政治道德的全面认知，提升其思想觉悟和能动性，这也是上述教育教学活动能够顺利开展的必要前提。

四、社会影响及其局限分析

1956—1966 年的这段时间，各项运动和措施的出发点都是可贵的，它们在吸收以往经验和教训的基础上，解除了压在乡村教师身上的"政治包袱"和困难，提高了乡村教师的政治地位，使广大乡村教师的积极性重新得到发挥，增强了队伍的稳定性，从而为广大乡村教师更好地投身农村教育事业的发展创造了条件。同时，还通过乡村学校教育先进工作者对资产阶级教育思想的清算和对共产主义风格与政治道德的发扬，带领广大乡村教育工作者进一步规范了农村学校的教育工作，也对改变乡村教育脱离实际生活的缺点，以及独立探索中国特色社会主义教育发展独特道路，发挥了积极作用。概言之，表现在农村地区的学校教育中，在为农村教育发展积极创造各种便利条件和对学校规模进行大力调整的同时，还保证和充实了典型学校的建设，并重视发挥了作为先进生产者所代表的乡村教师道德榜样的思想引领和以身示范的积极作用，对纠正当时社会上普遍存在对"乡村教师"这一职业的错误认知发挥了一定的作用。据有关文献记载："过去 X 老师那种城市味很让人看不惯；现在她能拉架子车、挑粪，劳动干得可欢哩。"❶。此外，还让社会初步意识到了让乡村教师扎根农村教育的重要性，也有了对乡村教师特别是长期在农村从教的乡村教师的政策倾斜和经济补贴，进而在具体的实施过程中对稳定我国农村学校师资队伍、推动我国社会主义教育事业和社会建设进程产生了许多积极影响。

---

❶　陈健，李文. 深受农民欢迎的长葛三中［J］. 人民教育，1964（7）：1 - 7.

但是，在实践中仍然出现了一些急躁冒进的行为。表现在农村教育中，全日制教育、业余教育、扫盲教育和"双百"方针等文化措施纵然提高了农村学校师生对社会主义新中国的道德认同以及对平等地位和权利的追求，但由于这一时期的教育多以政治教育为主，主观主义较为浓厚，一些政策措施并未在实践中得以贯彻执行。此外，当时整个社会都对"乡村教师"这一职业有很深的误解。他们认为，受过中、高等教育的毕业生就应该去城市工作，或者回农村担任干部，而担任农村学校教师，特别是巡回小学、耕读小学等业余学校的教师是不被理解和认可的，甚至连乡村教师群体内也有如此的想法，同时，有人还认为乡村教师进行体力劳动是与教师的身份不相匹配的。虽然在"榜样教师"的宣传和示范引领下，在一定程度上纠正了这些普遍存在的误解，但从总体的趋势上来看，由于这一时期社会经济发展整体水平有限，在条件艰苦的农村地区工作的乡村教师的生活和工作物资长期处于匮乏的状态，频繁的身份流动又挫伤了他们在教育教学工作中的积极性和热情。表现在教学活动中的乡村教师道德观念和行为也受到了一些社会成员的误解和压制而失去了应有的活力。此外，加上主流报刊对城市中小学和农业中学的典型经验介绍得更多，如关于刘靖慧老师、张成淼老师、于晨老师思想品德教育工作经验的报道，而对于条件较差的农村地区学校的经验和道德榜样的事迹宣传得不够，导致可供农村学校及乡村教师模仿和学习的典型较少，榜样作用的发挥受到群体差异的限制，使得乡村教育事业发展和思想道德建设迟缓。

五、发展契机：需求的激增与规模的扩张

从时代背景分析中可以看到："教育的相对独立性丧失殆尽，成了为

政治服务的工具"❶，上百万教师的主导作用和中心地位被消解。但农村学校教育事业及思想政治教育工作较之城市受到的破坏较小，这与时代赋予农村学校和乡村教师的各项权利及便利不无关系，从而也为乡村教师道德榜样的涌现提供了契机。

（一）基础教育的加速普及

一方面，20 世纪 60 年代是我国人口生育的高峰，我国出现了适龄儿童入学的高峰；另一方面，我国加速发展中小学教育，在农村地区提出了"念小学不出村，念初中不出队，念高中不出社"❷ 的办学口号，并提出了要在农村普及小学教育的倡议。正因如此，农村中小学生数量激增，必然要求有足够数量的乡村教师与之相适应。但在当时的乡村教师队伍中，正规师范学校毕业生很少。其原因是 1968 年面向农村地区小学教师培训的初级师范学校调整停办，中等师范学校也于 1966—1971 年被迫停止招生。当时，应对形势最普遍的办法就是高中毕业去当农村中学的初中教师，初中毕业生去当农村小学的教师。为达到上述目的，便大量采取了"戴帽"的方法来发展农村教育。如为了方便适龄儿童就近入学，由生产队主办小学低年级的"撑腿班"；为缓解初中教师不足，在小学中开办初中班，即"戴帽初中"；大批小学骨干教师被抽调进入中学任教；小学教师的任职又是根据集体生产大队的干部或者建设兵团的推荐，这样大大增加了民办教师的数量。概言之，这样做扩大了农村学校的规模，特别是农村中学的规模，使得农村学校迫切需要教师，乡村教师的人数就是在这一时期达到了高峰，从客观上为乡村教师道德榜样的涌现创造了便利的条件。

---

❶　杜成宪. 共和国教育 60 年·第 2 卷：山重水复　1966—1976 ［M］. 广州：广东教育出版社，2009：2.

❷　王献玲. 中国民办教师始末 ［M］. 北京：知识产权出版社，2008：55.

(二)"教育学大寨"

大寨原本是山西省昔阳县的一个小山村，在 1963 年暴发的那场百年不遇的特大洪灾中，该村的人民自力更生、艰苦奋斗，在大灾之年仍然获得了丰收，也感动了许多人，在全国范围内开展了"农业学大寨"的运动，自此，大寨也就成了全国农业战线上的一面旗帜。"大寨大队所坚持的政治挂帅、思想领先的原则，自力更生、艰苦奋斗的精神，爱国家爱集体的共产主义风格"❶，使得大寨精神具备了普遍意义，就不再仅仅是农业生产战线上的一面红旗，而是各条战线都学习的榜样。在当时农村学校的教育改革中，要像大寨那样以党的基本路线为纲，把学校工作纳入以农业为基础的轨道上。为达到这一目的，农村学校首先注重转变师生的思想，学习大寨人民斗争到底的革命精神，坚定师生爱农、会农、务农的意识，培养出决心扎根和建设农村的社会主义事业接班人，为发展我国的经济基础服务。在这一过程中，自然也为塑造以革命的政治思想和集体主义道德为显著标志的乡村教师道德榜样提供了契机。

(三)"知识青年上山下乡"运动

"知识青年上山下乡"一般指受过初、中等教育的有知识的年轻人到农村去，接受贫下中农再教育。1968 年 8 月，《人民日报》发表《工人阶级必须领导一切》的文章。该文提到，农村的贫下中农是工人阶级最可靠的同盟者，所以应该由他们来管理学校相应的教育工作。自此，"工宣队"进驻学校，教育和知识分子受到轻视，教师作为主要的知识分子成了被改

---

❶ 黄道霞. 建国以来农业合作化史料汇编 [M]. 北京：中共党史出版社，1992：794.

造和被批判的对象。加上 20 世纪 60 年代末 70 年代初的"清理阶级队伍"运动，大批干部和教师受到摧残，很多教师要么被下放到"五七"干校，要么被下放到农村插队落户，是知识青年上山下乡的主要模式。此外，由于当时师范学校停止招生，所以在当时的条件下，大多数知识青年实际上只接受了中学教育，便从城市到农村安家落户，其中最有代表的是"老三届""新五届"和"后五届"知青。在部分到农村担任乡村教师的知识青年中，虽然最开始他们对农村环境有所不适和难以忍受，但当他们适应了农村环境之后，便充分发挥了他们在积极响应政策号召方面的模范带头作用，强化了乡村教师群体对国家利益和政治道德的依附性。概言之，大批上山下乡的知识青年成了这一时期乡村教师的重要来源，一定程度上为乡村教师道德榜样的涌现创造了时代机遇。

六、作用发挥：乡村教师主体构成与道德生活的现实基础

根据上述分析，这一时期农村社会道德建设及教育事业发展仍然能够继续保持一定的稳定性，这与乡村教师道德榜样发挥作用有着深刻的渊源。同时，这一时期乡村教师道德榜样的作用发挥则离不开乡村教师主体构成以及文化生活、职业生活和政治生活等道德生活的现实基础。

从乡村教师的主体构成来讲，一方面，时代背景下大量上山下乡的知识青年走进了农村学校充当起了乡村教师的角色，并且随着师范教育体系的不断完善，以及后期中等师范学校的恢复招生，所培养的学生在"一颗红心，两种准备"的分配制影响下成了乡村学校优质的教师资源。作为城市文明和革命思想的传播者，以知识青年为主体的乡村教师的知识储备更加丰富、思想道德水平更高，当时不仅在客观上增加了乡村教师数量，而且提升了整体乡村教师的思想道德水平。另一方面，原本一直战斗在农村

教育一线的部分乡村教师，他们的思想觉悟高、集体道德意识强。作为农村文化和文明的坚守者与传播者，他们怀着拳拳报国之心，带领广大乡村教师在极其艰难的情况下始终奋勇前进。因此，乡村教师的主体构成为乡村教师道德榜样作用的发挥提供了智力基础，也为保护和发展农村学校教育作出了巨大贡献。

从文化生活方面来讲，虽然当时教育领域刮起了一股否定"学习文化知识"的歪风，一大批教师也遭到了打击，但作为一种载体，这一时期农村地区学校教育形成的以学习英雄人物和事迹等为主要内容的文化氛围包含对政治道德的理想追求，为发挥乡村教师道德榜样的作用提供了意义的解释框架和寻求意义的基础。

从职业生活方面来讲，虽然政治热情高涨和集体主义与领袖崇拜结合下形成了业务活动停滞的局面，但得益于人们对忠于党、忠于职守、顾全大局、艰苦奋斗等职业道德和自觉奉献精神的强调，社会主义教育的性质没有改变，进而为发挥乡村教师道德榜样的作用提供了精神支柱。

从政治生活方面来讲，由于遭受了"以阶级斗争为纲"的泛政治化语境的强烈冲击，❶对国家的道德建设造成了深刻的不良影响。即便如此，仍然有一些乡村教师积极作为，坚守自己的道德操守。后来，中央政府采取了相应举措，首先突出政治，促进教师思想革命化和教学改革，从而限制了农村教育的受破坏程度，为乡村教师道德榜样作用的发挥创造了条件。如在这一时期之初，在面对严峻形势时，党和国家领导人及教育工作者非常注重农村稳定，发表了一系列的政策规定，建立起了贫下中农管理学校委员会（组），并发起了做焦裕禄式的教育工作者等学习活动，号召广大乡村教师开展模仿学习。即使到了后期十分困难的条件下，广大农村学校的教育工作者也仍然能够与教育战线的倒行逆施展开斗争，发挥了乡

---

❶ 李培超，李彬. 中华民族道德生活史：现代卷［M］. 上海：东方出版中心，2014：116.

村教师道德榜样的作用。

七、社会影响及其案例分析

对于这一时期的乡村教师道德榜样而言，相比于城市来讲，在乡村教师道德榜样各类群体的示范和带领下，在局部和一定程度上限制了极左思潮对我国农村教育事业发展的更大破坏。如模范教师周鼎初，先后四次主动申请，最终来到绿化公社为贫下中农办学，通过自力更生、就地取材，解决了在校舍和经费方面的困难。他通过在学校和深入山村广泛宣传学习毛泽东教育革命思想，提高了群众对于接受教育重要性的思想认识，有效防止了教育革命"劳动生产代替文化教学"这股冷风下学校重返"三脱离"的老路。他通过紧跟"农业学大寨"等发展契机，树立了扎根山区干革命的思想。他全心全意为山区贫下中农教育服务，为农村培养了大批有社会主义觉悟、有文化的劳动者，加速了社会主义新山区建设的进程。周鼎初同志以自己的行动不仅感动了当地农民，而且为广大乡村教师和人民群众树立了道德行为的榜样，从而帮助更多人坚定了扎根乡村教育，坚定走教育与生产劳动相结合、为社会主义服务的信念。

在这一过程中，特别是那些一开始就不畏强暴、坚持真理的民间场域的乡村教师道德榜样，他们身上充分显示了我国知识分子的崇高精神和高度的责任心与事业心，也带动着部分农村地区尽可能地保护知识分子和文化知识教学，从而扩充了乡村教师队伍，尤其是农村学校民办师资数量的增长和知识青年的智力补给，这也奠定了未来农村教育事业能够迅速前进的基础。据统计，十年间，我国民办教师数量就增加了近 300 万人（由

177.4 万人增加到 471.2 万人❶）。从比例上来看，1965 年，全国农村小学民办教职工占全体农村小学教职工的比例为 43.5%，❷ 到 1975 年，比例就上升到了 59.1%，使民办教师的数量和规模都达到了顶峰。

但在当时大环境的影响下，对农村教育事业发展所产生的消极影响的整体趋势并没有改变。对于农村地区的学校教育而言，这一时期由政府所选择和树立的乡村教师道德榜样身上体现的社会主义道德是纯粹的、只承认国家利益的道德，毫不利己、专门利人是其核心品质。因此，通过政府所树立的这种类型的乡村教师道德榜样缺乏师生之间的感情柔性色彩。其中，河南省南阳地区唐河县的"马振抚公社中学事件"就是一个典型的案例。本来最多作为一起民事案件进行处理，校方和班主任赔偿一定经济损失即可，但在"四人帮"影响下，从河南省《教育简报》到《人民日报》对这一事件的刊载，再到中央"5 号文"的指示，却将其扩大化为一个典型的"政治事件"进行调查处理，不仅针对当事人作出了判处有期徒刑两年的刑事处分，而且还导致一大批忠于职守、热爱教育工作的教师被批斗和打压，制造了许多冤假错案，直至"文化大革命"结束后才得以平反昭雪。此外，在我国乡村教师待遇本来就低的前提下，又下放了大量公办小学到大队，并将之改为民办小学，也没有相应的专款补助，最终涣散了乡村教师队伍。同时，大量公办教师回到原籍，导致一些经过多年精心培育起来的我国农村教育事业遭到破坏，元气大伤。

---

❶ 王献玲. 中国民办教师始末 ［M］. 北京：知识产权出版社，2008：51.

❷ 《中国教育年鉴》编辑部. 中国教育年鉴（1949—1981）［M］. 北京：中国大百科全书出版社，1984：83.

第三节 实践反思

根据前文分析，此类乡村教师道德榜样的塑造，是时代背景下的必然之举，为广大乡村教师及人民群众提供了革命觉悟和行为的模范，要求人人都按照这样的道德要求去做，从而为实现农村主流意识形态的一元化、思想文化的普及与提高，以及农村教育事业的前进发挥了作用，见表 3.1。但同时，过分凸显乡村教师道德榜样的政治道德这一因素而忽视和磨灭了其蕴含的劳动品质、知识才能等其他要素，也是对农村教育事业发展的阻碍。概言之，这一时期乡村教师道德榜样取得了一些值得称道的成绩，也留下了许多刻骨铭心的教训。正因如此，才使得这些经验和教训可以凝结成全国人民弥足珍贵的智慧之源，从而指导着今后农村教育事业的发展，以及乡村教师道德榜样的塑造。

表 3.1 乡村教师道德榜样的时代特征（1949—1976 年）

时期划分 ＼ 分析维度		时代主题	发展契机	身份特征	核心品质	作用发挥
第一阶段	1949—1956 年速成的乡村教师道德榜样	社会性质变革与现实冲突，农村业余教育和扫盲教育的广泛开展，因循新民主主义教育已有经验	农村冬学运动，私塾改造运动，苏联教育经验下的教育教学改革，教师思想改造运动	社会主义农村教育事业建设者，农村干部	革命的献身精神，对革命大家庭的热爱，对新政权的认同与责任感	个体思想觉悟，政治活动和主流媒介的宣传，政治和经济政策，师范教育体系

分析维度 时期划分		时代主题	发展契机	身份特征	核心品质	作用发挥
第二阶段	1956—1966 年流动中的乡村教师道德榜样	社会主义全面建设，乡村教师身份被剥夺，学校教育盲目扩张下教师数量的激增，生产劳动安排过多，教师被批判和清理回家	"教育大革命"下师资需求与缩减，教学改革试验的实施与继续推进	社会主义教育独特道路的建设者，思想的破旧立新，贫下中农，政治与业务水平，先进工作者	革命的自觉意识与乡土教育情怀，共产主义觉悟和道德品质，艰苦奋斗的干劲，无私奉献，为政治服务的热情	政治、经济等政策保障，主流报刊、实物展览和非教师榜样的宣传支持，多样的教学活动和教学方法（社会调查的兴起）
第三阶段	1966—1976 年"革命"的乡村教师道德榜样	"左"倾理论、路线、方针和政策下教师被"革命"	基础教育加速普及下乡村教师需求激增，"教育学大寨"，"知识青年上山下乡运动"	官方的个人崇拜（"以阶级斗争为纲"），民间场域的坚守者（公办教师与民办教师），知识青年	政治挂帅、思想领先，毫不利己，专门利人，艰苦奋斗的革命精神，对国家利益的依附（集体主义道德）	乡村教师主体构成的多样性，围绕集体主义与领袖崇拜的文化和职业生活，突出政治的政府相关举措与个体积极作为

一、核心品质：以集体主义为核心的政治服务性

新中国成立后，受内忧外患的社会状况、高度集中计划经济体制和政治思维不断"左"倾化等因素影响，政治需要的满足占据了社会生活各个领域的中心地位。对于生活和工作在农村地区的乡村教师而言，落后的物质条件是乡村教师生活和工作的共同表征。表现为以下四个方面。第一，

当时的农村学校教学硬件设施非常缺乏，没有专门的校舍，连上课的桌椅板凳都是残缺不全的。第二，教师工资待遇低。1952 年，农村小学教师的平均工资仅为 20 万元旧币，相当于现在的 20 元新版人民币；即使后来乡村教师工资进行了改革，但工资提升的幅度不大。第三，教师的社会地位低，在特殊的时期，教师甚至被批斗，被称作"臭老九""老顽固"等。第四，教师的教学质量低。"以民教民"的民办教师居多，正规师范毕业的教师少。对师资进行培训的机构少、方式简单、内容单一，忽视了乡村教师文化知识的培训。

第二，由于当时我国面临着教育和经济的一穷二白、国外资本主义国家的扼杀和封锁，政治伦理及其革命道德主导了我国社会主义道德生活的合法性基础，即意味着这一时期我国的意识形态由政治意识形态所主导，人们的个体意识被削减，群体意识得到强化。在这样高度集中的背景下，乡村教师在浓厚的集体生活氛围中成长与生活，团结一致，投入对旧的私塾教育和新的社会主义教育制度的创建之中，满腔热忱地投身于我国社会主义教育发展独特道路的建设当中，乡村教师的道德风范便成了实现政治理想的必要前提，其道德也必须体现为政治服务的精神。因此，他们身上略显朴素的美德便体现在了乡村教师道德榜样的演变之中。

概言之，新中国成立以后的中国社会出现了质的转型，社会主义的道德观念成了乡村教师日常道德的基础，并通过一系列的道德建设措施形成了以集体主义为核心的道德准则。因此，这一时期乡村教师道德榜样本身便表现出了极强的政治服务性，他们通过政治行为树立，同时也为政治理想服务，树立并发挥乡村教师道德榜样的示范教育作用也就成为国家政治的需要，并且能够在社会中具有强大影响力，得到人们的普遍认同和模仿。总结而言，体现在这一时期乡村教师道德榜样事迹之中的核心品质主要包括：大公无私，为人民服务的集体主义精神；不畏困难，艰苦奋斗的革命精神；刻苦钻研，爱岗敬业的职业精神。

二、身份特征：以政治身份为显著标识

所谓身份，即用来表征个体的出身、社会地位、资格的符号或制度系统。综合前文分析内容可以发现，1949—1976 年，政治身份一直是乡村教师道德榜样最明显的身份标识，也是他们自身最浓郁的情绪体验，对于乡村教师获取体制性身份发挥着重要作用。具体而言，即由于缺乏专门的教师人才，便实行了号召识字的人作为教师的做法，那些识字的人民群众（农民）、接受过所教学段或所教学段之上教育的学生或毕业生、回乡知识青年以及政府工作人员等，都来参加农村地区的学校教育事业，成了建设社会主义新农村教育事业的主要力量。在这些乡村教师群体中，从政治身份来看，不管是新中国成立初期党对教师的阶级改造，还是后来的政治批判，以及发展到对其脑力劳动权利的剥夺，乡村教师作为农村社会的主要知识分子都是被冲击的对象。与在农村从事一定管理工作的干部相比较，乡村教师远不及他们的权利和声望，大部分教师因此宁愿放弃教师职业而选择当干部。从社会性身份来看，乡村教师大多拥有贫下中农的身份，属于没有体制性身份的民办教师。他们的经济收入低，不拿工资。在生产队，他们与队里的劳力一样按照工分来计算和分配公粮。而那些优秀的、"能写能算"的乡村教师则作为文化人被充实到干部队伍中，进而不仅提高了经济收入，也提升了社会地位。

正因如此，这一时期所选树和广泛宣传的乡村教师道德榜样的时代形象也是比较单一的。表现为他们当中的大部分人是贫下中农成分家庭的子女，毕业后响应党的号召回到农村参加农业生产，先是担任农村干部，之后才会为解决贫下中农子女入学等问题到乡村学校任教，特别是他们能够担任巡回小学、耕读小学等农村学校的教师，或者是因为教学有成效而被

吸纳进了干部队伍。概括而言，鉴于当时乡村教师的政治和经济地位，以及人们对党和政府，尤其是领袖决策的无比信任，乡村教师道德榜样中的很多人都是拥有干部身份或者从干部身份转变而来的。这类乡村教师道德榜样的塑造，使得以政治道德为主要内容的乡村教师道德榜样拥有强大的影响力，能够强化乡村教师群体中的一元道德，并得到广大人民群众的普遍认可和效仿。

但不难发现，由于当时的乡村教师中存在大量的没有干部身份的民办教师，所以上述乡村教师道德榜样的选择和树立可能为广大农民所认可，在乡村教师群体内，特别是对那些没有干部身份的教师而言，却难以引起他们的情感共鸣。当时大批农村公办学校改为民办学校，公办教师也因此被迫转为民办教师。此外，师范教育的挫折致使我国乡村教师资源难以得到及时和高质量的补充，从而导致自新中国成立以来至改革开放前，甚至在改革开放后很长一段时间内，民办教师在乡村教师队伍中的占比是很高的。民办教师的政治地位和经济地位在乡村教师群体中都处于比较低的位置，却为农村教育事业发展作出了巨大的贡献和牺牲，他们是当时乡村教育事业的"脊梁"。因此，在当时的乡村教师群体内，还存在这样一些乡村教师道德榜样，即他们是一直默默坚守和耕耘在乡村教育工作岗位上的民办教师。他们坚持学习马克思主义经典著作、毛泽东思想及其相关著作、党的文件和其他文件，理论联系实际，在社会主义教育方针的指导下，怀着无产阶级感情，全心全意地教育学生，积极献身于党的教育事业。虽然并非政府和社会所公开选树和宣传的，但是这些民办教师在周围的乡村教师和农民中享有着较高的声望，同样发挥着与政府选树的乡村教师道德榜样同等的，甚至更强大的模范带头作用，这也正是在如此困难的时期我国乡村教育事业仍然能够在曲折中得到发展的重要原因。

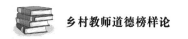

三、影响因素：师资培养培训和教育方针政策

在马克思列宁主义、毛泽东思想的指导下，经过一系列政策措施的调整和建设，我国的社会主义教育制度得以创建和发展，农村的教育得以恢复、改造和发展，中国共产党在乡村的思想道德建设也取得了显著成效。毛泽东同志曾在《关于正确处理人民内部矛盾的问题》一文中指出：思想政治工作不仅是共产党、青年团和政府主管部门的责任，更是学校的校长和教师的责任。因此，根据前文分析，这些满足政治需要的乡村教师道德榜样适应了时代的革命需要，因此宣传他们的先进事迹、核心品质和突出贡献是非常必要的。首先便是作为促进农村教育革命和提升思想政治觉悟的一种方式。或者说，对这些乡村教师道德榜样的宣传学习首先是为了调动广大群众参与教育革命的积极性，提升他们的思想觉悟，以发展农村地区的教育事业，满足新生政权的现实需求。同时，对这一历史时期乡村教师道德榜样的形成及发展的各方面研究也都证明，这些典型人物之所以能够超越行业的限制而成为他人模仿学习的榜样，不仅因为他们自身有先进的工作方法，以及在教育教学上的突出的贡献，而且还在于他们所代表的是以崇高的爱国主义理想和信念为内核的精神，即对社会主义教育方针和道德体系中集体主义价值观的信仰，以及对新中国的热爱。

（一）乡村教师的来源问题

乡村教师道德榜样的形成和发展与乡村教师的来源相关，即乡村教师的供给问题。在这一历史发展阶段，绝大多数乡村教师都是农民出身的民办教师。因此，在此背景下形成的乡村教师道德榜样也多以贫下中农成分居多。他们忧农民之愁，体农民之难，更能与农民之间产生情感共鸣。他们拿起书本是教师，掂起锄头像农民。可以说，没有千千万万的乡村民办教师，就没有众多的乡村教师道德榜样，也不可能培养出那么多优秀的社会主义建设者。

在当时的历史条件下，乡村教师的收入和体制性身份并不能成为他们提升社会地位和优越感的象征。但在当时，民办教师在教育还未曾全面普及的农村仍然是当地最受欢迎的人，虽然作为乡村教师的收入并不高，但还是比农民的收入要多。此外，当时很多的政府干部都是从优秀的乡村教师中提拔的。他们突出表现出了坚持政治挂帅与思想领先的道德理想和原则，以及革命的自觉意识与献身精神。尽管到后来生产劳动的成分也有所增加，从而加强并改进了学校的劳作教育，以帮助儿童养成爱劳动和劳动人民的思想和习惯，但思想政治意识仍然是最明显的外在表征。所以那些缺乏体制性身份的乡村教师，他们努力提升自己以集体主义精神为核心的道德品质，这是一条帮助他们提升身份地位和待遇的捷径，进而对以满足政治需要的乡村教师道德榜样的形成和发展产生了影响。

（二）乡村教师的发展状态

从乡村教师的发展状态来看，他们主要面临政治地位摇摆、师资整体质量不高、稳定性不足和待遇低等问题。如由于在新中国成立之初乡村教师的思想改造、在社会主义教育全面建设阶段乡村教师队伍的发展壮大和后来乡村教师的大量缩减，以及公办教师的严重流失等因素，造成乡村教师政治地位左右摇摆；因私塾改造运动、社会主义教育运动、教育大革命等造成的以大批乡村教师离职、农民作为民办教师主体走上学校讲台为显著标志的乡村教师整体质量和稳定性问题。

分析发现，造成乡村教师发展面临这些问题的原因主要在于：第一，这一时期我国的教育事业经历了从完全借鉴、依赖到闭关锁国、盲目前进的发展历程，导致在独立探索我国社会主义教育发展独特道路的过程中，缺乏创新意识和开放意识，对乡村教师道德榜样的塑造没能契合我国教育发展的实际情况，具体行动未能跟上口号的宣传步伐，因此在很大程度上限制了榜样示范作用的发挥。第二，由于师范学校的曲折发展，如在社会主义教育全面建设期间，中等师范学校不增反降，以及随后师资培训机构几乎全部停止招生，中小学师资培训工作被迫停止，从而造成了乡村教师队伍时常出现补充不足、农村教育事业发展后继乏人等问题。在这样的历史背景下，导致乡村教师道德榜样的核心品质是以政治道德为主导的，而解决乡村教师质量不高、稳定性不足等发展问题的措施主要表现为：对现有的乡村教师（包括公办和民办教师）进行培训，即师范教育体系的支持。

具体而言，对现有乡村教师进行培训是这一时期提升乡村教师师资质量以推动农村教育事业发展的主要任务。如在新中国成立之初，采取的措施是：吸收尽可能多的、失业的和旧社会的知识分子，经过短期培训后迅速走上教师岗位；或者对优秀的在职教师加以培训，逐级提升。从整体上来看，这一时期我国的师范教育体系保证了农村地区具有比较稳定的师资来源，这样乡村教师道德榜样作为乡村文化和道德理想的代表，才能够发扬其对物质和社会存在的巨大能动作用，在推动乡村教育发展和乡村社会思想道德建设中具有巨大优势。换言之，由于我国当时"大部分师范院校均坚定了向农村地区培养、输送师资，为农村教育（生产劳动）服务的既定方向"❶，师范教育的培训内容也因受苏联模式影响而几乎都与政治和思想有关，且免费、推荐选拔和包分配的中等师范学校（主要为初级师范学

---

❶ 邹奇，苏刚. 建国后我国农村教师政策变迁及应然走向 [J]. 东北师范大学学报（哲学社会科学版），2016（1）：130－134.

校）帮助农村学校留住了大量的农家子弟，所以即使在许多乡村教师被频繁批判、打压和清理回家的时候，乡村学校的师资质量仍呈现出一种稳中求进的发展态势，从而既保证了农村地区教师个体知识结构的完整，满足了乡村教育基本的师资需求，也稳定了乡村教师道德榜样在以乡村教师为主体的社会他者思想道德水平提升中的地位，促进了乡村教育事业乃至整个乡村社会的发展进步。此外，针对乡村教师待遇低的问题也采取了相应的工资改革措施，只是效果并不显著。

（三）教育方针及相关举措

教育为无产阶级政治服务是这一历史阶段我国的教育方针。它规定所有的学校都必须加强马克思列宁主义的政治教育和思想教育，教学工作的一切环节上也必须"坚持政治挂帅"，并强调把"劳动"列入教学计划。其实，早在新中国成立初期，学校教育并没有强调"劳动教育"，直至1957 年 6 月，国务院总理周恩来同志在《政府工作报告》中指出："我们今后的教育方针，应该是培养有社会主义觉悟的、有文化的、身体健康的劳动者。"❶ 在此后党中央及有关部门颁布的相关文件中，以及《人民教育》等主流报刊上，虽然仍然具有鲜明的政治道德倾向，但同时也更多地出现了对作为先进生产者代表的教师模范事迹的宣传，从而使得榜样人物与人们的日常生活更加贴近，其示范引领作用也更加凸显。

从政策层面来看，新中国成立初期的相关政策几乎没有专门针对乡村教师的。以教师荣誉制度的设置为例。根据前文的分析可以发现，关于教师荣誉制度的重要性其实是自新中国成立之初便被人民政府意识到了，如

---

❶ 中央教育科学研究所. 中华人民共和国教育大事记（1949—1982）［M］. 北京：教育科学出版社，1984：200.

1955 年提出了"优秀教师"的名称，1956 年对以"特级教师荣誉"领衔的现代教师荣誉制度进行了建设，包括提升其工资待遇的规定。但更多的是停留在临时性的尝试层面，带有比较浓厚的行政色彩，且受限于历史条件，并没有形成全国性的教师荣誉制度体系。同时，当时获得这些称号的教师又多来自城市，不利于当时占据我国教育事业重要组成部分的农村教育事业的发展。而在进入社会主义教育全面建设时期之后，才有了专门针对乡村教师的政策倾斜和补贴，特别是对于那些长期在农村从教的优秀教师，以鼓励他们引领和带动广大乡村教师群体献身于农村教育事业，只是这样的政策补贴还未形成规模。

此外，从各个层面加强对乡村教师道德榜样的表彰和宣传也是这一时期推动我国农村教育事业发展和社会主义建设的重要举措，具体表现为通过具有鲜明政治立场的主流报刊、新闻、广播媒介、各类表彰大会以及教育教学中的学习活动等形式展开。在主流媒介的宣传方面，1956 年 5 月和 6 月，我国的新闻舆论宣传开始了改革。因为在此之前，《人民教育》《江苏教育》《上海教育》等主流报刊介绍的有关"教师道德榜样"在教学方面或教育工作方面的经验大部分来自大城市，而对于小城市、乡村等各方面条件较差的学校的经验总结、报道不够多，在中央媒体绝对话语权的主导下，即使是一些可以进行辩论的问题，也没有人敢公开讨论。因此，在主流媒介的宣传上，为更好地解决为农村学校教育服务的问题，主流报刊发表了更多的适用于农村学校的经验，在新闻和广播宣传方面也注意到了既要避免党在教育工作中过于集中统一的领导而影响学校和乡村教师个体积极性的发挥，也要避免由于党对于宏观管理过于分散而造成的宏观失控。

重视召开优秀教师表彰大会和开展学习活动。早在 1960 年，陆定一同志在一次先进表彰大会上就谈到："应该召集这样一个大会，表扬先进，交流经验，加强团结……我们的先进工作者，有责任来团结一切可能团结的人。"❶ 在 1960 年召开的这次表彰大会上，有四千多名优秀教师从一千三百多万名教育工作者中脱颖而出，并接受党和国家领导人的表彰，这一事实本身就标志着我国社会主义教育事业取得了胜利。同时，也表明：在中国共产党的领导下，先进工作者（乡村教师道德榜样）发挥着带头作用、骨干作用和桥梁作用，树立和宣传榜样人物有助于团结乡村教师群体。同时，在平时的教育教学活动中发起了向王杰式革命教师的学习活动；通过经验传递和交流促进了农村教育事业的发展，加快了社会主义建设的步伐。

---

❶ 陆定一同志代表中共中央和国务院在全国教育和文化、卫生、体育、新闻方面社会主义建设先进单位和先进工作者代表大会上的祝词［J］. 人民教育，1960（6）：4－6.

第四章　1976—2000 年的乡村教师
道德榜样

　　1976 年，随着粉碎"四人帮"，结束了"文化大革命"，我国的社会秩序得以恢复，党和国家的工作重新走上健康发展的轨道。1978 年 12 月，党的十一届三中全会召开。会议作出把全党工作着重点转移到社会主义现代化建设上来，实行改革开放的历史性决策，实现了新中国成立以来党的历史上具有深远意义的伟大转折，开启了改革开放和社会主义现代化建设的新时期。

　　在这一历史新时期，教育为经济发展服务的功能特别得到凸显，我国的道德建设也重新进入了恢复和重点建设时期。乡村教师作为一种职业成了社会主义现代化建设事业的有机组成部分，其道德品质的养成和培育自然也聚焦到了与个体生存和发展紧密相连的方方面面，表现为对以往被神化的"高大全"榜样形象的否定，以及对现实榜样生存发展的本真回答，包含对物质生活和精神需求的关注。由于乡村教师群体的生活状态不同，又细分为艰苦奋斗、逆境守土两个不同时期。虽然不同时期有着不同的内涵特征，但每一个时期塑造的乡村教师道德榜样又都包含着对乡村和农家子弟的责任意识和强烈的家国情怀。从这一阶段经济体制的萌芽、确立到蓬勃发展的历程来看，各条战线的工作都表现出了以"经济建设"为中心的趋势，城乡之间的劳动力也开始了大规模转移和流通，这一阶段乡村教师、学校和学生经历了从最多到逐步减少、选拔和分层的转变过程，存在于乡村教师群体内的经济问题更加凸显，人们对乡村教师的认知也就集中在了其对促进农村社会主义建设过程中所应担负的经济责任的探索之上。所以，本研究将这两个时期都归属于新中国乡村教师道德榜样演变的第二阶段，塑造的是以专业资格和个体责任意识为显著标识的乡村教师道德榜样。

第一节 艰苦奋斗的乡村教师道德榜样（1976—1992 年）

1976 年"文化大革命"结束后，由于邓小平的亲自领导和推动，我国农村教育事业进入了及时恢复和快速发展的时期，实现了教育战线从混乱局面到正常秩序、教育工作重点从"以阶级斗争为纲"向为社会主义现代化建设服务，教育思想重新树立起尊重知识、尊重人才和尊师重教社会新风尚的三大转变，到 1992 年，农村的基础教育基本步入了正轨。围绕这一背景，以艰苦的生存条件下依然努力奋斗为显著标志的乡村教师道德榜样应时而生，同时也在恢复和发展农村教育事业的过程中发挥了至关重要的作用。

一、时代背景：经济环境下的教育发展需求

1976 年粉碎"四人帮"后，在党和广大教师的努力与配合下，紧密联系教育战线的实际，首先为一批受到残酷迫害的学校干部和教师平了反，

恢复了他们的名誉。自此以后，全国各地受迫害的学校干部和教师都陆续得到了平反昭雪。随着教育在经济建设和社会发展中重要地位和作用的日益凸显，以及教育改革的逐步深入，以往陈旧的教育思想、内容和方法等都开始发生转变，进而推动我国的教育工作走上了健康发展的轨道。但值得注意的是，农村教育的发展相比较来说处于较为落后的局面。这是由于这一时期的农村知识分子，特别是乡村教师特别缺乏和极不稳定。加上一直以来农村社会的生活环境都比城市要差，从而造成农村教育在改革中力不从心，未能进入教育工作发展的"快车道"。因此，这一时期农村教育事业的发展呼吁艰苦环境下仍然坚定扎根农村并努力奋斗的乡村教师道德榜样的凸显，他们带领广大乡村教师和群众围绕教育领域的拨乱反正、文化人才的反流失和农村社会主义精神文明建设而积极努力，完成个体思想道德素质的提升。

（一）教育领域的拨乱反正和教育经济功能的彰显

由于"四人帮"的倒行逆施，耽误了一代人，也使得教育水平严重下降。因此，在粉碎"四人帮"之后，首先开展了教育领域的拨乱反正，调动广大教育工作者"振兴教育"的积极性，以帮助教育工作回到健康发展的轨道。具体表现在以下四个方面。

第一，为一批在冤假错案中受到迫害的教师平反昭雪，营造尊师重教的氛围，提高教师的政治地位和社会地位。第二，加强师资队伍培训和整顿（主要为调回被借调的教师）工作。在农村重建学区和中心小学，先后恢复由教育行政部门直接领导的体制，有利于整顿和恢复中小学校正常的教学秩序。第三，在广大学校干部和师生中开展"实践是检验真理的唯一标准"的讨论，全面、准确评价毛泽东同志对教育工作的指示，对于解放思想发挥了很大的作用。第四，提出要在经济建设和教育建设之间建立适当稳定的比例关系，以更好地适应社会主义建设的需要。其中，尤为重要的是，把教育提到了"国民经济发展战略重点地位"这一前所未有的高度。这是因为，科技发展和经济振兴归根结底都取决于教育事业的发展，它能够为社会的进步提供高素质的劳动者和大批的合格人才。换言之，教育必须培养国家所需要的人才，进而为我国的经济发展和社会主义建设服务。因此，在这样的背景下，教育的经济功能凸显，各级各类教育，特别是在经济发展比较落后的农村地区，迫切需要乡村教师坚守农村教育阵地，忠诚党的教育事业，为农村教育事业奉献自己的力量。

（二）知青返城和都市化热潮下农村文化人才的反流失

随着 1977 年高考的恢复，以及 1978 年开展的关于"真理标准问题"的大讨论，人们的思想逐步解放。当时在青年知识分子比较集中的农村地区，大批上山下乡知识青年开始返城。许多在农村担任乡村教师的知识青年返回了城市，虽然在一定程度上弥补了人才成长近乎断层的缺陷，但同时也使得农村地区的生产和生活都突陷困境，乡村文化人才也逐步衰减，乡村教师队伍面临着重组的混乱局面。所以，此时留守的乡村教师正需要艰苦奋斗的精神，而自愿扎根乡村、献身农村教育事业的乡村教师道德榜样无私无畏的拼搏精神就发挥了巨大作用。很多文化人才就是在他们的鼓舞下坚定了作为一名乡村教师的职业理想，实现了自我的生命价值。

此外，由于城市化进程的加快，农村富余劳动力也开始向城市流动和转移。农民们走出大山和乡村，到镇上和县城去买房和落户，对乡村教育的重视度便开始逐渐降低，慢慢地，乡村教育面临着衰落的风险。换言之，在社会转型背景下，离土化进程的加快导致一批乡村教师宁愿背井离乡也不愿继续待在农村工作，他们对农村的故土不再留恋，榜样的精神力量及其内心的灯塔也在慢慢地暗淡。在这样的时代背景下，又需要倡导和树立乡村教师道德榜样，以通过他们的榜样力量带动乡村教师的"留村"，提升乡村教育质量，以期实现"兴村"的目标。

（三）农村经济体制改革的深入开展和农村社会主义精神文明建设

1978 年，邓小平同志公开肯定了小岗村"大包干"的做法，1982 年在关于"农村工作的一号文件"中，肯定了社会主义集体经济的生产责任制。随着农村经济体制改革的深入发展，必然要求农村教育体制改革也要与之相适应，如"三个面向"的提出、"双基"的价值重申、"燎原计划"的推行。按照这样的方向和规定去认真实践，使得农村教育事业取得了巨大成就，但同时也出现了一些令人担忧的情况，主要表现为：在中国共产党的领导下，乡村教师通过自己的知识和技能，为农村和社会发展培养了一大批新型建设者。随着物质财富的不断增长，意识形态领域却出现了一些问题，如小农意识造成的短视，恰恰需要知识来进行矫正。因此，加强社会主义精神文明建设也成了这一时期农村教育面临的新任务。

精神文明建设的关键是提高人的素质，包括思想道德建设和教育科学文化建设这两个方面。其中，教育科学文化建设是提高人们思想道德水平的重要条件，包括教育事业、科学事业、卫生事业、体育事业和文化事业的发展。思想道德建设包含了丰富的与思想政治教育有关的内容，包括以爱国主义、集体主义、社会主义教育、艰苦创业教育和民主法治教育等为代表的思想建设，以及以社会公德、职业道德和家庭美德等为代表的道德建设两个方面。因此，加强农村社会主义精神文明建设，必须尊重农村地区的知识和人才，并加强思想政治教育，为社会主义精神文明建设提供重要手段和途径。

农村学校是农村地区知识分子最为集中的地方，也是农村社会主义精神文明建设的窗口，乡村教师也自然成了社会主义精神文明的传播者。换言之，在改革开放和党的工作重心转移到经济建设上来之后，农村物质文明的发展呼吁那些处于人类智慧和道德进步状态的乡村教师道德榜样发挥引领作用，即以乡村教师道德榜样的言传身教和道德感染力去引领广大乡村学校师生和父老乡亲们，并通过其在教育方面的先进理念、方法和技术的积极指引，提升农村社会成员的文化素质和精神风貌，为乡村教育发展和精神文明建设培育合格的师资队伍和"四有"新人，并赋予其新的内涵，推动当地农村经济的发展。

二、发展契机：改善生活条件的举措

改革开放以来，为了及时恢复和快速发展我国的农村教育事业，增强教育在经济发展和社会主义建设中的作用，针对农村教育，采取了以"改善乡村教师生存发展条件"为主的基础教育综合改革、评比考核和职前师资培养（中等师范学校"免费—分配"体制）等措施。通过一系列的改革，提高了乡村教师的政治地位，经济地位也在不断提高，基本解决了乡村教师公职化等问题。在这样一个思想获得解放的背景下，为以艰苦奋斗为核心品质的乡村教师道德榜样的脱颖而出创造了条件，使农村师资队伍建设和农村教育事业走上了良性发展的道路。

（一）农村基础教育综合改革

20 世纪 80 年代，在我国的 11 亿人口中，有 80% 的人都生活在农村，因此，农业是国民经济的基础，解决农村人口的生活问题是当时面临的重要任务。发展农业必须依托政策、科技和提高劳动者素质。从这个意义上说，改革和发展农村基础教育是解决农村生产问题的关键举措。为此，在邓小平同志对文教工作的领导下，首先开展了现代基础教育的改革，使基础教育工作迅速从之前的停滞和倒退状态恢复和发展了起来。1985 年，全国县以下（含县）农村小学在校学生约占全国小学生总数的 92%，中学在校学生约占全国中学生总数的 82%。❶ 但受经济发展水平的限制，与城市相比，我国农村基础教育还非常落后，因此，抓好农村基础教育对提升农村人口整体文化水平和农村基础教育发展水平具有决定性的作用。此次农村基础教育综合改革着眼于提升农村整体文化水平，加强教育与农村社会经济发展之间的联系，要求教育内容必须与当地农村生产实践、学生的接受能力和教师的教学能力相结合，调整初等小学教育和初级中等教育的学制以及扫盲教育的形式，规定普遍提升乡村教师的社会地位、人事待遇、职称制度、管理体制以及职前培养和职后进修等农村学校师资队伍的建设指南，并取得了初步成效。

在这一改革过程中，由于民办教师仍然是农村教育中一支非常重要的办学力量。虽然民办教师一直处于同工不同酬的状态，但他们不畏艰苦、任劳任怨，奉献着自己的智慧、青春和热血，对农村教育作出了极大的贡献。因此，在农村基础教育综合改革的相关政策中，尤其是"民转公"政策的倾斜、职称制度的积极制定、教龄津贴制度的实行、荣誉鼓励和生活补贴等物质生活条件的改善，这些都给了当时占据乡村教师绝大多数的民办教师以莫大的希望，调动了他们学习和工作的积极性，进而为艰苦奋斗的乡村教师道德榜样的塑造创造了时代的机遇。

---

❶ 孙寿荣. 社会主义初级阶段农村教育的特殊地位 [J]. 上海教育科研, 1989 (2)：19 - 22.

（二）教职工评比及考核工作的开展

我们不但要有革命的理想，而且要搞革命的功利主义。❶ 在乡村教师群体内定期进行群众性的评比和考核，能够为他们明确前进的方向，也才能够使榜样人物的先进思想、良好作风和丰富经验得到宣扬和奖励（包括精神奖励和物质奖励），进而鼓励、鞭策人们奋发图强、力争上游。如此，后进赶先进、先进更先进，形成你追我赶的局面，乡村教师群体里的先进代表也就凸显出来了。如 1978 年 4 月，我国恢复了"特级教师"的评定。同年 12 月，将包括民办教师在内的中小学教师都纳入了"特级教师"的评选对象，要求每隔 3—5 年评选一次，并将这一评选活动逐渐推向了全国城乡范围的学校。虽然农村"特级教师"的数量远比不上城市教师，但由于他们不仅有较高的思想政治觉悟和共产主义道德品质，还有丰富的关于某一学科或某一阶段教学的理论知识和先进经验，因此，这些通过评比和考核凸显出来的乡村"特级教师"在农村地区所取得的效果尤为显著。被评为"特级教师"以后，他们还能够在当时享受政治地位和社会地位的提升、工资待遇的提高，并且更好地发挥教育教学专长。此时，乡村学校还开展了"优秀教师""模范班主任""全国优秀少先队辅导员"等先进教师的评选，激发了广大乡村教师投身农村教育事业、为经济发展服务的积极性，也就为那些在农村落后的经济条件下仍然艰苦奋斗的乡村教师道德榜样的塑造提供了契机。

---

❶ 抓好教职工的评比、考核工作 [J]．人民教育，1978（11）：4．

（三）中等师范教育的加强与发展

改革开放后，知识分子的社会地位逐步提升，使得大批的大、中专毕业生在国家的积极鼓励下纷纷深入农村文化体制内工作。其中，对农村教育事业影响较大的便是"免费—分配"体制下所培养的"中师生"教师群体。"中师生"，即中等师范学校毕业的学生，主要培养面向农村地区的中小学教师。虽然1971年师范学校便逐渐恢复了招生，但在当时的环境下，师范学校对于农村地区乡村教师的供给能力仍然有限，表现为青黄不接（老的老、小的小），大多数教师都达不到"合格教师"的标准，亟须加以培训，以提升其思想道德和文化业务水平。直至1980年，教育部又重申了中等师范学校的教育目标，即要为农村学校培养和输送合格师资，并要求学生毕业后一律回本地任教。自此，十年动乱中师范教育的混乱局面基本结束，中等师范教育又进入了正轨，并开始走上了改革和发展的新阶段。

对于这些"中师生"而言，他们放弃了接受重点高中教育和上大学的机会，以中考高分的成绩进入当地的中等师范学校学习，通过3—5年的学习之后，接受分配或主动请缨再回到本乡学校服务。这些"中师生"拥有体制性身份，具有扎实的"三字一画"基本功，是全科型和技能型教师，是当时乃至新中国历史上最优秀、最稳定的乡村教师。他们有着浓厚的家国情怀，与乡土有着天然的地缘和血缘关系，对乡村和农家子弟有着强烈的责任意识，把帮助农家子弟脱贫和考上大学作为自己的使命，重视基本知识和基本技能的教育，默默守护着经济体制改革背景下乡村的书本教育和文化传承。所以当这些"中师生"回到乡村学校任教时，他们自然而然地就成了连接城乡文明和生活的"桥梁"，也是普通乡村教师坚定扎根农村、服务教育这一理想信念的激励者。

三、作用发挥：凸显物质鼓励与重建宣传工作

乡村教师道德榜样的先进思想、优秀品质和模范事迹反映着当代乡村教师群体智慧和道德发展的进步状态，体现着所处时代的主流风貌，也在一定程度上代表着乡村教师道德成长的未来方向。大力宣传、表彰和奖励乡村教师道德榜样的崇高精神和先进事迹，对普通乡村教师乃至广大群众积极投身农村教育发展和社会主义建设都是非常直观、现实和有效的教育方式，并且具有强大的吸引力和说服力。邓小平同志就十分强调先进人物典型示范作用的发挥，并指出"要集中力量，创造典型，积累经验，然后普及"❶。表现在农村教育领域也是如此。因此，在改革开放和社会主义现代化建设进程中，农村教育工作者都注意发现和培育农村教育领域涌现出来的具有艰苦奋斗、爱国主义精神等鲜明时代特征的乡村教师道德榜样，并大力宣传和推广他们的崇高精神和典型事迹，激励了广大乡村教师积极投身到社会主义现代化建设中。

（一）精神鼓励与物质鼓励相结合

邓小平同志曾指出："不讲多劳多得，不重视物质利益，对少数先进分子可以，对广大群众不行，一段时间可以，长期不行。"❷ 可见，良好的物质条件是发扬革命精神的基础。因此，这一时期给予乡村教师道德榜样一定的物质鼓励是非常必要的。在实际工作中，必须秉持以精神鼓励为

---

❶ 邓小平. 邓小平文选：第一卷［M］. 北京：人民出版社，1994：183.
❷ 邓小平. 邓小平文选：第二卷［M］. 北京：人民出版社，1994：146.

主、物质鼓励为辅的原则。

所谓"精神鼓励"，主要在于通过颁发奖状和授予"荣誉称号"等方法，激发普通群众的工作热情，鼓舞他们为实现某一目标而努力奋斗。表现在塑造乡村教师道德榜样方面，如恢复"特级教师"评定工作，授予教师以"优秀教师""模范班主任"等荣誉称号，如辽宁省农村"特级教师"冯振飞，河南省农村"优秀教师"苏连升等。他们是师德的表率，育人的模范，也是教学的专家。采取此类精神奖励，标志着乡村教师的社会地位得到了提升，那些具有突出贡献和功绩的优秀教师得到了社会的普遍认可和尊重，成了广大乡村教师群体以及普通群众模仿和学习的榜样。

所谓的"物质鼓励"，是在按劳分配基础上，给予那些为工作开展提供了优质劳动的先进工作者以实物奖励，如颁发奖金和奖品等。表现在塑造乡村教师道德榜样方面，主要体现在提高乡村教师道德榜样的福利待遇方面。如对任教时间长、业务水平高的乡村教师给予"教龄津贴"和生活补贴，设立"希望工程园丁奖励基金"等对优秀教师给予奖励，优先选招被评为"模范教师"或"优秀教育工作者"的民办教师为公办教师，职称评聘应适当向农村地区的"榜样教师"倾斜。实行此类物质奖励，是物质利益原则在思想政治教育工作中的具体运用，旨在表彰乡村教师道德榜样所取得的功绩，也是对其艰苦奋斗精神和行为的尊重与弘扬。通过对这些优秀乡村教师的表彰，可以帮助普通乡村教师努力提升自身的教育教学能力水平，坚定扎根农村、服务农村教育的信念，推动全社会关心、支持农村教育和乡村教师，以促进我国农村教育事业的发展。

（二）宣传工作的恢复与重建

宣传思想工作制度的恢复和重建，包括组建宣传口，抓好党"以经济建设为中心"的基本路线的宣传教育。表现在教育领域，要求各地教育行政部门在评选各类先进教师代表的过程中，收集这些"模范教师"的先进事迹、总结他们的教育教学经验，并要求通过新闻报道、刊物、广播、电视、教师代表大会和教师座谈会等形式宣传、表彰、交流和推广"模范教师"的先进事迹和教学经验。如复刊的《文汇报》和创刊的《中国教育报》《教育文摘周报》都有关于宣传和推广"教师道德榜样"的报道。同时，"榜样教师"在履行义务的同时还拥有一定的权利，如被推荐为人民代表，退休后担任相当的名誉职务，享受每月工资补贴，适当从事教学研究与培养新教师等工作。自此以后，表扬"先进教师"成了各级各类教育管理部门宣传工作的通例，大大调动了普通教师模仿和学习的积极性，同时也大大缓解了教师队伍人才断层的问题。此外，各级政府还为各级各类教师群体办好事、办实事，通过举办各类庆祝活动，以在社会上营造"尊师重教"的良好风气，尤其是在 1985 年设立了"教师节"并举行了全国教育系统优秀教师先进集体和先进个人表彰大会。吸引了更多的人关心和支持教育事业，提升了广大教师群体的社会地位和职业荣誉感。另外，各级各类政府还号召从学习榜样入手，深入开展"五讲、四美、三热爱"、评比竞赛等道德教育活动，突出了活动的爱国主义和集体主义思想，对广大师生形成共产主义道德品质和行为习惯产生了深远影响，也为发挥乡村教师道德榜样的作用提供了环境保障。

四、社会影响及其典型案例

与上一阶段的政治身份相比较，这一时期教师的专业资格和身份成其获取体制性身份的关键因素，而他们的户籍和经济条件，则决定了农村籍大学生毕业后是否返乡从教，进而为当时在艰苦的经济条件下仍然坚持奋斗的乡村教师道德榜样的形成和发展奠定了基调。

在当时的时代背景下成长起来的乡村教师道德榜样，不但具有政治水平，而且还有较高的文化水平。他们在困境中秉持奉献精神，在繁重的教学任务中具有强烈事业心和责任心，以其高尚的师德和教育教学水平在公众面前树立起了乡村教师的崇高形象。他们育得满园桃李，温暖一方乡邻，也改变了以往人们对"乡村教师"这一职业的偏见，带动了农村学校骨干教师队伍的建设。如1984年被授予"全国优秀少先队辅导员"称号的乡村教师师德楷模郑琦。从师范学校毕业后，郑琦自愿到农村小学任教，而在经历过停职检讨、开除公职、回家务农之后，仍然能够凭借着对学生的热爱和对农村教育事业的忠诚，坚定地从事乡村教师这一职业，并在这一岗位上发光发热。再如辽宁省"特级教师"冯振飞，一个从民办教师做起的低学历的乡村教师，通过自学的方式提高了自己的文化知识水平，进而为发展农村教育的理想奠定了基础，也为农村培养了一大批有文化、懂技术、热爱并献身农村的建设者，推动了农村教育事业和农业的现代化发展进程。

尽管如此，乡村教师道德榜样示范作用的发挥在一定程度上仍然受到了限制，从而弱化了这一时期农村师资队伍建设和教育事业发展的成效。具体而言，受当时农村经济条件限制，农村教育领域还存在诸多与乡村教师生存发展有关的问题，其中，拖欠教师工资就是最大的一个难题。如湖北省随州市岩子河乡九道河村小学民办教师王兴伦、余先月夫妇，他们在面对众多能够让生活条件变好的机会时，选择坚守农村教师工作岗位，但是，他们却常常头疼工资无法兑现。1986—1988年连续三年他们没有收到过一次工资，收到的只是一张"白条"，他们只能通过到处借款、贷款才能够勉强维持生计。还有千千万万个这样的乡村教师家庭都面临着同样的问题。虽然部分教师仍能像王兴伦夫妇那样在信心与困难同在的情况下靠着内心的精神信仰长期坚持下去，但这也仅仅只是少数。他们中间普遍存在的报酬微薄和工作艰辛的情况，使得"家有三斗粮，不当孩子王"的古训在群众当中流传，其高尚的道德行为也被大多数人认为是愚蠢的选择，即使是依靠教育获得知识的人，也瞧不起"乡村教师"这一职业。加上这一时期对获取生存发展更好机会的乡村教师道德榜样的树立、宣传和推广，以及对其物质性鼓励的凸显，也难免在乡村教师群体内营造出一种为获取经济条件改善的氛围，从而削减了乡村教师道德榜样示范引领作用。

第二节 逆境守土的乡村教师道德榜样（1992—2000 年）

进入 20 世纪 90 年代以后，国际和国内形势都发生了深刻变化，特别是东欧剧变、苏联解体，使得世界社会主义运动跌入了低谷，我国也出现了一些阻挠改革开放深入发展的思想认识。在这样的关键时期，1992 年邓小平南方谈话提出了一些新思想和新论断，为我国未来一段时间内政治、经济、文化和教育的发展奠定了基调。此后，又作出了优先发展教育和实施"科教兴国"的战略部署。

农村教育领域的重中之重在于完成普及九年义务教育和扫除青壮年文盲教育的任务，而这一重任又落在了乡村教师的身上。到 2000 年年底，我国基本实现了在农村地区普及九年义务教育的任务，这是在党的领导下乡村教师取得的突出贡献。乡村教师不仅要传授基本知识和技能，还要在极其艰苦的环境下走村串户进行家访、宣传"普九"政策，以动员适龄儿童入学，完成普及九年义务教育的任务。但由于这一时期处于社会结构的急剧转型期，乡村教师又出现了招聘断层的现象，导致大量水平不高的代课教师成了农村教育的主体，且由于乡村教师福利待遇差，使得这些乡村教师的流动性也较大。因此，作为促进农村教育事业稳定发展的绝对支持者，乡村教师道德榜样在与时俱进取得显著成效的同时，也对农村教育事

业和社会主义现代化建设发挥了巨大的作用，并且为我国今后乡村教师道德榜样的塑造和队伍建设提供了可贵的经验。

一、时代背景：市场经济下教育形势的转变

1992—2000 年，在农村教育领域发起了一场重大变革。社会主义市场经济体制得以正式建立，激发了全中国人民将智慧和力量都投入这项崭新的建设中去，我国教育事业也进入了加大改革力度和加快发展的新时期。在农村教育领域，为实现"两基"重要目标和解决民办教师的问题，政府大规模增加了对农村教育的投入，农村学校的办学条件得到了改善，农村教育的发展模式也受到了影响。但总体而言，在市场经济体制下的农村学校仍处于相对的逆境，特别是乡村教师的生活环境差、福利待遇低，导致优秀师资不愿去、已有的教师留不住，农村学校的师资不稳定性、质量也不高。换言之，这一时期在农村教育领域普及九年义务教育的工作和农村劳动力的转移是同时发生的。在此背景下，塑造逆境下的乡村教师道德榜样就显得尤为必要。

（一）社会急剧转型期的深层变迁

社会转型是历史发展不可逆转的大趋势，因社会转型而引发的社会基本结构的深层变迁是研究乡村教师道德榜样相关问题的参照，也是秉承历史唯物主义的实践品格❶。进入 20 世纪 80 年代末 90 年代初以后，随着改革开放的深入，以及农村经济体制改革的深入开展，我国社会发生了很大

---

❶ 孙泊. 道德榜样论 [D]. 苏州：苏州大学，2016.

的变化。1992 年，邓小平同志明确提出："计划经济不等于社会主义，资本主义也有计划；市场经济不等于资本主义，社会主义也有市场。"此外，江泽民也正式提出了要加快社会主义现代化建设，把发展社会主义市场经济作为全国的战略任务。自此，我国社会正式开始从计划经济时代向社会主义市场经济的转变，并在政治、经济、文化和教育等方方面面都产生了深刻的变化。

在农村地区，一方面，社会经济和城镇化进程加速发展，大批农村劳动力转移到沿海开放的城市，许多农村知识分子也纷纷"下海"，造成乡村文化的失衡。另一方面，农民由于受农村地域与社会封闭性的影响，其思想观念比较保守和落后，缺乏积极进取与开拓创新的精神，且他们普遍存在着满足温饱、小富即安的"小农意识"。因乡土和血缘关系比较浓厚而导致的"重情轻法"思想，以及理想信念缺乏、拜金主义和奢靡之风盛行、集体意识不强、道德水平不高和价值界限模糊等问题，这与社会主义市场经济体制发展是极为不适应的。在此背景下，乡村教师道德榜样所面临的任务是艰巨的。换言之，社会主义市场经济体制的顺利运行，亟须大力塑造逆境守土的乡村教师道德榜样，弘扬进取精神等精神品质，带动广大乡村教师和群众的模仿学习，提高其科学文化和道德水平。

（二）乡村教师的招聘断层和代课教师的大量增加

这一时期的中等师范教育由于还保留着之前面向农村中小学校培养师资的办学定位，所以仍然为农村学校培养了一些合格的、优秀的乡村教师。但师范教育能够为农村学校提供的师资毕竟只占据乡村教师的少数，农村教育实际上更多地是依靠长期占据乡村教师主体的民办教师。对于这一时期的民办教师而言，鉴于前述所论及的各项问题，所以在当时民办教师工作思想指导下，民办教师的数量大大减少，质量也得到大幅度提升。

1997 年 9 月，国务院办公厅颁布的《关于解决民办教师问题的通知》也提出，到 2000 年，公办、民办教师并存的状况基本结束，民办教师将被载入中国教育发展史册。但实际上，因为农村条件有限，所以乡村教师问题远不止简单的民办教师问题。解决了民办教师这一群体的问题，还面临着农村师资队伍建设、素质提高等长期任务的挑战，尤其是在很多农村地区，社会主义市场经济的出现逐渐影响到了农村学校师资的配置。在全国上下"一刀切"地整顿民办教师的过程中，除了农村高中和少数城镇学校，农村学校几乎没有新补充公办教师，出现了乡村教师的招聘断层。特别是西部地区和不少偏远农村地区的乡镇和村级学校根本招不到公办教师，或者公办教师不愿意去，再加上因生存环境、工资待遇、专业发展等不能满足农村骨干教师的需求而出现教师持续流失的现象，而空缺的教学岗位必须有新教师补进，因此又不得不临时聘用大量的代课教师以满足教学需要。

　　从历史的角度来看，代课教师无疑在特定历史阶段发挥了不可替代的积极作用。代课教师是"文化人"的代名词，也是农民们所敬仰和羡慕的一项职业，他们为农村义务教育的生存与发展作出了重要历史贡献。但是，一方面由于他们没有经过系统培训，学历和能力水平参差不齐，原则上只能是在农村地区教育财力不足的情况下针对农村师资缺口的一种权宜之计；另一方面，虽然他们和农村公办教师的工作环境相同，但教学任务却普遍比公办教师重，甚至完全没有享受公办教师的待遇，且工资低得超乎想象，他们的工资甚至还不到在编教师的 1/3。他们抱怨说："一个月的工资只有 160 多元，而村里收一次'以资代劳款'就要 369 元……说白了，我们如同遍布江汉平原的人力车夫。"❶ 所以，面对现实，这类乡村教师表现出了更大的流动性，并发展成了一个农村学校存在的普遍性问题，

---

❶ 迟宇宙. 吴希波：我为自己辩解 [N]. 南方周末，1999 – 11 – 19 (9).

在很大程度上阻碍了农村教育事业的健康发展。在这样的时代背景下，更需要树立和宣传具有朴素教育情怀的乡村教师道德榜样，通过他们的言传身教吸引这群特别的乡村民办教师，从而为乡村教师队伍的建设和农村教育事业发展创造更多的可能。

二、发展契机：教育改革与师资队伍建设的推进

根据前文内容分析发现，社会主义市场经济体制的正式确立标志着我国社会的基本结构发生了深层变迁，使得我国社会发展呈现出了多元化和个性化的特征，各条战线上的工作也都相应地发生了重大改革。表现在经济发展和思想观念都比较落后的农村地区，随着社会主义市场经济的确立和发展，一方面使得城乡的对比更加明显，民间存在的对榜样、领袖、权威的崇拜开始消解，加速了人们离土、离乡的步伐，教育战线的工作者们也向城镇大量转移，使得仍然坚定守护农村文明的乡村教师道德榜样成为时代的必然选择。另一方面，也推动了农村教育深化改革的具体落实，以及社会主义精神文明建设的深入开展。再加上这一时期中等师范教育对面向农村地区培养合格中小学师资这一办学定位的最后坚守，为逆境中仍然坚守农村教育事业的乡村教师道德榜样的成长和发展提供了契机，对其所在的农村教育领域的思想道德建设起到了重要作用。

（一）农村教育的深化改革和加速发展

1992 年在邓小平同志南方谈话后，我国改革开放和经济建设又进入了一个新的历史阶段，涉及经济基础和上层建筑的诸多领域也需要进行相应

的改革和调整。教育作为上层建筑的关键领域，也必然要与时俱进地改革旧体制，并放在了优先发展的战略地位。如中国共产党第十四次全国代表大会于1993年颁布的《中国教育改革和发展纲要》（以下简称《纲要》），正式将"两基"（基本普及九年义务教育和基本扫除青壮年文盲）工作作为我国教育改革和发展的奋斗目标，并提出了从职业道德、师资培养培训、工资待遇以及教师福利、编制任用、民办教师和优秀教师奖励等七个方面对师资队伍进行建设的提议。此外，《纲要》还规定，要通过增加教育投入、提高教师素质、实行分区规划等措施实现教育发展的目标任务。1994年召开的第二次全国教育工作会议，提出了到20世纪末实现"两基"的重要目标，明确了乡（镇）财政承担一定基础教育经费的管理体制，制定了从教师素质、工资待遇、教师福利、民办教师和教师表彰等方面加强师资队伍建设的措施。此后，还提出了按照"关、招、转、辞、退"的方针基本解决民办教师等问题。

在这一些重要文件中，农村教育特别是普及九年义务教育的地位和作用又被提到十分重要的位置，自然也就成了教育深化改革和加速发展最核心、最艰巨的任务。而增加教育投入、提升乡村教师的思想道德素质和业务水平是实现农村教育改革和发展目标的重要举措。所以，在农村教育深化改革和加速发展的过程中，"普九"工作的重点推进、教育经费管理的体制改革，以及教师社会地位、生活待遇与住房条件的明显改善，为树立乡村教师道德榜样提供了契机。

（二）农村社会主义精神文明建设的深入开展与教师的"评先创优"

1996年10月，《中共中央关于加强社会主义精神文明建设若干重要问题的决议》将加强社会主义精神文明建设作为一项重大战略任务，并提出了社会主义精神文明建设的指导思想、奋斗目标和实现途径，为建设包括农村在内的全国社会主义精神文明，提升思想道德素质，提供了理论指导和实践指南。分析发现，在各领域社会主义精神文明建设的实践中，树立和宣传榜样是必不可少的内容。因此，在农村深入开展社会主义精神文明建设，需要挖掘各个岗位上的先进模范人物，尤其要加强对作为农村社会主义精神文明的主要传播者的乡村教师道德榜样进行深度挖掘，并以其身上所体现出来的时代精神感染并教育广大乡村教师和人民群众，不断地为农村社会的改革与发展提供智力支持和精神动力。围绕这一背景，相关部门在各级各类学校开展了教师"评先创优"活动，评选出特级教师、优秀教师、劳动模范、先进工作者等与全国称号类同的师德楷模，还有师德标兵、省绿叶奖等地方政府自行设立的师德楷模，初步形成了以"全国优秀教师和教育工作者"评选制度和"特级教师"制度为核心的教师荣誉制度体系，为乡村教师道德榜样的发展提供了契机。概言之，农村社会主义精神文明建设的深入开展对各个岗位上的榜样培育提出了要求，自然也助推了农村教育这一优先发展战线上乡村教师道德榜样的发展。此后，国家还出台了相关的资助和扶持政策，进一步推动了农村教育目标的实现和社会主义精神文明建设的开展。

（三）中师毕业的教师群体

为了振兴和发展农村教育，首先必须建立起一支数量充足、质量合格和稳定的乡村教师队伍，而师范学校教育正是培养合格中小学师资的教育机构。进入社会主义市场经济正式确立和蓬勃发展的 20 世纪 90 年代，中等师范教育还保留着新中国成立以来就坚定的面向农村中小学校培养和输入合格师资的办学定位，并继续为农村学校输送着一批又一批高质量的中师毕业生（实际上，到了 20 世纪 90 年代末，中师教育已经开始呈现出

"去农村化"的倾向，所造成的乡村教师培养和输入的断层问题在 21 世纪初方才显现出来，这一问题将会在第五章述及）。因此，这一时期的中师生与 80 年代的一样，由于他们与乡土有着天然的"亲缘"关系，一进入农村学校，也就拥有了教师体制性身份。他们不仅具有教学基本知识和基本技能，而且还有着强烈的家国情怀，充满着对乡村及农家子弟强烈的责任意识。20 世纪 80 年代后，随着计算机和互联网的运用，社会开始进入信息时代，此时"中师生"成为信息时代乡村文化最后的坚定守护者。这一时期中师毕业的教师群体仍然是乡村教师中最为典型的存在，是农村学校最稳定和最优秀的教师，自然成了当地群众和广大乡村教师模仿和学习的榜样。总之，从乡村教师培养的角度来看，这一时期中师毕业教师群体的存在也为逆境中坚定守护农村文明的乡村教师道德榜样的发展提供了契机。

三、作用发挥：宣传思想工作制度体系的完善

1987 年 10 月，党的十三大对社会主义阶段理论作了系统阐述，并确定了"一个中心、两个基本点"作为我国社会主义初级的基本路线。在农村教育领域，介绍先进典型要讲清条件和环境，避免盲目推广；大力支持、活跃和引导群众性文化活动，满足人们文化生活需要；改进新闻和出版工作，以正面宣传为主，提倡通过短新闻等方式提升新闻的信息量和可读性，重视发挥报纸、电视和电台等新闻工具的优势；加强对外宣传的艺术针对性（多种多样、生动活泼的方式方法）和阵地建设（电视、录像节目等节目源），向国际呈现及时、全面、真实的信息；加强与经济发展和改革开放新形势相适应的宣传体制改革和相关法治建设，提高宣传效率。而在具体的实践中，对农村教育领域相关信息的宣传工作也真实地按照要

求进行了改革，进而促进了乡村教师道德榜样作用的发挥，也帮助乡村教师群体和农民们更新陈旧的观念，为农村教育事业和社会主义现代化建设提供了良好的舆论环境。

这一时期的思想政治教育形式也进行了成功探索。如通过各类精神文明创建活动、组织创办新闻媒体教育引导栏目、推出精神文化产品和健康娱乐活动等自我教育、舆论引导、文化感染和氛围营造的思想政治教育方式，促进了农村教育战线乡村教师道德榜样示范作用的发挥。具体表现在：第一，设立"道德评议会"、举办乡村教师道德榜样现身说法课，进而有力地促进了农村良好社会风气的形成。第二，创办一些名牌电视栏目和专题节目，如《焦点访谈》，针对教师和广大人民群众普遍关注的与乡村教师有关的问题，用乡村教师道德榜样这一正面典型进行积极引导、宣传和鼓劲，以增强农村教育工作者的信心。第三，生产并推出能够反映乡村教师时代精神的文化精品，如小说、电影等，同时开展校园文化、村镇文化等群众性文化活动，使广大乡村教师和群众在轻松愉快的环境和氛围中就能感受到来自乡村教师道德榜样在其思想观念改进和道德情操提升方面潜移默化的影响。第四，加强以广播、电视、报刊、宣传栏和互联网等为主体的舆论阵地建设，增加以图书馆、文化馆、影剧院和文化联谊会等为主体的文化娱乐阵地建设，把对乡村教师道德榜样的宣传教育进行辐射和延伸，使广大教师群体和群众能够随时置身于乡村教师道德榜样所营造的良好氛围中，确保乡村教师道德榜样的示范教育落到实处。第五，在延续以往对先进教师进行物质和精神奖励的基础上，通过政府、企业和社会团体等机构建立"教师奖励基金"，还增加了"教师荣誉称号"的撤销条件，使思想宣传工作的制度体系更加完善。

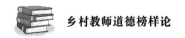

四、社会影响及其局限分析

根据前文内容分析，在社会主义市场经济体制背景下，乡村教师道德榜样作为农村教师，使我国乡村教师队伍建设和农村社会精神文明建设都呈现出崭新的面貌。同时，它还促进我国农村教育事业的发展，推动了我国社会主义现代化建设，加快了社会主义市场经济体制的建设。如通过媒体舆论对乡村教师道德榜样先进事迹的介绍和宣传，让广大人民群众真真切切地认识和感受到了乡村教师在平常的教育教学工作中不为人知的方方面面，增强了人们对乡村教师这一职业的理解，也缓和了乡村教师身上所扮演的多重社会角色之间的无谓冲突，在保持乡村教师道德榜样示范作用持续发挥的同时，也为树立新的乡村教师道德榜样提供了成长的沃土。

但是，这一时期的乡村教师道德榜样虽然仍然是社会主流意识形态的集中体现，也被反复树立和强调，但由于农村教育自身财力和教育经济投入重心上移后乡镇政府办教育资金的匮乏，以及信息化时代宣传思想工作改革过程中所展现出来的宣传方式也多为时效性很强，但深度挖掘不够的消息、通讯等形式，使得大多数被大力宣传的乡村教师道德榜样的形象变换较快，乡村教师道德榜样被树立和宣传起来之后所持续发挥作用的时间也就不断地在缩短，从而导致其示范功能和作用受到衰减，难以与榜样发展的第一阶段，特别是20世纪五六十年代的"黄金时期"相媲美。

第三节　实践反思

综上所述，此类乡村教师道德榜样是将乡村教师作为社会主义现代化建设事业中的有机组成部分，即作为与个体生存发展密切相关的职业道德养成的结果，向广大师生群体和人民群众传递了利用科技知识和"勤劳致富"的先进理念、提供了道德行为的指引和模板，也在乡土文化传承、社会主义道德和科学技术知识传递过程中起到了重要的中介作用，见表4.1。

表 4.1　乡村教师道德榜样的时代特征（1976—2000 年）

时期划分	分析维度	时代主题	发展契机	身份特征	核心品质	作用发挥
第一阶段	1976—1992 年艰苦奋斗的乡村教师道德榜样	教育经济功能的彰显，文化人才的反流失，社会主义精神文明建设的要求	农村基础教育综合改革，教职工评比、考核工作的开展，中等师范教育的加强	社会主义现代化建设者，精神文明的使者，"民转公"教师，评比出的先进，"中师生"	乡土和家国情怀，事业心和责任意识，困境中艰难扬程的奉献精神	颁发奖状和授予"荣誉称号"等精神奖励，提高福利待遇等物质奖励，宣传思想工作的制度创建（新闻报道、刊物、广播、电视、庆祝活动等）
第二阶段	1992—2000 年逆境守土的乡村教师道德榜样	"普九"任务，社会结构的深层变迁，代课教师的稳定与提升	农村教育的深化改革，社会主义精神文明建设下教师的评先创优，中师教育的坚守	市场经济体制建设者，"普九"工作者，荣誉获得者（国家、地方），代课教师，"中师生"	朴素的教育情怀，逆境中无畏坚守的勇气和不断进取的精神	宣传思想工作体制改革（经济中心、生活本真、文化活动、及时简短的新闻报道、对外宣传、法治建设等），思想政治教育方式探索（现身说法、名牌栏目、文化精品、信息化舆论阵地和文化阵地、奖惩机制）

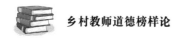

一、核心品质：凸显个体责任意识的经济服务性

随着改革开放和城镇化进程的加速，我国社会也随之进入转型期，表现为社会基本结构发生了深层变迁，社会主义市场经济体制逐渐得以萌芽、确立和蓬勃发展，道德又重新进入了恢复和重点建设时期，对外交流也日益增多。那么，在这样一个全方位深刻的社会变革新时期，广大人民群众，特别是青年的思想道德观念必然会发生一个根本性的转变。表现为虽然市场经济体制下传统集体主义的道德规范还存在于人们的思想道德意识当中，但人们对个人利益的追求，以及其他思想的多元化发展与传统一元化的集体主义道德观念产生了矛盾，从而对乡村教师道德榜样的思想和道德意识产生了影响。细究起来，在社会转型前，计划经济时代的基本结构表现为以政治为绝对中心，政治在各个领域发挥着绝对的协调和统摄作用。而随着计划经济时代的远去，旨在实现效率最大化的社会主义市场经济开始萌芽和蓬勃发展，它要求各条战线以"经济建设"为中心任务，此外，还必须包含公共伦理信念或道德规范在内的道德要求，并要求人们将其追求物质的经济行为和追求精神的道德行为置于个体人生完善的目标当中来加以审视。这一要求自然造成了市场经济条件下功利主义道德价值观与理想主义道德价值观的冲突，❶ 进而使我国各个群体的道德养成和行为实践都处于现实生存与理想正义的选择困境当中。

由于乡村教师的生活和工作条件相对于城市教师更加落后，突出表现为福利待遇低，因乡镇政府缺乏办学资金而导致乡村教师工资被拖欠，以及农村学校举债进行"普九"工作的情况，且教育在促进经济发展方面的

---

❶ 高晓清. 市场经济条件下教师道德的维度 [J]. 教师教育研究, 2006 (3)：61 – 64.

功能又逐渐凸显，那么乡村教师作为农村社会的精英，其道德选择和实践也自然受现实生存的功利主义道德价值观影响，而形成了以生存发展为主要着力点的道德意识和行为规范。乡村教师道德榜样在事业上的成功，尤其是中师毕业的教师群体，其自身就是广大农村师生模仿和学习的榜样，同时也彰显了农村社会主义精神文明和道德的崇高境界。

概言之，"文化大革命"结束，尤其是改革开放以来，社会主义市场经济体制从萌芽、确立到蓬勃发展，"我国开始了从乡村社会向城市社会、从农业社会向工业社会、从伦理社会向法理社会的转型，社会价值观念开始从注重集体向关注个体转变。"❶人们从前在日常生活中对理想的崇尚和节俭品质的强调，此时则向重视利益和注重享受转变。根据关注个人和利益的社会道德，以及乡村教师这一职业在"普九"、精神文明建设等工作上对发展乡村经济的特定要求，这一阶段乡村教师道德榜样也表现出了为农村经济发展服务的倾向。此外，分析这一时期有关乡村教师的报道的内容发现，这些报道倾向于展现以政策倾斜和援助、品质优秀、物质条件困难为议题的正面典型。因此，体现在这一时期乡村教师道德榜样事迹之中的核心品质主要包括：对自我发展和农家子弟脱贫与上大学的个体责任意识，无畏艰苦、兢兢业业、坚定奋斗的职业热忱，知难而进、献身教育的乡土情怀。

二、身份特征：以专业资格为显著标识

1976—2000 年，随着拨乱反正、社会主义市场经济的蓬勃发展以及社

---

❶ 旷平昌，周良荣，杜作勋. 建国六十年我国道德榜样的历史变迁及其现实意义［J］. 复印报刊资料：思想政治教育，2009（10）：11 – 13.

会的快速变革，开始强调专业化、规范化和法治化，这促使乡村教师的家庭出身和政治身份等逐渐被淡化，乡村教师本身也逐渐丧失了作为农村事务的仲裁者和"乡绅"的功能发挥，取而代之的是乡村教师个人化的专业教师身份，即乡村教师的专业身份是其具有农村教育体制性身份的重要条件。这同时也是这一时期乡村教师最为凸显的身份标识，其中，最为典型的当属中师毕业的教师群体——他们优异的学习成绩和成长经历为其在工作中的突出表现奠定了基础。具体而言，由于中等师范学校的招生对象是中考的高分获得者，他们在学习期间又进行了扎实的教学方法和技能的训练，使其各项能力都得到了全面发展，这使得中师毕业教师直接成了农村学校合格师资的主要来源和广大师生模仿和学习的榜样。同时，这些中师毕业的教师身上也大都呈现出了以紧跟时代、艰苦奋斗、勇于创新和无私奉献的乡村教师道德榜样的形象。

当然，这一阶段的乡村教师中仍然保留着大量的体制外教师，主要包括民办教师和代课教师。对于民办教师而言，那些在"民转公"政策下逐步获得了公办教师体制性身份的民办教师被树立成了广大乡村教师模仿和学习的榜样，集中体现了这一时期乡村教师道德榜样以个体自我发展为核心的道德品质，促进乡村教师队伍中民办教师的问题基本得到了解决，也使得乡村教师的思想观念和理念信念经历了根本性的转变。对于代课教师大量增加的现象，包括师范生在内的大多数高校毕业生"不愿去"农村学校的现实显然与长久以来乡村教师的自身利益得不到应有的保障密切相关，这自然会引发他们观念的变化。正因如此，这一阶段的乡村教师道德榜样是农村社会主义精神文明的代表者和传播者，他们带领广大乡村教师为农村教育事业发展作出了突出贡献，并通过促进乡村经济的发展提升了农村的精神文明程度，得到了党和国家以及全社会的肯定，呈现出职业化和生活化趋势。

三、影响因素：道德传统和契合经济发展的宣传工作

1976 年以后，以经济发展为中心的改革开放时期，人们的思想状态和道德水平也随之发生了变化。一方面，可以显著提升人们的开放、自主和平等意识、物质利益和竞争观念，这对我国生产力的进一步发展和综合国力的增强有着重要影响；另一方面，也容易导致人与人之间因利益关系的加强，以及"拜金主义"和极端个人主义对人们思想的侵蚀而造成道德关系的淡漠。但实际上，在我国改革开放后社会主义市场经济的萌芽、确立和蓬勃发展过程中，由于集体主义的道德规范还存在于人们的思想意识当中，所以在与社会主义市场经济条件下追求个人利益的矛盾和冲突当中，个体，尤其是道德榜样对以往优良道德传统的继承并没有抹杀掉，而且还遏制了"利益至上"的思想观念和行为，只是在社会主义市场经济发展的强烈态势下，道德榜样身上也必然多了一抹生活的本真色彩。人既不可能是纯粹的"经济人"，也不可能是纯粹的"道德人"，即使是最典型的"守财奴"或最伟大的道德圣人也不会如此。● 在这样的时代背景下，民间对于道德榜样权威的迷信也开始消解，整个社会逐渐从英雄的时代向平民的时代发生了过渡。

表现在农村教育领域也是如此。作为一名社会的普通成员，乡村教师当中自然也存在着"利他"和"利己"这一善恶的原始事实。而在这一时期文化传统和经济政策的影响下，关注个人生存发展的利他型的优秀个体成了所谓的乡村教师道德榜样，他们的形象从过去"高大全"的神坛上"跌落"了下来，对乡村教师道德榜样的树立、评价和宣传也回归到了个

● 万俊人. 论市场经济的道德维度［J］. 中国社会科学，2000（2）：4－13，205.

体本职生活的本色，变得更为客观而全面。具体而言，改革开放以后，教育的经济功能逐渐凸显，使得知青返城热潮、农村社会主义精神文明建设的深入开展以及普及九年义务教育工作的具体落实等环境影响下，采取了基础教育综合改革、加强中等师范教育和教师的"评先创优"等相应举措，从而为乡村教师道德榜样的涌现提供了契机，也对社会主义市场经济体制下乡村教师群体乃至整个农村社会的思想道德建设产生了一定的影响。换言之，这些乡村教师道德榜样的形成适应了继承文化传统和社会经济发展的需要，那么在对这些乡村教师道德榜样的宣传学习时也同样需要契合经济发展的时代需求，方能增强榜样的辐射影响。因此，加强乡村教师道德榜样宣传思想工作的制度创建精神鼓励与物质奖励相结合的改革，丰富以榜样为载体的思想政治教育方式的探索，使得关于乡村教师道德榜样的宣传途径更加多样，报道数量也大幅度增加，这是提升乡村教师道德榜样宣传影响力的又一个重要因素。

第五章　2000年至今的
乡村教师道德榜样

21世纪初，伴随我国素质教育的全面推进和基础教育改革的不断深入，农村教师队伍建设和素质提升成了教师专业成长和发展的重中之重。教育改革和发展关注的是乡村教师成长智慧的群体分享和个体价值的社会延伸，是在自己活好的基础上，让农村地区的儿童和家庭获得快乐幸福，并在推动乡村乃至整个社会发展进步过程中承担直接的道德责任、作出巨大的社会贡献。因此，21世纪的中国社会便酝酿产生了对以生活为底色和彰显主人翁意识的乡村教师道德榜样的塑造和群体研究。这一阶段也是新中国乡村教师道德榜样发展演变的第三个阶段。

此外，本章通过对新时代乡村教师道德榜样所面临的时代机遇、现实困境及其典型案例分析，发现新时代的乡村教师道德榜样仍然表现出了21世纪之初乡村教师道德榜样的基本特征。这对于推进乡村教师队伍建设和农村文明的薪火相传，以及向全社会，乃至世界传播我国农村教育和乡村教师的典型经验都有着深远的意义。

第一节　21 世纪之初的乡村教师
道德榜样（2000—2012 年）

21 世纪伊始，我国基础教育改革掀开了新篇章，正式启动了以"素质教育"为核心的基础教育改革和发展计划，进而为 21 世纪农村教育事业的发展奠定了基调。2001 年，党中央颁布《公民道德建设实施纲要》后，农村教育领域涌现出了众多实践公民道德建设的优秀乡村教师代表。他们开始走出以往标准化和统一化的阴影，乡村教师道德榜样的选择和树立更加贴近广大乡村教师的实际生活，其形象也更加多样化和个性化。这一时期，对乡村教师道德榜样的塑造和宣传以报刊、广播、电视和互联网等大众媒体为主要渠道，在地方上还把各村涌现出来的好人好事通过事迹宣讲、文艺演出和主题教育等形式进行宣传，进而引导人们向榜样学习，促进了乡村中良好民风和文明社会环境的形成。

一、时代背景：素质教育的实施与城镇化的应对

21 世纪初，素质教育在农村学校中全面展开。在社会主义市场经济快速发展的过程中，一些人在过度追求物质利益的过程中出现了社会诚信的危机、道德滑坡、信仰和人们精神家园的缺失等问题，一些人对道德榜样的认同也有"偶像化"和"娱乐化"的趋势。在农村教育领域，他们还对乡村教师表示出冷漠，高喊着"远离农村"，其实质是缺乏关心和认同农村集体的责任感，缺乏对乡村教师角色的认同。

此外，在 21 世纪的城市化发展进程中，农村青壮年劳动力和知识分子

又出现了大量流动；再加上师范院校布局结构的调整，致使此时我国农村师资短缺和招聘断层的问题仍旧很突出，根据前文分析内容发现，其实从20世纪90年代中后期开始，我国农村教师招聘断层的问题就已经存在。在这样的时代背景下，还产生了大量的"留守家庭"这一新型的农村家庭形式。这样就对乡村教师提出了更高的要求。但是，由于当时我国农村中小学教师的整体素质不高，合格师资的缺口相对较大，且骨干教师流失严重，导致这一时期我国农村学校的师资难以满足实际需要。这也促使塑造乡村教师道德榜样，并增强其示范效应，以提升农村师资的稳定性和整体素质，这也成了这一时期农村教育工作者普遍关注和思考的问题。

（一）农村学校实施素质教育的要求

1999年6月，中共中央国务院发布文件，明确提出了全面推进素质教育的决定。这一文件提出了加强素质教育师资队伍建设的主张，标志着素质教育工程的全面启动，即对教育改革和发展的要求正式从"普及教育"向"素质教育"发生了转轨，其主要表现为基础教育在量和面的外延式发展开始转向质的内涵式发展。为了进一步贯彻大力发展素质教育的精神，先后制定了《2003—2007教育振兴行动计划》《国家中长期教育改革和发展规划纲要（2010—2020）》两个重要文件，修订了《义务教育法》，进而为我国包括农村在内的教育改革和发展以及乡村教师队伍建设掀开了新篇章。

但在现实的教育中，在素质教育提出后近十年的时间内，应试教育的思想仍旧在社会上占据着主导地位，表现出"素质教育"与"应试教育"的矛盾，以致"人的全面发展"的素质教育理念的落实较难。

直到1999年年底，从"两基"目标基本实现的数据来看，义务教育发展取得了较好的成绩。当量的要求基本达标之后，质的提升就成了我国农村学校师资建设的必然趋势和教育发展的核心。根据对上述重要文件和会议内容的分析，发现培养大批高素质和高稳定性的教师队伍，是落实全面素质教育的关键。文件和会议中还对农村素质教育的实施作出了具体规定，如坚持把农村教育摆在重中之重的地位，并将有关农村义务教育的新政策和新措施上升到法律法规层面，从而为乡村教师的有关权益提供保障。

农村学校实施素质教育，对乡村教师提出了较高要求，表现为提高乡村教师的思想道德素质成了实施和落实农村学校素质教育的根本。但就当时农村教育的状况来看，存在诸多制约的因素。如办学条件长期维持在较低水平、对素质教育的认识存在偏差和不够稳定，以及因已有乡村教师素质提高的欠缺、优秀大学毕业生不愿去农村等原因而导致的乡村教师队伍质量不高，甚至出现了师资队伍不合格的情况，从而严重影响了乡村教师整体的思想道德水平，阻碍了农村学校素质教育的全面推进。因此，在农村学校实施素质教育的要求下，呼吁乡村教师道德榜样的出现，从而以其在教师群体中的巨大影响力带动广大师生的模仿和学习，激发优秀大学毕业生到农村学校任教的热情，以提高乡村教师整体的思想道德素质，促进素质教育的全面落实。

（二） 补充乡村教师遇到的困境

从对新中国成立到 21 世纪之前的教育政策的分析中不难发现，中等师范院校培养的"中师生"一直都是我国农村学校合格师资的主要来源，民办教师和代课教师则是乡村教师队伍的主要力量，他们在传递文化知识和传承乡土文明方面发挥着重要的作用。但是，随着我国社会的加速转型和教育体制改革的不断深入，1999 年教育部对师范教育进行了改造升级。进入 21 世纪以后，面对错综复杂的国际形势和国内环境，在我国师范教育领域又掀起了一场带有明显"城市倾向"的重大变革，直接导致 21 世纪我国合格乡村教师的"专门通道"被阻断。加上大量"民转公"教师对农村师资空间的挤占，以及代课教师的存在，造成了 21 世纪初乡村教师的补充困境，即面临着招聘断层的危险。

对于师范教育的改级问题，主要体现为师范教育层次重心的"上移"，开始呈现"去农村化"的倾向，即过去封闭、独立的三级师范教育体制（高师本科、高师专科、中等师范）逐渐转向了开放式的二级师范教育体制（高师本科、高师专科），导致原本专门面向农村地区培养合格乡村教师的中等师范学校逐渐被取缔。加之高等教育的转型和扩招，导致虽然高校毕业生待业人数呈指数级增长（2004—2008 年，全国高校毕业生待业人数分别为 69 万、79 万、91 万、145 万、173 万，到了 2009 年，这一数字达到了 196 万）❶，到农村任教的人员比例却在逐年下降（2004 年为2.4%，2009 年仅为 1.3%）。师范毕业生更是如此。师范毕业生的数量在逐年增加，但到农村学校任教的人数在总体上下降（2004 年，师范类毕业生补充农村教师队伍的人数占当年师范类毕业生的 28%，2009 年仅为 17.5%）。

其原因是社会的进一步分化导致了城乡发展的不均衡和贫富差距的加大，改革开放的政策也更多地倾向了开放的城市，使农村文化较城市文化显得较为滞后。此外，2001 年我国农村义务教育在采取了"分级管理、以县为主"的管理体制之后，又经历了农村税费改革和教育财政变革，以往向农民征收的教育附加费和教育集资等被取消，这虽然减轻了农民教育投入的负担，但使得县（市）教育经费短缺的问题有所加重，乡村教师工资拖欠等问题也越发严重。以上种种原因导致了新生代的知识青年更愿意留

---

❶　陈旭峰. 从社会学视角看大学生就业难问题 ［J］. 教育学术月刊，2010（12）：71 - 74.

在城市，而不愿意深入农村。而在那些毕业后回到农村任教的个体中，部分来自外省市的乡村教师还要面临着更多的因话语体系、文化传统和生活习俗的差异而带来的各种挑战，但又迫于生计不得不留守农村学校。这样就导致这些乡村教师时常纠结于城乡的流动与留守之中，乡村教师队伍还稳定，也就必然需要塑造相应的乡村教师道德榜样，以榜样的脚踏实地、朴素的价值观和原始的乡土情怀去引领普通乡村教师去完成学生的素质教育这一课题。

对于"民转公"的乡村教师问题，自20世纪80年代以来，农村地区的民办教师工作取得了巨大进展，已帮助大约200多万民办教师转为公办教师。但是，一方面，由于这些获得"铁饭碗"的"民转公"乡村教师挤占了农村师资队伍的大量空间；另一方面，他们的业务水平又非常有限，且由其组成的乡村教师队伍结构出现了老化和僵化等问题，从而导致年轻的优秀教师"进不去"，而不合格教师"出不去"的两难局面，成了我国农村师资队伍建设的一大难题。

此外，相比于城市教师，这一时期我国农村地区师资培养、培训的方式还非常落后，且代课教师仍然占据着相当的比例。2002年统计数据显示，农村小学代课教师占农村小学教师的比例为13.59%，而此时城市小学中代课教师的占比则为2.94%。因此，在这一时代背景下，也亟须塑造坚定扎根和服务乡村教育的乡村教师道德榜样，并发挥其号召、引领作用，以扩充优秀师资进入农村学校教师队伍。

（三）农村家庭新型生活方式的出现

这一时期受社会主义市场经济蓬勃发展的影响，农村劳动力仍然在大量地流往城市，成为投身于新的城市建设的"进城务工人员"，农村的青壮年越来越少，留在农村的老人和小孩便形成了一种新型的农村家庭生活方式——"留守家庭"，即由隔代祖辈在家承担抚育农民子弟成长的责任，父母则外出打工赚钱寄回家补贴老人和孩子生活和学习所用。对于"留守儿童"而言，他们除了缺乏物质保障，也缺少心理与精神方面的支持。他们中的大多数人都与父母缺乏及时有效的沟通与爱的交流，以致存在着严重的"亲情缺失"问题。同时，又受祖辈身体状况和思维方式的影响，导致这些"留守儿童"养成了敏感胆小、害怕陌生环境、情感缺乏、精神空虚、适应能力差、交往能力弱等问题。他们通常表现为"学习动力严重不足、身心发展受阻、情感生活封闭孤寂、道德行为偏差，有的甚至达到精神崩溃自残轻生的地步"❶。而与因农村劳动力转移而造成的"留守儿童"相伴而生的，还有因"撤点并校"而出现的"双重留守儿童"，即寄宿学校中的"留守儿童"。与在留守家庭成长起来的儿童相比，"双重留守儿童"因家庭与学校的"双重"留守导致他们分辨是非和心理承受的能力都更加脆弱，也更容易出现问题。

21 世纪以后，在城镇化进程加快、计划生育政策继续深入的双重影响下，农村基础教育的学龄儿童逐渐减少，并且出现大量规模小、条件差和质量低的"麻雀学校"。为缓解此种现象并解决该问题，2001 年 5 月，国务院出台了《关于基础教育改革与发展的决定》，明确要求因地制宜地调整农村义务教育学校的现有布局。我国因此正式且全面地开展了"撤点并校"农村中小学布局调整的教育改革，使得大量"无人"或"少人"的教学点和"村小"被撤并，边远地区的适龄学生只能远离家乡、寄宿求学，寄宿制农村学校得到大幅增长。在乡土社会中，学校是文化传播的中心，与村民和乡土文化构成了一个完整的文化群落，其中，乡村教师作为农村社会主要的知识分子，在其中扮演着无可替代的推崇知识和传播文化

---

❶　钟芳芳，朱小蔓. 重构爱的联结：乡村教师对留守儿童家庭的情感教育支持 [J]. 教育理论与实践，2017（4）：43 - 47.

的角色。❶ 所以，虽然"撤点并校"的出发点是好的，实际上也在某种程度上整合了农村教育资源，且降低了生均教育成本，但它切割了文化与乡土之间的密切联系，为农村带来了深层的乡土文化断裂和乡土认同迷失。此外，在"撤点并校"的过程中，由于广大人民群众面临着昔日引以为豪的学校被撤并的风险，因此也常常在村落之间因学校的撤销与保留问题发生冲突甚至是械斗，从而扰乱了农村文化和道德的正常秩序。

对于这一时期的乡村教师而言，当他们面对这些"留守儿童"和"双重留守儿童"时，他们所承担的任务不仅是传授基本知识和基本技能，更多的是要填补孩子们内心的爱与情感的空缺，是守护他们的精神家园，培育他们的健全人格，这无疑给乡村教师提出了较高的素质要求。但是，与农家子弟对农村师资的强烈需求来看，这一时期的乡村教师在数量和质量上都表现出了一定的差距。这是因为伴随着 21 世纪初青壮年农民向城市流动，乡村教师同时也表现出了较强的流动性，从而造成乡村教师的供给与需求的不平衡，其服务于农村教育的积极性、稳定性也不高，不利于"留守儿童"的健康成长。因此，应充分发挥乡村教师作为农村社会"知识分子"在推崇知识和传播文化方面的重要作用。

二、发展契机："新生代"乡村教师的崛起与新农村思想道德建设

乡村教师是农村社会的精英，他们承担着实现农村教育事业振兴、农

---

❶ 叶铁桥. 并校十年难言成败 [N]. 中国青年报，2011 - 12 - 24（3）.

村社会道德生态的净化和农村经济发展等任务。进入 21 世纪以来，因师范教育结构调整和城镇化进程等因素造成的农村优秀师资补充乏力和乡村教师思想道德水平较低等问题，成了制约农村教育事业发展的"瓶颈"。此时，农村社会的思想道德建设开始受到高度重视，并在其理论和实践方面都与时俱进并取得了显著成效，促使多渠道补充的新生代乡村教师迅速崛起，社会主义新农村建设和公民道德建设全面展开，为树立乡村教师道德榜样、全面建成小康社会新目标和建设社会主义和谐社会提供了强大的理论武装和精神动力。

（一）"新生代"乡村教师的崛起

所谓"新"，是指新世纪的"新"，是时间范围内的变化，但更多是指新世纪初乡村教师群体特征呈现出的"新"意。这一时期的乡村教师与之前的乡村教师相比发生了较大的转变。主要体现为在教育公平和均衡发展的理念倡导和压力下，促成了 21 世纪的"农村服务计划"，即促成了我国乡村教师的多渠道补充机制。如高校毕业生"三支一扶"计划，农村义务教育阶段学校教师特设岗位计划（"特岗教师"招聘计划，简称"特岗计划"），"志愿者教师帮扶"计划，免费师范生教育（2007—2011 年，免费师范生教育已从六所部属师范大学的试点延伸到地、市级的师范院校，弥补了中师停招后面向农村培养和输送合格师资的空缺，使得乡村教师的专业素养得到了提升），"农村学校教育硕士师资培养计划"（"硕师计划"），以及那些只要考试合格并具有大专或大学文凭的非师范专业毕业生，也可以成为教师。

通过以上措施可以发现，21 世纪初的乡村教师相较于上一时期的中师生，更多的是在公开、自愿的原则下走进的农村学校的，他们的来源较之前更加多样化，培养、招聘和流动都更具有开放性，培养的乡村教师质量也更高，既充实了乡村教师队伍，也提升了乡村教师队伍整体的思想道德素质和业务能力。其中，乡村教师中的性别也向女性发生了偏移，有些农村学校中的女教师甚至高达70%。在这些通过多渠道补充进来的乡村教师中，绝大多数教师仍然来自农村。以特岗教师为例，21世纪以来，在高校大幅度扩大招生的影响下，农村籍的学生获得了更多上大学的机会。据调查，大多数农家子弟主要分布在非重点的地方普通院校，❶ 而实际上，在2006年和2009年特岗教师先后成为西部、中部农村中小学教师最主要来源的时候，❷ 这些农家子弟也成了补充到特岗教师队伍中的主体。

这些"新生代"乡村教师与以往乡村教师存在着较大的差异，表现在他们"与20世纪90年代开启的社会和教育变革同轨，是第一代完成离土、离乡、离（农）户的乡村教师"❸，快速地补充了农村师资在数量上短缺，也在学科和年龄结构等方面优化了农村教师队伍，❹ 从而为我国农村教育培养了大批优秀教师。他们有着较为丰富的城市化现代生活体验，是农村社会最具城市特质的一批人。虽然可能造成他们对当地农村环境的疏离，以及在城乡的流动和留守之中的纠结，但他们身体里原始的、朴素的价值观和人际伦理关系，使得蛰伏于他们内心的原始活力得到迸发。也就是说，农村籍乡村教师的身份和角色以及所蕴含的价值观念都帮助他们坦然面对农村生活，并以脚踏实地、理性务实的形象融入农村生活，成了推动农村素质教育实施和构建社会主义和谐社会的生力军，也是乡村教师模仿和学习的道德榜样。

---

❶ 杨东平. 高等教育入学机会：扩大之中的阶层差距 [J]. 清华大学教育研究，2006（1）：19－25.

❷ 郑新蓉，等. 中国特岗教师蓝皮书 [M]. 北京：教育科学出版社，2012：17.

❸ 郑新蓉. 共和国五代乡村教师代际特征研究 [J]. 贵州师范大学学报（社会科学版），2016（3）：120－127.

❹ 郑新蓉. 中国新生代乡村教师调查 [N]. 中国教师报，2015－09－09（3）.

（二）社会主义新农村建设

2005 年 10 月，中共中央制定了《"十一五"规划纲要建议》，这一文件要求从物质文明、精神文明和政治文明三个社会层面，按照"生产发展、生活宽裕、乡风文明、村容整洁、管理民主"的要求，把我国农村建设成为经济繁荣、设施完善、环境优美、文明和谐的社会主义新农村。从理论层面上看，社会主义新农村建设的理论，是在城乡差距扩大到严重影响我国现代化建设进程、我国基本具备工业反哺农业和城市支持农村的实力、转变经济发展战略需要、借鉴国内外有益经验等背景下提出的。❶ 把"三农"问题作为主要任务，说明了农村教育尤其是重点普及和巩固农村九年义务教育，在社会主义新农村建设过程中的重要地位和作用。因此，高度重视和大力发展农村教育成为社会主义新农村建设的题中应有之义，且贯穿于新农村建设的始终。基于此，社会主义新农村建设赋予了乡村教育、乡村学校与乡村教师新的内涵与历史使命，也为乡村教师更好地承担起服务社会主义新农村建设的时代重任提供了广阔的舞台。

如果说教师是决定教育改革成功的关键因素，那么，从一定意义上讲，乡村教师的思想道德素质便是农村经济、政治、文化和社会建设的根本，决定着社会主义新农村建设背景下农村教育改革的最终成效，即乡村教师的思想道德素质可以通过教育这一途径影响广大师生和人民群众的思想道德水平，从而推动社会主义新农村的建设进程。实际上，在这一过程中农村教育改革的具体实践层面也确实采取了一系列有利于加强乡村教师队伍建设的措施，主要表现在以下三个方面。其一，各级政府大幅度增加农村教育的财政投入，初步实现了从"农村教育农民办"到"农村教育政

---

❶ 张红涛. 社会主义新农村建设视域下的农村教育问题研究 [D]. 长春：长春工业大学, 2011.

府办"的根本性变革，❶ 缓解了拖欠乡村教师工资等福利待遇问题，农村学校的大多数危房和校舍也得到了改造和修缮，乡村教师作为职业人的基本生存权益得到了保障。其二，实施《西部地区"两基"攻坚计划》(2004—2007 年)、农村中小学现代远程教育工程等一系列重大工程项目，有效地缓解了我国农村学校教学资源匮乏和师资短缺等问题，带动农村教育实现了跨越式发展，并且产生了显著的社会效益，促进了农村社会的发展进步。其三，通过加强社会主义新农村建设理论的宣传教育和社会主义理想信念教育、强化社会主义道德信仰教育和道德养成机制、坚持社会和个人价值并重的价值取向等思想政治教育工作，广泛提高了乡村教师对新农村建设与农村教育改革的思想认识、情感认同和力量凝聚。这些举措为农村师资队伍建设，尤其是乡村教师思想道德水平的提升提供了有利的条件，也为塑造乡村教师道德榜样提供了重要的历史机遇。

(三) 公民道德建设的全面开展

发展社会主义市场经济，建设有中国特色的社会主义，除了要确立与之相适应的中国特色社会主义法律体系，还必须在全社会形成与之相适应的社会主义思想道德体系。❷ 关于社会主义思想道德建设的地位和作用，江泽民同志于 2001 年指出："加强社会主义思想道德建设，是发展先进文化的重要内容和中心环节。必须认识到，如果只讲物质利益，只讲金钱，不讲理想，不讲道德，人们就会失去共同的奋斗目标，失去行为的正确规范。"❸ 通过公民道德建设，有助于形成与社会主义市场经济相适应的思想道德体系，这对落实科学发展观、弘扬中华民族传统精神和时代精神、形

---

❶ 安其心. 社会主义新农村建设视野下的农村教育问题研究 [D]. 济南：山东大学，2008.
❷ 江泽民. 江泽民文选：第二卷 [M]. 北京：人民出版社，2006：567.
❸ 江泽民. 江泽民文选：第三卷 [M]. 北京：人民出版社，2006：278.

成良好社会道德风尚、全面推进中国特色社会主义伟大事业、构建社会主义和谐社会都具有十分重要的现实意义。基于这一背景和要求，2023 年 7 月，中共中央颁发的《公民道德建设实施纲要》提出"爱国守法、明礼诚信、团结友善、勤俭自强、敬业奉献"的公民道德基本规范，体现出作为一名合格公民在自己、他人和社会方面的基本标准。自此，全国各地公民，特别是各条教育战线上的教育工作者，包括农村教育一线的乡村教师，都自觉参与并掀起了学习、宣传和践行公民道德基本规范的热潮，熏陶思想情感，提升道德境界，部分先进的乡村教师个体也在这一过程中成长为众人模仿和学习的榜样，为农村社会道德建设作出了自己的贡献。

三、作用发挥及其典型案例

20 世纪末，我国学术界就已经对道德滑坡、世风日下等社会伦理问题进行了讨论，并引起广泛关注，并在实践层面采取了相应的改善举措，促进了道德榜样作用的发挥，以及个体和社会思想道德水平的提高。21 世纪初，为了实现社会主义现代化建设和中华民族伟大复兴，我国制定了《面向 21 世纪深化教育改革》的决定，对乡村教师的思想道德素质提出了新要求。我国各级政府又创新了更多的举措，为乡村教师道德榜样示范作用的发挥提供了一系列新的举措。

（一）开展不同层次的道德榜样评选活动开展

21 世纪初，全国各地开展了不同层次道德榜样和好人好事的评选活动。尤其是由广大人民群众担任评选主体的"道德榜样人物评选活动"的开展，使乡村教师道德榜样更具说服力。除了已有的"三八红旗手"、特级教师、师德楷模等"教师道德榜样评选活动"，还于 2002 年开始推出了"感动中国"年度人物评选表彰活动，于 2007 年开始举办的第一届全国道德模范评选表彰活动（是道德领域授予市民的崇高荣誉称号），于 2008 年举办的全国未成年人思想道德建设工作先进代表。道德榜样是引领公民新生活和新风尚的先进典型，也是对公民道德建设丰硕成果的集中展示，是树立道德榜样并以榜样力量推动公民道德建设的重要实践，使更多的公民受到道德榜样的影响。表现在农村教育领域也是如此。"感动中国"年度人物中有来自民间的李桂林和陆建芬、胡忠和谢晓君等服务乡村教育的教师夫妇，"全国道德模范"中也有李明素、韩瑜、王敏、李郁林等在平凡岗位上作出大大善举的普通乡村教师。作为乡村教师道德的突出代表，他们以自身的榜样力量成了在日常生活和工作中引领农村社会生活新风尚的时代道德楷模，进而影响着越来越多的乡村教师和群众不断提升个体的思想道德水平，推动着农村学校和乡村素质教育和公民道德建设的开展。

（二）宣传教育方式方法的改进与提升

在社会主义新农村建设的过程中，思想政治教育的深入开展在突出当代马克思主义最新成果宣传的同时，也促进了乡村教师道德榜样作用的发挥。

对于农村思想政治教育而言，它倡导广大人民群众在继承优良传统的基础上，采用容易被公众接受和欢迎的方式方法。如在人流集中的地方设置标语牌，充分利用报刊、广播、电视、互联网等大众传媒，对道德榜样及其先进事迹进行广泛且有针对性的宣传。还可用现身说法的方法介绍先进模范人物的成长道路等。积极收集、宣传这一时期党和国家的指导思想，如社会主义荣辱观、社会主义新农村建设的方针和政策，积极宣传社会主义和谐社会构建中涌现出的乡村教师道德榜样。这样积极的宣传形式使得乡村教师道德榜样的核心品质和典型事迹能够在广大农村地区深入人心，以营造良好的农村社会道德生态环境，促进广大师生和人民群众向乡村教师道德榜样学习。如在郑琦同志的先进事迹报告会上，其同事和学生、农民、记者和郑琦老师本人分别从不同的角度报告了其先进事迹，他还受到了胡锦涛同志等领导的亲切接见。正是在这样全方位的宣传下，收到来自各方的殷切期盼和嘱托，激励着郑琦老师一步一个脚印、脚踏实地地为农村教育事业奉献出更大的力量。同时也极大地感动着各行各业的从业者，特别是学校的师生，促进了大家向郑琦学习。此外，农村税费改革试点、教师资格制度实施和乡村教师职后培训广泛推行，以及对照党和国家重要讲话精神而颁布的《中小学教师职业道德规范》等文件，全面提升了乡村教师的整体素质，为发挥乡村教师道德榜样的作用提供了文化和智力土壤。

（三）相关理论研究成果的辐射影响

通过对这一时期有关主题的文献进行整理和分析后发现，由于道德失范行为的出现、第一届全国道德模范的评选和表彰，以及受到教育部关于《"两基""普初"攻坚实施规划》《关于进一步加强和改进师德建设的意见》《义务教育课程实施实验方案》《中小学教师职业道德规范》等的影响，这一时期我国有关教师道德和乡村教师道德榜样的理论研究取得了一定的进展，并指导和促进了乡村教师道德榜样塑造这一实践活动的开展。

首先，21 世纪初主流报刊中关于乡村教师道德榜样的报道所涉及的主体重心进行了下移，即民众的视角占据越来越重要的位置。如在《人民日报》这一主流报纸中，关于乡村教师报道所涉及的机构和人物中，虽然党政机关和领导干部仍然占据着最重要的位置，但这一时期从一般民众视角进行的报道出现了明显的增势。其次，这一时期相关理论研究的论文较上一时期有了显著的增长。它们不再仅停留于对于榜样人物发送简单通讯和报道，而是更加注重对榜样人物培育的深层原理和机制探索，包括对教师道德的现状考察、道德失范现象的调查、分析与应对，以及对于的师德建设与成长策略等内容的细致讨论。最后，21 世纪以来，介绍和宣传乡村教师道德榜样的著作也逐渐多了起来，例如，《太阳底下最美好的事业——"师德楷模"郑琦的故事》《特级教师的特别建议》《跟随榜样成长 教师职业道德经典案例评析》等。通过以上三个主要方面理论研究成果的推进，众多乡村教师道德榜样成长道路、典型事迹和核心品质均得到了深入挖掘和广泛宣传。这样有了更为扎实的群众基础，也有了更为丰富的宣传教育资源，才能够为公众高尚道德的养成提供行为的模范和建议，从而进一步促进公众对其的模仿学习，提升个体的思想道德水平，乡村教师道德榜样的引领示范作用将辐射影响更多的人群和广大的地区。

四、社会影响与局限分析

乡村教师道德榜样是由科学理论武装起来的、正确舆论引导出来的、高尚精神塑造起来的和优秀作品鼓舞出来的先进代表。❶ 21 世纪初，党和国家以乡村教师道德榜样的先进事迹为载体，以集体主义价值观念为思想基础，通过倡导和弘扬乡村教师道德榜样身上所体现的奉献精神，以点带面，带动了乡村教师和广大人民群众的学习热潮，收到了良好的效果。也就是说，这一时期所塑造的乡村教师道德榜样，形成了与社会主义政治制度和经济发展相适应的思想道德观念、精神价值追求，体现着历史唯物主义世界观、人生观和价值观，蕴含着中国特色社会主义的远

---

❶ 江泽民. 江泽民文选：第 1 卷［M］. 北京：人民出版社，2006：563.

大理想、道德情操和坚定信念，也代表着 21 世纪农村思想政治教育改变了过去只追求社会价值的单一目标模式，转而将对社会价值和个人价值的追求作为这一时期服务农村全面小康和社会主义和谐新农村建设的社会价值追求。这些都是着力培养和正确引导广大乡村教师和普通民众所必需的，蕴含着促进农村教育事业发展和维护农村社会稳定的强大力量，表现为具有强大的社会渗透力、明确的引领和导向作用，以及巨大的激励作用。通过树立和宣传乡村教师道德榜样，改造了广大乡村教师和人民群众的思想，激发了他们的自主意识，调整了他们的行为，带动他们积极学习模范，对于促进我国经济发展和社会进步具有重要的促进作用。

尽管相关举措取得了较大的成就，但仍然造成了一些问题，主要表现为乡村教师道德榜样被质疑、工具化和弱化，进而为乡村教师队伍建设和农村教育事业可持续发展带来一些负面影响。如随着 21 世纪初新媒体网络的发展，乡村教师道德榜样曝光于大众面前，而有些大众媒体在物质利益的诱惑下，出现一味迎合大众消费心理的不良行为，乡村教师道德榜样事实呈现的娱乐因素被夸大，甚至遭到抹黑和扭曲，使得公众对其真实性产生了质疑。此外，这一时期部分乡村教师道德榜样也产生了异化，沦为仅为获取物质奖励在内的各种褒奖的工具。乡村教师道德榜样正面的信息被简括，师德滑坡的负面影响却被大肆渲染，甚至出现以"炒作换人气"的病态现象，使得公众偏离了对乡村教师道德榜样正面贡献的关注，榜样的正向示范效应被不断削弱，个体模仿和学习的积极性下降，榜样的感召效应也受到了弱化。

再者，由于经济全球化等因素影响，个体的价值取向逐渐多元化。有些人不再对乡村教师道德榜样的崇高道德和较高的社会责任感产生崇敬之心，对所树立的乡村教师道德榜样的个人认识程度不高，对其先进事迹也不太了解，发挥效用的时间也逐渐缩短。由此也暴露出乡村教师道德榜样缺乏影响力和存在感，从而使乡村教师队伍的数量仍然呈现出较大的波动性，教学质量也难以保持在稳定的发展水平。以"特岗教师"为例。据统计，这一时期的"特岗教师"已经成了补充乡村教师的最主要来源。虽然"特岗教师"在一定程度上缓解了"乡村教师招聘难"的问题，但乡村教师待遇低、专业发展受限与对乡村教师数量和质量的需求等之间的关键矛盾并没有从根本上解决，且很多大学生因为忍受不了农村过于艰苦的生活条件，导致工作不满三年就自动离岗。所以，尽管这一时期党和国家加强了对乡村教师道德榜样树立和宣传的深度和广度，也加大了对农村教师事业的支持力度，但受上述众多因素影响，"乡村教师师德榜样"作用的发挥仍然受到了较大程度的限制，造成了乡村教师队伍整体质量偏低。

第二节　新时代的乡村教师道德榜样（2012 年至今）

21 世纪初，在我国广大农村地区实现了"两基"战略目标之后，新时代的农村教育事业发展便面临着一个更为迫切的任务——提升农村义务教育质量，解决"上好学"的问题，实现真正的教育过程的公平和均衡发展。毫无疑问，教师是决定教育教学质量的关键因素，为此，实现城乡教育公平和均衡发展，就必须依靠一大批高素质、专业化的乡村教师队伍，笔者对近几年关于"教师道德"问题研究的文献进行梳理分析时也发现，新时代以来，尤其是 2012 年至今，对"教师专业道德"问题的研究已成了学者们研究的热点和前沿。它不仅体现了教师职业道德的具体要求，而且将道德与教师自身的发展结合起来，并延展到了教师的个人和公共生活领域。❶ 因此，新时代乡村教师道德榜样仍然表现出了对以生活为底色和彰显主人翁意识的乡村教师道德榜样的塑造需求，也相应地对其作用发挥

❶ 郑岚，汪建华. 论教师道德的意蕴及当代转向［J］. 教学与管理，2021（3）：5 - 7.

作出了创新和变革，促进了其引领示范作用的发挥。

一、时代发展主题聚焦价值延伸的道德内涵

实现培育和践行社会主义核心价值观、教育扶贫、乡村振兴和公民道德建设等时代发展主题，关键在于以乡村教师道德榜样引领示范，建设一支高质量和专业化的乡村教师队伍。但在这一时期，农村教师"下不去、留不住、教不好"仍是农村教育存在的三大核心问题，且乡村教师队伍面临着补充不足的困境，因此，亟须加强塑造乡村教师道德榜样，以弘扬他们对农村教育的持续坚守与无私奉献精神，影响更多的师范毕业生和广大乡村教师用他们的爱心和智慧去阻断农村地区贫困的代际传递，去承担起日常的教学任务和绩效考核，更要担负起陪伴儿童健康成长的重大责任。

（一）践行社会主义核心价值观的题中之义

2012 年 11 月，中共十八大报告初步提出了社会主义核心价值观，明确提出"三个倡导"。其中，富强、民主、文明、和谐是国家层面的价值目标，自由、平等、公正、法治是社会层面的价值取向，爱国、敬业、诚信、友善是公民个人层面的价值准则。三个层面的"24 字"倡导宣言构成了新时代我国社会主义核心价值观，为各级各类政府和各条战线的工作开展提供价值引领。同时，在意识形态层面，有助于巩固马克思主义思想的指导地位；在实践层面有助于促进人的全面发展，进而推进中国特色社会主义建设和助推中华民族伟大复兴的中国梦的实现。在这"24字"倡导宣言中，国家层面的核心价值目标是主导，社会层面的核心价值目标是关键，个人层面的核心价值目标是归宿。换句话说，个人遵循

社会价值规范和行为准则，是践行社会主义核心价值观的前提，前两者的落实才能进一步保证国家价值目标的实现，体现着国家、社会和个体的内在统一，蕴含着丰富的个体成长智慧的群体分享和价值的社会延伸思想，即追求价值延伸，是在让自己活得好的基础上也让别人活得好，并促进社会的发展进步。

2013 年 12 月，中共中央办公厅印发了《关于培育和践行社会主义核心价值观的意见》，再次重申了以正面宣传为主的宣传工作方针，并进一步明确指出，要大力宣传先进事例和典型案例，评选和表彰道德模范，形成学习模范和争当先进的良好风气。那么，针对农村教育领域开展评选、表彰乡村教师道德榜样的活动，并对他们先进的典型事迹进行广泛宣传，不仅是培育和践行社会主义核心价值观的有效举措，凝聚并彰显着社会主义核心价值观的道德价值和理性光辉，也是通过乡村教师道德榜样的塑造形成良好的社会道德风尚，以解决农村地区长期存在的师资"留不住、下不去、教不好"这一难题的有效举措。概言之，新时代开展以生活为底色和彰显主人翁意识的乡村教师道德榜样的评选和表彰活动，是培育和践行社会主义核心价值观的内在诉求。

（二）乡村振兴的规划诉求

乡村振兴战略是我国当前社会主要矛盾转向的内在要求，也是社会主义现代化强国的历史任务。2018 年 1 月，中共中央、国务院明确了乡村振兴的阶段性目标任务，专门提出要"优先发展农村教育事业"，并对此提出了一系列意见。同年 9 月，中共中央、国务院印发了《乡村振兴战略规划（2018—2022 年)》（以下简称《规划》)。《规划》提出我国乡村振兴的总要求，即"产业兴旺、生态宜居、乡风文明、治理有效、生活富裕"，同时还专门提及了农村的教育问题。这表明，优先发展乡村教育事业是振兴乡村的重要举措，是满足人民对于美好生活的需求和参照历史事实的必然结果，是历史与现实的统一反映，能够为乡村振兴积蓄力量，是教育公平和现代化的必要前提。换言之，实施乡村振兴，其重要一环就是实施乡村教育振兴，乡村教育振兴离不开优秀师资的人才支撑，那么 290 万名乡村教师（统计数据截至 2018 年年底，其中乡村中小学教师近 250 万人）的存在便是实施乡村振兴的力量和希望所在。同时，《规划》还专门指出，在农村地区广泛开展"寻找最美乡村教师"等道德榜样的评选活动，并公开和深入宣传这类道德典范的先进事迹，发挥其长效机制，以推进农村思想道德建设和社会文明程度。

由此可见，在过去，由于农村社会缺乏知识分子，看信、写信、排难解纷等一些农民在生活和生产中不能解决的问题便会自动找到乡村教师。当下，全面部署乡村振兴战略，乡村教师依然是中坚力量——扶贫脱贫、美化乡村、建设生态文明要靠乡村教师，传递这一过程所需要的科学和先进的理念更要靠乡村教师。为此，振兴乡村呼吁个体价值延伸化，乡村教师道德榜样的塑造要承担起农村学校师生成长引领和农村社会思想道德建设的重大责任。

（三）新时代公民道德建设的进一步实施

崇尚榜样才会产生榜样，争做榜样才能使榜样辈出。党的十九大以来，中共中央、国务院颁布了《新时代公民道德建设实施纲要》（以下简称《纲要》）再一次提出，要加强我国新时代公民道德建设，重点任务是要对民族的和时代的精神进行大力宣传和弘扬，如传统的劳模精神、新时代的工匠精神，要选择和树立所处社会和时代能够践行这些道德精神的先进典型，进而以这些道德榜样引领社会道德风尚。从这一意义上来讲，充分挖掘和宣传各条战线上的道德榜样，是新时代推进公民思想道德建设、提升

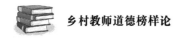

公民思想道德水平最重要、最有效的途径。

表现在农村领域更是如此。要使农村公民具有良好的思想道德水平，进而为乡村振兴和社会主义事业建设积蓄能量、贡献智力和能力，这一过程的关键就在于发挥乡村教师这一农村社会文化精英的引领示范作用。具体而言，它要求乡村教师在自身的教育教学活动中，始终贯彻教书育人的教育思想，并坚持做一个好公民、一个农村好教师、一个家庭好成员和一个拥有良好品行的个人；创新关于各级各类道德榜样宣传的方式方法，如宣讲报告、专题节目、文艺作品、公益广告等；也呼唤伟大的新时代充分尊崇褒扬、关心关爱和维护乡村教师道德榜样的荣誉、形象和合法权益，这些举措都无疑为乡村教师道德榜样的发展提供了历史的机遇。同时，新时代精心选树作为农村社会文化精英的乡村教师道德榜样，弘扬其高尚的品格，也可以引导广大师生和农民群众形成讲道德和遵守道德的高尚情操，提高自身的诚信水平和树立义利兼顾的道德价值观，形成一种你追我赶、争相示范的道德风尚，从而激发农村社会的道德活力，并助推农村公民的道德建设。因此，新时代公民道德建设的进一步实施也聚焦到了价值延伸型乡村教师道德榜样的塑造。

（四）补充乡村教师遭遇的困境

不难发现，20 世纪八九十年代中师毕业的教师群体已经成了这一时期乡村教师队伍中的骨干力量，他们有着较高的文化水平和道德素养，在当地也有着较高的声望、身份和地位，但这类教师毕竟只占据着庞大乡村教师队伍中的少数，且他们也开始面临退休的问题，那么对于农村优秀师资的补充问题就显得尤为迫切。

到了 21 世纪初，我国开始全面实施教师资格制度，各级各类学校师资的培训工作也日益得到重视，加上各类新生代乡村教师的补充，为新时代乡村教师队伍的质量建设规划了一条规范化发展的道路。但是在实行过程中，却与理论预想发生了偏离。以免费师范生为例，免费师范生的初衷是为农村学校培养和输送优秀的师资，是对中师的创新发展。大量的免费师范生毕业后不愿意回到农村中小学工作。可见，这与政策设计的初衷是严重不符的，其结果也最终迫使教育部门修改了免费师范生的政策，要求他们毕业后回到户籍所在地的省（自治区、直辖市）即可。但是，最后几乎所有的免费师范生都留在了省城、地级市或县城工作，只有极少数的毕业生回到了农村学校任教，进而导致农村优秀师资的补充面临困境。在这一时代背景下，呼吁塑造和培育乡村教师道德榜样，以鞭策公众的自觉模仿学习，吸纳更多优秀的大学生毕业后自愿回到农村学校任教，进而为乡村振兴和农村的公民道德建设提供动力和源泉。

二、改革举措助力道德榜样发展与作用发挥

根据前文分析，新时代乡村教师道德榜样是时代发展主题的聚焦，也是新时代解决农村师资"下不去、留不住、教不好"这三大核心问题的有效举措。树立乡村教师道德榜样能够提升乡村教师队伍的思想道德素质和科学文化水平，以建设高素质专业化的师资队伍，实现城乡教育公平和均衡发展的目标。新时代，以习近平同志为核心的党中央也明确地将乡村教师队伍建设放在显著的位置，研究并部署了一系列改革措施，从而为塑造价值延伸型乡村教师道德榜样提供了发展契机。其中，《乡村教师支持计划》的深入推进和"立德树人"根本教育宗旨的回归为乡村教师道德榜样的形象塑造作出了规定，也提供了保证。而教师荣誉制度及其相关配套政策的完善和新型媒体的广泛宣传等举措则为发挥乡村教师道德榜样的教育作用创造了有利条件，增强了其辐射影响力。

（一）《乡村教师支持计划》的颁布和实施

2015年6月，国务院办公厅印发《乡村教师支持计划（2015—2020年）》（以下简称《计划》）。《计划》提出，阻断农村贫困的代际传递，关键在于提高发展乡村教育的战略高度，并给予乡村教师以特殊的支持和关照。《计划》规定的主要措施是：第一，通过制定和落实乡村教师政治理论学习制度和师德建设长效机制，全面提升其思想道德水平。第二，通过"特岗计划"的扩大和深入、当地政府与师范院校的本土化师资培养（地方免费培养师范生）、"三支一扶"等举措，拓展乡村教师的补充渠道。第三，实施差别化补助标准和综合奖补，提升并落实工资待遇政策和各项社会保险费，改善教师生活条件，如加快周转宿舍建设。第四，确保编制标准的核定，职称评聘和荣誉称号评选表彰的倾斜，并将教师道德教育作为乡村教师培训的首要内容。此后，还专门针对教师师德师风建设的具体实施颁布过一系列文件和通知。

针对乡村教师队伍建设而言，一方面从职前视角来看，加大了高校对于乡村教师培养的标准、规范和力度，进而提升了乡村教师的思想道德素质和专业化水平，造就了乡村"卓越教师""双师型教师"队伍；另一方面，从职后视角来看，理顺了相关的体制机制，如加强了针对乡村教师开展师德师风建设的力度，深化了教师编制、准入、评价和管理制度改革，并提高了其福利待遇和社会地位，进而提升了乡村教师的思想道德素质，让乡村教师成了令人尊重的一项职业。而在《计划》主要举措的颁布、实施和影响下，也确确实实加强了新时代乡村教师的队伍建设。如地方免费师范生政策每年就吸引了4.5万人到乡村从教，生活补助政策也惠及了中西部8万所乡村学校的130万名乡村教师，进而为乡村教师道德榜样塑造提供了师资保障。总之，乡村教师道德榜样用其扎实的文化知识和崇高的思想道德素质为广大职前和职后乡村教师作出了行为的示范，缓解了老少边远农村地区乡村教师"下不去、留不住、教不好"的困境，继而又为农村教育领域吸纳了一批批优秀的师资，也为社会主义建设事业培养出更多优秀的建设者和接班人。

（二）"立德树人"根本教育宗旨的回归

"立德树人"作为教育的根本任务，首次提出是在 2012 年 11 月党的十八大报告中。极大地振奋和鼓舞了各级各类教育工作者的精神和热情。正所谓"立德先立师"，为此，落实"立德树人"这一教育根本任务，关键和重点都在于要培养一支有知识、更有道德的学高身正的教师队伍。

对于农村教育而言也是如此。在"立德树人"教育根本任务的指导下，不断提高乡村教师的思想道德素质，提升他们的社会地位，让他们更有尊严和获得感，是新时代教育改革发展，加强乡村教师队伍建设，即解决让优秀师资下得去乡村、农村学校留得住优秀师资和乡村教师能够在农村学校教得好这三大核心问题的重点，而这也为乡村教师道德榜样的发展提供了契机。同时，随着"立德树人"根本教育宗旨的回归，教育教学活动逐渐从学科本位的补缺教育转向了注重师德师风建设、以促进个体发展为中心的提高教育，❶ 还提出了"四有好老师""四个引路人"和"四个相统一"的师德养成要求。自此以后，广大乡村教师紧密联系自身实际，促进了内涵建设，不断提升师德水平和业务水平，进而为塑造优秀乡村教师典型创造了条件。

---

❶ 李森，等. 教师教育教学质量指标体系及模型建构 [J]. 西南大学学报（社会科学版），2020（6）：82 – 90，212.

（三）教师荣誉制度及相关配套政策的完善

进入 21 世纪以来，我国现代化教师荣誉制度的建立从制度上肯定了教师职业的社会声望，进而为教师队伍建设和榜样树立提供了良好契机。2010 年 7 月，《国家中长期教育改革和发展规划纲要（2010—2020 年）》的颁布，对建立教师荣誉制度提出了明确要求，如国家、社会和地方要针对那些作出突出贡献的教师设立相应的荣誉称号，并对他们的先进事迹进行公开、广泛的宣传和表扬。随着社会发展进入新时代，进一步建立健全了教师荣誉制度，并不断完善了与其相配套的政策。

表现在道德领域（包括综合类），授予教师的荣誉称号有国家层次和地方层次的差别，如国家级的特级教师，省市级的公民榜样、省春蚕奖，区县级的尊师重教先进个人，校级的育苗奖，以及各个层次都通用和常用的荣誉称号，如道德模范、最美教师、地方好人、优秀教师、师德标兵、先进教育工作者等。表现在农村教育领域也是如此。

在国家层面上，乡村教师队伍建设和树立榜样迎接着上述诸多新的发展契机，还拥有了专门针对乡村教师群体开展的"道德榜样"评选大型公益活动，如"寻找最美乡村教师"，并首次授予在乡村从教 30 年以上的教师以荣誉称号，并颁发荣誉证书。它将社会的焦点集中到了乡村教师这一群体的思想道德修养之上，使得乡村教师的辛勤耕耘得到了国家层面的充分肯定，进而为乡村教师道德榜样的凸显提供了良好的契机，同时也激励了更多的乡村教师道德榜样的涌现。

在地方层面上，如"最美乡贤"的荣誉称号。他们多是反哺农村教育的人员，他们可以是默默耕耘的一线教师，也可以是能谋善断的教育管理者，为了乡村教师自身的发展进步，也为了农村学生的全面成长以及学校的健康发展，他们探索着、奉献着，放飞着农家少年对未来美好的梦想，也托举着农村学校发展的希望。

近年来，党和政府还用精神的和物质的形式表达了对包括乡村教师道德榜样在内的"榜样人物"的关心礼遇，如授予中华人民共和国国家勋章和国家荣誉称号、全国精神文明建设表彰大会、持续开展"时代楷模""最美人物"和"中国好人"等评选活动，持之以恒地关心、关爱和帮扶"道德榜样"，并由各级政府领导和往届乡村教师道德榜样获得者担任颁奖嘉宾，充分体现了党、国家和人民群众对乡村教师这一群体的关注和重视，也呈现出乡村教师道德榜样精神的延续和传承。这些举措不仅保障了"道德榜样人物"有尊严地生活，而且还通过对"道德榜样"的公开表彰，在社会上树立了好人好报、德者有得的价值导向，进而推动了乡村教师队伍建设和乡村振兴的伟大进程。

由此可见，向那些先进的乡村教师道德榜样授予他们应得的荣誉称号和奖励，表达了党和国家对知识和人才的尊重，是对那些在乡村学校默默耕耘的乡村教师的心灵慰藉，进而在全社会形成尊师重教的良好道德风尚。换言之，这些乡村教师道德榜样评选表彰活动的价值并不在于评选出来多少位榜样，而是通过不断地挖掘道德榜样、传播道德榜样典型事迹和讨论道德榜样精神，树立起新时代乡村教师思想道德修养的旗帜和独有风范，形成并发挥乡村教师道德榜样的示范作用，以涵育乡村教师道德品行，形成振兴乡村强大的内生动力，为现代化的新农村建设作出贡献，引领良好的时代道德风尚与潮流。

（四）"互联网＋"和融媒体时代在宣传方式上的变革

随着"互联网＋""人工智能"等的到来，信息更加公开，信息的获得也更加便捷，信息无处不在，而又无所不用，使得我国与信息发生关联的事物都发生了深刻变化，尤其是我国的舆论生态、媒体格局和传播方式等与新闻舆论工作紧密相关的因素。毫无疑问，这些深刻的变化给它们带来了全新的挑战，但更是难得的机遇。特别是当前"融媒体"时代的到来，它利用那些既有共同点又彼此相互补充的媒介载体，如电视、网络、广播、报纸等，通过对它们内容和宣传等方面的整合，推动了不同媒体的融合发展，形成了线上、线下的联动，增强了主流媒体传播的影响力、引导力和公信力，地方媒体传播的覆盖面和受众范围也更加广泛。表现在农村教育领域，乡村教师道德榜样的作用发挥也应势而动、顺势而为，充分利用现代化信息技术和手段，促进互联网与农村教育发生了深度融合，从而创造出了农村教育和乡村教师道德榜样新的发展生态。

具体而言，它将乡村教师道德榜样的评选和宣传活动融入微信、微博、QQ、数字媒体等新型媒体之中，采用了短视频、图片、语音等新型宣传方式，这使得乡村教师道德榜样更加贴近公众的日常生活，其形象也变得更加立体和全面，帮助乡村教师道德榜样的评选表彰突破了覆盖面小的界限，扩大了乡村教师道德榜样的受众范围和影响力。同时，这种全民参与的方式是对人民群众作为主体人的地位尊重，更容易被大家所接受，也更容易激发他们善良的道德意愿和道德情感，促进其对榜样行为的模仿学习，提高其道德自觉自愿的能力和行为。概括而言，"互联网＋"和融媒体时代在宣传方式上的变革，使得乡村教师道德榜样评选活动真正成了全民参与的活动，最大限度地发挥了其辐射带动作用，让乡村教师道德榜样的形象和精神"走"上了报刊，"走"上了电子屏幕，更"走"进了寻常百姓的心里。

也应该看到，融媒体的快速发展也造成了一定的副作用，如网络评比投票泛滥，逐渐丧失了公平的基础，演变成了人脉的比拼。因此，在融媒体时代乡村教师道德榜样的树立和宣传要凸显党委和政府部门的权威引导作用，形成由群众推举、政府推荐、媒体挖掘和社会评议一体化的较为健全的乡村教师道德榜样评比体系。

三、典型案例及其特征分析

新时代以来，党和政府非常重视对劳动者的勉励、对劳动创造的礼赞和对劳模精神、工匠精神的讴歌，并促使各行各业都涌现出了一大批先进人物。在农村教育领域，也涌现出了许多践行乡村教师道德的先进乡村教师代表，如"老阿姨"龚全珍、"时代楷模"张桂梅、"全国师德楷模"陈美容等。在这些乡村教师道德榜样的身上，生动体现了以爱国主义为核心的民族精神和以改革创新为核心的时代精神，也深刻诠释了新时代乡村教师独有的道德风范。他们以高度的主人翁意识、锐意创新的拼搏精神，以及对农村教育事业持之以恒的坚守和无私奉献，描绘了一幅乡村教师在平凡岗位上深入践行和诠释社会主义核心价值观的生动图景，让每一位乡村教师道德榜样的名字都成了新时代乡村教师的一张闪光的"名片"，彰显着乡村教师道德榜样的力量。此外，党和政府所采取的一系列举措，也深刻诠释着全社会对这些乡村教师道德榜样的尊崇，彰显着公众对美好道德风尚的倡导和追求。

（一）典型案例

龚全珍，被习近平总书记亲切地称为"老阿姨"，她荣获全国道德模范、全国"三八"红旗手、"感动中国"年度人物、全国未成年人思想道德建设工作先进代表等荣誉称号。1957 年，龚全珍毅然放弃了优越的城市生活，陪伴丈夫甘祖昌将军来到偏僻又陌生的农村，几十年如一日，承担着乡村教师教书育人的伟大责任与使命。在甘祖昌将军去世后，在传承将军精神的基础上，她依旧始终坚持扎根山区，关心贫困孩子和困难群众。

从"老阿姨"龚全珍的身上我们可以体会到，乡村教师道德榜样有着崇高的艰苦奋斗与无私奉献的精神。他们舍小家为大家，在广大农村地区扶贫济困，并把对乡村、人民和祖国的热爱写在了见证农村发展的青山绿水之间，也刻进了广大老百姓的内心深处。2013年，中央军委原副主席迟浩田听闻龚全珍事迹后，写下"开国将军甘祖昌，全心为民好榜样；齐鲁巾帼龚全珍，一路同行铸辉煌"敬与龚全珍。习近平总书记也曾先后两次亲切接见她，并与其进行交谈和问候，肯定并倡导全社会要继续弘扬和学习龚老身上所反映出的艰苦奋斗、无私奉献、永葆本色、一心为民的崇高精神，并将这些优良道德品质一代一代传承下去，进而积极支持乡村和社会主义建设。此外，龚全珍的先进事迹还被拍成了电影《老阿姨》、创作了歌曲《老阿姨》、创作了话剧《老阿姨》、出版了《龚全珍日记选》等，促进了以龚全珍为代表的乡村教师道德榜样的精神得到了更为广泛和深远的传播，也在更大程度上发挥了其引领示范作用。

再如张桂梅，毅然放弃曾经优越的工作条件，投身于滇西深度贫困山区的教育扶贫主战场，至今已坚守40余年。她用自身强烈的社会责任感使得"知识改变命运"的价值观深入人心，塑造了山区女孩的灵魂，照亮了她们的美好前程，也推动了山区教育事业的发展。进入新时代之前，就已经先后获评师德标兵、精神文明十佳人物、全国优秀教师等荣誉称号。这些荣誉称号的获得是对其敬业奉献、以德施教、爱生如子、心有大我等师德风范的高度赞誉。与此同时，党和国家、地方教育管理部门利用各级报刊报道，采用专题节目、报告会、座谈会、经验交流会等形式对张桂梅的典型事迹及高尚道德品质进行了广泛宣传，并给予其相应的物质奖励。张桂梅的先进事迹感动着众多教育工作者和人民群众，也激励着他们积极向张桂梅学习。进入新时代以来，张桂梅又被授予了"最美乡村教师""全国教书育人楷模""时代楷模"等荣誉称号。相比之前，张桂梅作为乡村教师道德榜样的塑造充分利用了"互联网＋"和融媒体时代宣传方式的变革，使张桂梅所代表的乡村教师高尚的道德情操广为人知，引起了更为广泛和强烈的社会反响。如《人民日报》等主流报刊在以"挽救一个女孩，拯救三代人""点亮乡村女孩人生梦想的优秀人民教师""让学生们远方有灯、脚下有路、眼前有光"等为关键词，在对其先进事迹及所蕴含的高尚道德品质进行深入解读和广泛宣传的基础上，充分利用微博、微信、数字媒体等多种新媒体对张桂梅的先进事迹进行宣传报道。线上、线下媒体宣传的联动，使张桂梅的形象更加立体和全面，扩大了传播的覆盖面和受众范围，持续的热搜和转发也进一步增强了其影响力，深化了广大教师和人民群众的情感体验，激起了公众学习张桂梅的热潮。

（二）基本特征分析

社会主义发展进入新时代，乡村教师被赋予了更为艰巨的历史使命，突出表现在提升乡村教育质量和实现教育公平与均衡发展、振兴乡村（包括成为乡村意识形态工作的思想支柱）、建设公民道德以及培育和践行社会主义核心价值观等方面。在这一过程中，那些用自身高尚的思想道德和先进的文化知识对广大师生群体产生影响和熏陶，从而利用这些受到影响和熏陶的师生在群众中进行思想影响和道德示范，以达到形成良好社会道德风尚的目的的先进的乡村教师，也就成了公众的道德行为楷模，在新时代精神文明建设和社会主义现代化进程中充当着重要的角色。换言之，对乡村教师道德榜样的选树和宣传都回归了个体自我价值和社会价值实现的崇高追求，这既是对践行社会主义核心价值观、振兴乡村、推动新时代公民道德建设和解决乡村教师补充困境等时代发展主题的响应，也是对乡村教师支持计划、相关荣誉制度完善和宣传方式等改革政策的鲜活说明。特别是党的十九大以来，为加强精神文明建设，党和政府以及各类社会组织还广泛运用新闻报道、文艺作品、公益广告等形式，对道德榜样的先进事迹进行了广泛宣传，并邀请他们深入一线群众当中展开经验分享和交流，从而让道德榜样的力量带动更多的群众奋力前行，让广大人民群众从日常生活中培养道德情感、养成道德习惯，助力全社会思想道德建设。

总结而言，新时代所塑造的乡村教师道德榜样延续了以前的优良传统，但同时也加入了时代发展的特殊元素，从而使得乡村教师道德榜样能够发挥更大和更广泛的作用。他们大多是拥有留守记忆的农家子弟，以女性教师居多，有着扎实的文化基础，拥有理性务实、勤于创造、勇于担当的主人翁意识，是社会主义核心价值观的践行者，也是乡村振兴的坚定支持者。换言之，每一位先进的乡村教师道德榜样源源不断地为农村教育事业和社会发展提供着文化养分和道德滋养，激发了广大乡村教师和人民群众，乃至全社会对崇德尚善良好道德风尚的追求，并使之蔚然成风。

第三节　实践反思

根据上述分析，21 世纪以来的乡村教师大多是 20 世纪八九十年代出生的农家子弟，他们经历了改革开放以来我国各个层次的教育改革，包括乡村教育和教师教育改革，是完成了"三离"（离土、离乡、离农）身份和角色转变的乡村教师。[1] 但同时，众多的调查研究也显示，21 世纪大部分的乡村教师都是非主动地选择了乡村教师这一职业，他们多不愿意从事乡村教师这一职业，只是将其作为过渡的"跳板"，常怀离乡去职之心，无法真正融入农村教育，也就无从谈起成为改善农村教育、振兴乡村的中坚力量。尽管如此，在 21 世纪的乡村教师群体中，主动选择并坚定地坚守

---

[1]　李斌辉，李诗慧. 新生代优秀乡村教师主动入职动因与启示：基于全国"最美乡村教师"事迹的质性研究［J］. 教育发展研究，2018（20）：25－33.

在农村教育战线的乡村教师也大有人在，他们作为广大乡村教师模仿和学习的道德榜样，在乡村教师这一平凡的岗位上，为广大农村家庭撑起了一片天，也为教育的优质均衡发展和乡村振兴保驾护航（见表5.1）。为此，深入挖掘这些乡村教师道德榜样身上所蕴含的精神品质，以及他们主动选择并毅然坚守农村教育的动因，并借此探讨未来乡村教师队伍建设的策略，就具有重大而深远的意义。

表5.1 乡村教师道德榜样的时代特征（2000 年至今）

分析维度 时期划分	时代主题	发展契机	身份特征	核心品质	作用发挥
第一阶段 2000—2012 年 21 世纪初的乡村教师道德榜样	素质教育的全面落实，师范改级、教育经费短缺、师资空间挤占等造成的乡村教师补充困境，留守儿童的成长需求（撤点并校）	以农家子弟为主的"新生代"乡村教师的多渠道补充，新农村建设下的农村教育改革，公民道德建设的全面开展	社会主义和谐社会和新农村建设者，农家子弟，女性教师居多，留守记忆，"新生代"	对社会价值和个人价值的并重追求，脚踏实地、理性务实，敬业奉献，坚定的政治立场，丰富的理论基础，阳光美丽	不同层次（尤其是国家层面）道德榜样的评选表彰，农村思想政治教育深入开展对宣传教育方式方法的改进，理论研究成果的推动
第二阶段 2012 年至今新时代的乡村教师道德榜样	提升农村义务教育质量，培育和践行社会主义核心价值观的题中之义，乡村振兴的规划诉求，乡村优秀师资的补充	"乡村教师支持计划"，新时代公民道德建设，立德树人根本教育宗旨的回归	乡村振兴支持者，反哺农村的大学生，"新生代"，农家子弟，留守记忆，女性教师居多	扎实的文化基础，爱国敬业，甘于奉献，锐意创新，义利兼顾的道德价值观，勇于担当，主人翁精神，艰苦奋斗	教师荣誉制度和相关配套政策的完善，"互联网＋"和融媒体时代宣传方式的变革

一、核心品质：彰显主人翁精神的社会服务性

21 世纪以来，我国社会进入了一个飞速发展的时代，这要求身处这一社会环境中的个体，不仅要有一种时代的幸运感，而且要有符合时代的责任感。尤其是互联网的发展和"互联网＋"时代的到来，深刻影响着人类生活的方方面面，同时也使得教育面临着一系列新的问题、挑战和机遇，这在作为培养人和塑造人的教师群体看来，不断思考其变革与坚守，则显得尤其重要。表现在农村教育领域，在 21 世纪以来的城镇化进程中，包括知识分子在内的农村青壮年劳动力向城镇发生了大量转移，乡村教师队伍建设面临着一系列的困境，主要表现为农村师资培养和输送出现了断层现象，留守儿童健康成长的需求与乡村教师队伍质量之间的矛盾等方面。同时，这一时期的乡村教师还肩负着为乡村振兴而培养合格的社会主义建设者和接班人的历史重任。为此，21 世纪以生活为底色和彰显主人翁意识的乡村教师道德榜样的塑造，就不只是个体或者乡村教师这个小团体的事，而是关涉到整个社会和国家的大事，它通过发挥自身模范带头作用，以高昂的教育热情、优良的传统美德、先进的教育理念和独有的精神气韵，带动乡村教师整体素质的提高，进而为投身农村教育事业和实现民族复兴注入无穷的生机。总结而言，21 世纪乡村教师道德榜样的核心品质主要包括：理性务实、勤于创造、勇于担当的主人翁精神，脚踏实地、艰苦奋斗、甘于奉献的乡土认同，重视个体幸福与社会价值实现的家国情怀。

二、身份特征：以生活底色为显著标识

当人们提及过去的乡村教师道德榜样时，总是一个"高、大、全"的完美形象，是在生活清贫的前提下仍然不计较个人得失、无私奉献的完美代表。但是，他们毕竟是现实生活中的人，在某些方面也总是存在着不足。21 世纪以来，农村教育战线涌现出了许多具有社会公德、职业道德和家庭美德的多样化和个性化的乡村教师道德榜样，所选择和树立的乡村教师道德榜样脱离了以往高、大、全的完美形象，与大众的实际生活更加贴近。此时对乡村教师道德榜样的表彰和宣传也多了一些人文关怀，从而使得乡村教师道德榜样在农村道德领域发挥着越来越积极的作用。在这些所选择和树立的乡村教师道德榜样群体中，以女性教师居多。这不仅是因为城镇化进程的加快导致农村男性青壮年劳动力向城市发生了大量转移，女性作为城市就业的弱势一方便更多地在竞争中溢出了城市的劳动力市场，成了从事并坚守在农村教育战线的主要力量。更多的是因为这些乡村教师道德榜样大多是农村籍，乡村生活对于她们而言就是生命成长的底色。再加上女性教师身上更为细腻的情感体验，使得女性教师对脚下的那片农村土地有着更为深厚的乡土情怀，对农村的适龄儿童也更容易产生情感的共鸣和同理心，继而更容易融入真实的乡村教师的生活和事业，成为大众模仿和学习的榜样。值得注意的是，这一时期对于乡村教师的个人道德修养方面并没有树立特定的道德榜样。这是因为个人的道德修养是要体现在乡村教师道德榜样的语言和行为之上的，是乡村教师道德榜样的外在表现，不能算是一个特殊的道德范畴，也就无法具体到某个乡村教师道德榜样的身上。

三、影响因素：支持性政策与宣传变革

21 世纪是实现城乡教育公平和均衡发展的时代，提高乡村教师专业素质是决定农村教育教学质量逐步上升并逐步实现上述目标的关键因素。据调查，在21 世纪所培养的乡村教师，绝大多数仍来自农村。对于这些农村籍大学生来说，在进入大学前，他们除了对父母所从事的"务农"这一营生之道有所接触和了解外，只有"乡村教师"是其唯一接触较多且认知较为深刻的一项职业。但他们在接受中小学教育时，正值乡村教师处于身份危机和工资待遇的窘境，通过在课堂上和生活中与乡村教师的接触，使他们对"乡村教师"这一职业及其地位有了更为切身的痛感与记忆，从而造成了这类群体的道德困境。同时，在21 世纪农村社会的整体话语体系和期待中，大学毕业回乡工作不仅不是无私奉献的表现，反而含有失败的意味；即对于农村籍大学生来说，他们读大学和毕业后走出农村工作的象征意义要远远大于其经济意义。所以，即使知道当时农村地区正面临着师资和其他人才都严重缺乏的困境，但多数农村籍大学生毕业后也还是不愿意主动去参与改变这一现状。为此，党和政府围绕这一问题设计了一系列关涉乡村教师队伍建设的支持性政策，如"特岗计划""免费师范生""硕师计划"。同时，还完善和推出了关于乡村教师道德榜样评选表彰及相关配套的制度政策，其目的在于为农村地区吸纳和输送优秀的师资，以满足农村学校素质教育和教育公平发展的需求。此外，21 世纪因互联网发展而带来的宣传手段和方式的变革，以及聚焦师德意蕴、影响因素和现代建构的理论研究的稳步发展，也影响了这一阶段乡村教师道德榜样教育作用的发挥。

第六章 乡村教师道德榜样的
演变特征与经验总结

　　从 1949 年新中国成立到 21 世纪，我国乡村教师道德榜样作为农村社会精神文明建设的主要见证者，其本身的形成和发展也随之走过了七十余年的历程。这一历程是乡村教师道德榜样塑造从不成熟到逐步成熟的发展历程，是社会主义教育事业确立、发展和不断创新的历程，是乡村教师不断地将中国传统的农耕文明与新时代有机对接的历程。这一历程是艰难曲折的，但又伴随着发展和进步。乡村教师道德榜样默默坚守在乡村地区，为农村教育事业和社会主义现代化建设作出了卓越的贡献和伟大的功绩，也给我们留下了丰富的经验。

　　虽然不同历史时期的物质生产条件和客观环境等存在较大的差异，导致乡村教师道德榜样所展现的历史形态和发展路线等不尽相同，也曾发生过失误和偏差，但过去采取某种立场和方式，曾使我们的乡村教育事业和社会建设取得胜利。那么，今后继续采取这个有利于社会更好地发展的立场和方式，必将引导我们开创更多的辉煌。因此，通过塑造和提炼具有时代特性的乡村教师道德榜样及其成长规律，总结其演变特征与历史经验，有助于从理论上把握乡村教师道德榜样的形成路径、成长因素和宣传管理体制上的有效措施，进而为更快、更好地提升普通乡村教师的思想道德素质和专业素质，培养更多卓越的乡村教师，以推动中国教育事业均衡、优质的发展提供理论支持和行动指南，这对于站在新的历史起点上进一步推进教育公平与均衡发展，以及社会主义和谐社会与精神文明建设同样具有重大的意义。

第一节　乡村教师道德榜样的演变规律

从 1949 年新中国成立至今七十余年的历史进程中，由于与我国社会政治、经济、文化等互动发展的程度有所不同，使得乡村教师道德榜样的演变体现出了发展性的特点，具体表现在：思想道德观念从单一强调到全面呈现、形象内涵向生活化和女性化转变、物质生活条件实现稳步提升和制度建设逐步实现规范化发展等方面，总体上呈现出了全面化、日常化、人性化和多样化的发展态势，但在演变过程中，由于各方面的原因而表现出了阶段性的停滞或者倒退。回顾新中国乡村教师道德榜样的历史变迁过程，并对其进行科学而客观的梳理阐述，是推动新发展阶段塑造乡村教师道德榜样的重要条件。

一、思想道德观念从单一强调到全面呈现

乡村社会的基本特征从根本上决定着乡村社会特定的道德生态和道德榜样人格；反过来，乡村教师道德榜样群像也深刻折射出其所处时代乡村社会道德的独特表征。具体而言，在新中国成立初期，由于新型政权建立和经济发展的需要，人们建设社会主义新中国的热情空前高涨，艰苦奋斗和吃苦耐劳成了这一时代的最强音，由此缔造了一个以革命英雄主义精神

为感召的全民榜样教育时期。❶ 正是在这样一个榜样教育的黄金时期，各类道德榜样的行为主要体现为政治道德和职业道德，其道德品质归根结底是为政治服务的革命热情和对集体利益的依附。农村教育战线上的教育工作者同其他战线的人们一样，通过对满足新政权认同需求的乡村教师道德榜样的塑造，在农村地区乃至全社会树立起了道德"风向标"，使大公无私、为人民服务的集体主义精神，不畏困难、艰苦奋斗的革命精神，刻苦钻研、爱岗敬业的职业精神，成了这一时期乡村教师道德榜样的突出标志。

1976 年以来，随着新兴政权的稳固发展，加之社会主义市场经济的建立和发展，党和国家的工作重心便开始向经济建设转移。表现在教育领域，以经济建设为中心的改革开放对我国教育事业的公共性和人们的精神风貌都产生了重大影响，使得我国的教育事业表现出与上一个历史阶段的计划经济时代教育以社会主义政治、劳动和集体价值为本的公共性和以"群众—集体—国家办学"为标志的普及教育模式❷截然不同的形态，进入了现代意义上以教育专业化为本的公共性和以"个体权利—国家义务"为标志的义务教育模式，❸ 人们的精神风貌也从只重视集体主义道德观念转向了集体主义与个人道德修养并重的阶段。也正是在这样一个思想观念和理想信念经历较大变革而榜样又开始大量涌现的时期，乡村教师道德榜样的行为也紧跟时代，大都体现了对自我发展和农家子弟脱贫与上大学的个体责任意识，不畏艰苦、兢兢业业、坚定奋斗的职业热忱，知难而进、献身教育的乡土情怀。

---

❶ 文红玉. 新中国成立初期的榜样塑造 ［N］. 团结报，2020 – 10 – 01 (5).
❷ 郑新蓉. 共和国五代乡村教师代际特征研究 ［J］. 贵州师范大学学报 (社会科学版)，2016 (3)：120 – 127.
❸ 郑新蓉. 共和国五代乡村教师代际特征研究 ［J］. 贵州师范大学学报 (社会科学版)，2016 (3)：120 – 127.

进入 21 世纪以来，随着社会主义市场经济的进一步深入，中国社会进入了一个关键的变革期。与上一历史阶段相比较，此时的社会经济条件有了一定程度的改善，基本的温饱问题得到了解决，人们便将更多的精力放在了精神生活的追求上，个体之间在多方面的差异性日渐凸显，思维方式也开始由原来倾向的单维模式向多维模式转变，价值观念也随之呈现多样化。但由于农村地区比较封闭，经济发展较为缓慢，加上"留守儿童"这一群体的大量出现，使乡村教师群体担负了更多重的社会责任。体现在乡村教师道德榜样身上的道德品质虽然仍旧强调对集体主义与个人道德修养并重，却进一步将个人道德修养进行了价值的社会延伸，即在自己活好的基础上，也让别人活得幸福和充实，并让社会得到发展和进步。同时，这一时期对这些先进典型事迹和精神的宣传也超越了以往对集体意识的过分强调和无私奉献的单纯追随，那么体现在这一时期乡村教师道德榜样身上的道德品质就主要表现为理性务实、勤于创造、勇于担当的主人翁精神，脚踏实地、艰苦奋斗、甘于奉献的乡土认同，重视个体幸福与社会价值实现的家国情怀。

综合乡村教师道德榜样演变的三个阶段可以发现，自 1949 年新中国成立到新时代，农村教育战线涌现出了许多优秀的乡村教师道德榜样，且每一个历史阶段的乡村教师道德榜样都有其特殊的标志、标准和规律，是乡村教师思想道德观念与社会政治、经济、文化互动产生的结果，体现在个体的日常生活中、对科学技术的研究方面，以及乡村教师思想道德观念的转变方面，尤其在思想道德观念的转变方面都有着深刻的烙印。概括而言，经历了从乡绅般的教育情怀到农村精神文明守护者和母爱般的身份感，从完成教学任务和对农家子弟前途负责的个体责任意识到实现每个个体全面发展和社会发展进步的强烈使命感，以及从政治品德到社会公德、职业道德、家庭美德和个人品德的内容更新，乡村教师道德榜样的责任履行及其作用范围从农村和个体扩大到了整个社会、民族和国家，体现在乡村教师道德榜样身上的思想道德观念也在这一演变过程中实现了从单一强调到全面呈现的转变。

二、形象内涵向生活化和女多男少转变

从 1949 年新中国成立之初到新时代不同阶段的不同类型乡村教师道德榜样的塑造和历史变迁，向广大人民群众呈现出了一幅乡村教师道德榜样形象内涵不断创新、发展和进步的生动图景。其中，最明显的特征表现在榜样身份的转变方面，即在新中国三个历史阶段中，乡村教师道德榜样更迭完成了其身份生活化和女多男少的形象转变。

这是因为，新中国成立以来，乡村教师队伍中贫下中农成分的个体在逐渐增多，人们对有关道德榜样的研究也得以深入，从政治的需要满足到生存发展的现实需求，进而再到成长智慧分享的价值延伸，人们越来越认识到道德榜样本身与公众日常生活之间发生耦合的重要性，表现为在他们崇高伟大的形象背后，体现着的朴实无华的人性，是理想与现实的协调统一，因此，所树立和宣传的乡村教师道德榜样也逐渐脱离了"高、大、全"的社会形象，越来越贴近人们的日常生活。

同时，由于"教育程度的提高和经济独立，给亚洲女性带来了最宝贵的财富——选择权"❶，使得女性受教育者从不具备某种道德品质转化为道德自律❷的社会功能得到彰显，改变并提升了女性在劳动力市场中的地位和作用。且在普及教育和高等教育大众化背景下，农村青壮年男性进入城市就业的机会明显较女性增多，而较多的女性群体则溢出了城市的劳动力

---

❶ 约翰·奈斯比特. 亚洲大趋势 [M]. 蔚文，译. 北京：外文出版社，1996：211.

❷ 李合亮. 思想政治教育探本 [M]. 北京：人民出版社，2007：40.

市场，逐渐成了乡村教师的主要来源。所以，在这一演变过程中，女性乡村教师的数量有了明显增加。特别是到了 21 世纪，乡村教师的性别比一改以往男多女少的情况，能够在乡村坚守的教师更多的是女性。此外，造成这一身份特征转变的缘由还在于：蛰伏于女性教师身体里原始的活力和朴素清晰的血缘与地缘亲情，以及她们身上更为细腻的情感体验和亲和力，这些都促使农村地区的女性教师更容易成为广大人民群众普遍认可和推崇的道德榜样。概言之，作为中国传统乡土社会结构和农耕文化存在的客观反映，乡村教师道德榜样的形象内涵实现了向生活化和女多男少的转变。

三、物质生活条件实现稳步提升

列宁曾经指出，为了提高教师的地位，最最重要的是提高他们的物质生活条件。[1] 对于我国的乡村教师来讲，所谓来自物质生活条件的外在保障，主要包括安全和充足的校舍、教学设备资源、一定数量和质量的师资输入，以及福利津贴等相关的政策保障和具体落实。而新中国七十余年乡村教师道德榜样演变的历史也证明，不断提高乡村教师的地位和待遇，是发展面向农村地区的师范教育、提高乡村教师培养培训质量的重要基础和前提，也是促进乡村教师道德榜样形成及辐射带动普通乡村教师扎根农村教育事业的有效方式；否则，各级各类师范学校的生源及乡村教师培养培训质量就会出现越来越多的问题，而通过发展农村教育事业为社会发展培养合格建设者和接班人也会成为一句空话。

如在新中国成立初期，虽然那时农村学校校舍奇缺，教学设备也很落后，乡村教师的物质生活条件很是艰苦，但在当时整个国家都处于一

---

[1] 列宁. 列宁全集：第 33 卷 [M]. 北京：人民出版社，1957：419.

穷二白的情况下，树立的榜样形象必须具有艰苦创业和刻苦耐劳的时代精神。因此，那些在政权建立和发展需求强烈的时代，能够克服物质生活的艰苦，并增强大众对政治的认同、责任感和服务意识的乡村教师就更易成为大众所认可的道德榜样，传递了正能量。改革开放以来，人们思想的务实性、趋利性明显增强了。往往在现实生活中看到怎样做人、做事能带来实际利益并受到社会尊重，就将其作为榜样来学习效仿。❶因此，与新中国成立初期相比，这一时期关于乡村教师物质生活条件外部保障（主要包括校舍的改善、乡村教师数量、身份等权益的保障和工资、福利待遇的提升）的重要性得到凸显。在党、国家和地方的共同努力下，乡村教师的物质待遇有了显著改善。新时期乡村教师道德榜样个体所体现出的对专业发展、生命价值呈现等精神生活的需要和追求，也因社会发展给予他们的机会增多（如颁发奖状和授予荣誉称号），得到深入满足和实现，从而推动了农村思想道德观念的正确导向和教育事业的发展。

对比而言，21 世纪以来的城市学校拥有着农村学校无可比拟的优势，高校毕业生也因此更愿意留在城市。那么，要实现农村教育质量的提升，就要加强高质量的乡村教师队伍建设，努力缩小城乡教师专业素质的差距，促进城乡优质教育资源和福利待遇等的均衡分布和公平发展。改革开放以来，我国农村社会的经济条件有了较大的改善，对农村教育的投入也有了较大增长，因此，事关乡村教师成长发展的物质环境（如优质教育资源、工资待遇、编制和权益保障政策等）也有了进一步的改善。此外，21世纪以来，在树立和宣传乡村教师道德榜样时，除了注重对其思想道德给予精神奖励和表彰，还特别重视并完善了对其的物质奖励机制（主要包括职称评聘倾斜和福利待遇提升），这样既充分表达了党和国家对乡村教师

---

❶　王长存."榜样示范"要全面［J］. 求是，2003（8）：44.

道德榜样的关怀，同时也极大提升了乡村教师道德榜样在意识形态领域和社会上的影响力和渗透力，推动了高质量、专业化的乡村教师队伍建设。

四、制度建设逐步实现规范化发展

乡村教师道德榜样相关制度的建设既是社会进步和人们思想解放的结果与标志，也是推动乡村教师道德榜样示范作用发挥的强大动力，能够为乡村教师道德榜样的选树和教育作用的发挥提供根本保证。不同历史时期，党和政府都通过制定和出台一系列针对农村地区的政策和制度给予了乡村教师道德榜样最根本性的保障。但整体而言，新中国关于乡村教师道德榜样的制度建设是在其演变的过程中逐步实现了规范化发展的，主要体现在师资供给制度、教师荣誉制度、物质奖励制度和宣传思想工作制度的完善等方面。纵观新中国乡村教师道德榜样的演变历程，师资供给从新中国成立之初重在短期培训转向了当前对乡村教师培养与培训的齐头并重，它能够为农村教育事业的发展提供优秀的师资，从而为乡村教师道德榜样的形成和作用发挥提供智力基础。教师荣誉作为精神方面的激励，其相关制度的建设从新中国成立之初较少有来自乡村的教师获评，到当前来自国家、省市、地方、学校等各个层次荣誉称号的相互补充和完善，由此获得各项荣誉称号的乡村教师多了起来，其社会地位也随之得到了提升。

物质奖励制度是指对乡村教师道德榜样高尚的道德行为给予物质上的回报。从新中国成立之初对物质奖励的一味回避，到新时代对乡村教师道德榜样个体在福利待遇、职称晋升等方面与普通乡村教师之间形成的差异化，是对艰苦条件下乡村教师高尚道德行为的保障，刺激着新时代广大群众模仿和学习的积极性。对于宣传思想工作制度而言，随着时代的发展和科学技术的进步，用于乡村教师道德榜样宣传教育的媒介变得日益多元，关于乡村教师道德榜样的宣传思想工作制度也因此变得更加全面和完善。如在新中国成立之初，主要依靠行政组织渠道（包括各项政治、经济政策和政治活动）和少量的报纸、广播等宣传载体对乡村教师道德榜样进行宣传。到了新时代，宣传思想工作的指导思想、媒介和载体等都得到了充实和完善，为教育和培养新时代青年深入和扎根农村教育事业提供了精神动力和思想保证，同时也创造了有利的舆论环境。

第二节　乡村教师道德榜样的基本特征

尽管不同时期、不同类型的乡村教师道德榜样之间存在着较大的差异，其树立和宣传也都有着不同的标准、规律和方式，但是他们都无一例外的是特定历史时期道德崇高境界的真实记录者和担当者，那条彰显我国乡村教师以及中华民族传统优秀道德品质的主线将各个阶段具体的乡村教师道德榜样串联起来。具体而言，这一演变过程体现了乡村教师道德榜样对坚定的政治立场、持续坚守、艰苦奋斗、无私奉献等优良道德品质的继承和延续，对社会变革主旋律的把握，对最新传播媒介的充分运用，对主流媒体舆论主导地位的坚持，以及对精神需求满足价值导向的秉持，进而成为促进农村教育事业、社会主义精神文明和现代化建设日益丰富的道德榜样和榜样教育资源。

一、延续道德榜样的优良品质

根据前文分析发现，乡村教师道德榜样的思想道德观念从片面强调转向了全面呈现，尽管如此，每个历史阶段的乡村教师道德榜样却始终是对优秀传统文化和前一阶段乡村教师道德榜样某种精神品质的继承、延续和发展，主要表现为与在艰苦的工作环境中，他们仍能坚持对农村教育事业的无私奉献有着密切的关系。具体而言，坚定的政治立场、持之以恒的坚守、艰苦奋斗、无私奉献这几条始终是乡村教师道德榜样的道德规范，同时也是最能体现乡村教师群体特点的道德规范。不管处于什么样的历史和未来发展阶段，它都是我国乡村教师道德规范的底线，是乡村教师道德榜样的核心，同样也是乡村教师道德榜样必须遵守的一条原则，正因如此，乡村教师道德榜样才能更好地为农村教育事业和人民服务。此外，体现在乡村教师道德榜样身上的道德品质也始终贯穿着社会主义性质下集体主义与个人主义之间的必要平衡、理想主义与现实主义之间的相互融合、一元主导与多元并存之间的必要张力，以及物质主义与精神主义之间的辩证统一（虽然不同历史阶段有不同程度的倾斜），进而将各个发展阶段的乡村教师道德榜样串联起来，服务于时代发展和榜样塑造的需要。

二、把握社会变革主旋律

社会在发展，时代在进步，乡村教师道德榜样融入了整个社会大变革的主旋律当中，从而使新中国乡村教师道德榜样成为社会主义道德和中国特色现代化不断发展与进步过程的现实缩影。换言之，把握所处社会变革的主旋律，尤其是关键人物推动下主流价值取向的需求导引，是塑造并发挥乡村教师道德榜样示范作用的动力源泉。如从 1949 年新中国成立到 1976 年，党和国家的重点在于新政权的建立和稳固发展，即实现政权的更替和意识形态领域的质的飞跃。但由于当时人们闭关自守的态度，以及对党政府的拥护，并通过一系列的道德建设措施形成了以集体主义为核心的道德准则，从而使得以"公"（集体主义精神和为人民服务）为道德品质核心的乡村教师道德榜样得到了选树和宣传。1976—2000 年，乡村教师道德榜样大量涌现，各种宣传媒介的增加也促使乡村教师道德榜样被广泛宣传，既映射了当时社会的整体道德要求和面貌，又反映了一种具有乡村教师职业特点的道德意识和行为规范，这相对于上一阶段的乡村教师道德榜样的形成和发展来说就是一个极大的进步。进入 21 世纪以来，在公民道德建设和践行社会主义核心价值观的时代主题下，教育公平和均衡发展成了我国城乡教育发展的主要背景，围绕这一背景，农村教育事业迎来了难得的发展机遇，大量乡村教师通过多种渠道补充到乡村教师队伍，如"特岗教师""三支一扶"和"免费师范生"等。"乡村教师支持计划"等相关政策的实施，加上互联网加速发展带来的宣传方式的进一步改进，都无疑为发挥乡村教师道德榜样的作用提供了强大动力。

通过进一步分析发现，这一过程离不开关键人物的推动，尤其是党中央领导集体对国际和国内形势的准确研判，它们是制定正确政策的前提，从而推动了社会主旋律发生变革。如在新中国成立初期，以毛泽东同志为核心的党中央领导集体对榜样给予了极大的关注和支持，认为"榜样的力量是无穷的"，称榜样们"是中华民族的模范人物，是推动各方面人民事业胜利前进的骨干，是人民政府的可靠支柱和人民政府联系广大群众的桥梁"❶，并要求各行各业通过树立全新榜样和典型人物，以教育大多数人，从而成就了关注政治需求满足的乡村教师道德榜样的形象塑造。到了新时代，以习近平同志为核心的党中央领导集体尤其注重道德榜样的选树、表彰和宣传，认为"抓典型，更具意义的是要树立精神上的榜样，让人们学习典型所体现的精神，让典型身上的精神发扬光大"❷，树立榜样人物是提升广大人民群众道德品质和思想修养的重要途径。同时，表现在教育领

❶ 毛泽东. 毛泽东文集：第六卷. 北京：人民出版社，1999：95.
❷ 习近平. 之江新语［M］. 杭州：浙江人民出版社，2007：212.

域，不仅倡导教师荣誉制度及相关配套政策的进一步完善，而且利用"互联网＋"时代的便利条件创设了一系列活动情境，以带领广大人民群众更加切身地体验着道德榜样的精神力量，从而提升了乡村教师道德榜样的道德感染力，使得人人都开始学先进、赶先进、当先进，也因此成就了以关注价值分享和社会延伸为内涵的乡村教师道德榜样的形象塑造。

三、充分运用最新传播媒介开展榜样宣传

新中国成立以来，上自党和国家，下至各级各类教育行政机构和学校，皆高度重视并积极探索如何合理且有效地利用最新技术和传播媒介，来塑造符合时代发展需要的乡村教师道德榜样，这也成了我国乡村教师道德榜样塑造可供参考和借鉴的重要经验。如在新中国成立初期，党和政府，以及各级行政管理机构主要依靠的是行政组织渠道和少量的报纸、广播等宣传媒体对乡村教师道德榜样进行宣传。且由于当时人们为政治服务的热情空前高涨，也强烈依附于国家利益和集体主义道德，因此，乡村教师道德榜样能够发挥其在农村教育领域的先进垂范作用，在广大老百姓中产生全民性的影响，吸引大批青年学生到农村去、到边疆去、到祖国最需要的地方去。虽然之后一个时期的教师被批判，部分主流报刊也停止了刊印，使乡村教师道德榜样的塑造及先进事迹的传播都受到了一定程度的限制，但这一时期大量上山下乡的知识青年的现身说法填补了这一空缺。

改革开放以来，党和国家的工作重心逐渐从政治认同转移到经济建设上来，教育为经济发展服务的功能也逐渐凸显，加上这一时期信息化和网络化的普及，促使乡村教师道德榜样的宣传思想工作也进行了相应的创新、改革和探索。例如，复刊和创刊的主流和地方刊物、及时简短的新闻报道、名牌电视栏目的创设以及奖惩机制（评先创优、荣誉称号、福利待

遇、特殊津贴、撤销条件等）的完善，都将其宣传的焦点集中在了对个体生存和发展的关注。即在重视对乡村教师道德榜样物质生活条件保障进行大力宣传的同时，也继续完善了对这一先进群体的精神鼓励，从而凸显了乡村教师这一职业生存和发展可能的提升空间，为扫除文盲和普及九年义务教育作出了重要贡献。21 世纪以来，全球化、信息化和网络化程度日益提高，尤其是在"互联网＋"时代，信息无处不在，使得大众媒体得以加速发展，加上不同层次教师荣誉制度及相关配套措施的不断完善，以及对道德榜样形成和发展内在机理的深度挖掘，进而为乡村教师道德榜样先进事迹的广泛宣传和示范作用的发挥提供了更多便利。

四、坚持主流媒体舆论的主导地位

主流媒体作为党、政府和人民的"喉舌"，是群体意志的权威代表，它承担着传播社会主流意识形态和价值观、引导社会发展主流、记录历史发展主要脉络、实现中华民族伟大复兴的责任和使命。通过对新中国乡村教师道德榜样这一演变历程的分析发现，由于每个历史阶段都随着社会的发展和科技的进步而出现了全新的宣传载体和手段，因此丰富了乡村教师道德榜样的宣传途径，也增强了乡村教师道德榜样的宣传效果，但一直贯穿于其中的，是主流媒体在意识形态领域对舆论主导地位的坚守。换言之，在新中国乡村教师道德榜样的演变过程中，从政治需求到经济发展、再到个体价值的社会延伸，主流媒体始终保持了乡村教师道德榜样满足社会政治和经济发展需求以及广大人民群众意志的价值导向未曾动摇，从而保证了乡村教师道德榜样的先进性和有效性。

具体而言，新中国成立之初，宣传乡村教师道德榜样的载体较少，主要依靠的是行政组织渠道和《人民教育》等少量的报刊，同时也承担着主流媒体的责任，为提升民众对新兴的人民政权的认同、建设社会主义教育的独特道路和发展农村教育事业作出了巨大的贡献。

20世纪八九十年代，随着改革开放和经济的快速发展，为乡村教师道德榜样的宣传创建了许多新型媒介和载体，包含有复刊和创刊的刊物、新闻报道、对外宣传、名牌电视栏目和庆祝活动等。但是，由于这一时期处于信息化时代的快速发展和变革之中，导致这些新型媒介所宣传的乡村教师道德榜样形象变化较快，加上其对榜样事迹的深度挖掘不够，从而使得榜样的示范效应在一定程度上被削弱。在此背景下，乡村教师道德榜样的塑造仍然为农村教育事业和社会经济发展作出了巨大贡献，这与主流媒体在其中的指引和主导作用有着密切的关系。

21世纪以来，互联网高速发展下的大众媒体得以快速发展，宣传媒介变得日益多元。尤其是微博、微信、数字媒体等多种形式的新型媒体的出现，它们综合采用图片、短视频、语音等方式和手段，使得宣传和报道的效果更加为公众所接受。这对于塑造乡村教师道德榜样来讲，既是难得的机遇，同样也是不小的挑战。它在拓展榜样宣传渠道和丰富榜样教育方式的同时，也会因其隐含的各项诱导性因素而容易引发乡村教师道德榜样示范效能的减弱，以及农村社会道德生态的混乱。但也应该看到，正是由于这些新型宣传媒介的加入，帮助扩大了主流媒体宣传的受众范围，从而使得主流媒体所倡导的以乡村教师道德榜样为代表的主流价值观才能够更具公信力和影响力，并在广大教育工作者和公众当中形成深远的示范效应。

五、秉持精神需求满足的价值导向

根据前文分析，新中国乡村教师道德榜样演变的历史进程向大家证明，实现乡村教师群体物质生活条件的稳步提升是这一演变进程呈现出的基本特征，反过来也推动着乡村教师道德榜样示范作用的发挥、农村思想道德观念的更新和教育事业的发展。同时，这一演变过程也向大家证明，在给予乡村教师道德榜样物质生活条件保障的同时，更重要的是对乡村教师道德榜样精神需求满足的关注和宣传，以免乡村教师道德榜样的异化和工具化，从而丧失了其真正价值。

概言之，乡村教师道德榜样物质生活条件的外在保障必不可少，但精神需求满足的主导地位也不能忽视和动摇。如在新中国成立之初这样一个百废待兴的关键时期，也是各条战线人们万众一心、奋力发展的时期。鉴于当时整个国家一穷二白的底子，以及当时民众知识缺乏和认知甚少的现状，应树立和宣传基层社会先进的社会主义道德榜样以引领和激励公众的学习和效仿，从而建立起对新政权的认同和责任感。尤其是在当时占教育大头的农村教育领域，乡村教师作为当时农村地区连接精英文化和大众文化之间不同话语空间的桥梁，结合当时我国的时代背景以及苏联广泛运用榜样塑造和奖励制度等形式的榜样培育经验，为激励乡村教师道德榜样的形成和作用发挥，一方面通过号召大量识字之人参加农村学校的教学工作，填补了当时教育的空白，从而为塑造乡村教师道德榜样提供了智力基础（师资输入）；另一方面，将政治身份的特征呈现，包括乡村教师道德榜样社会地位的提升和所获得的精神满足与自豪作为乡村教师道德榜样的表征，并对其进行重点宣传，在表彰和纪念为农村教育事业发展作出重要贡献的乡村教师道德榜样的同时，也凸显了集体主义的社会价值取向。

20 世纪八九十年代，对于农村师资建设的重点主要在于保障乡村教师权益，提高乡村教师社会地位，稳定和发展农村教师队伍，逐步增加乡村教师的收入和福利。如对于民办教师而言，他们在转为公办教师的同时，其工资和福利待遇也自然随之提高。但与此同时，社会主义精神文明建设如火如荼地开展，则对在乡村教师群体中树立重视思想道德素质提升的价值导向作出了要求。以上抽象的举措和要求都是通过乡村教师道德榜样的树立和广泛宣传，因此在广大人民群众中得到了具象化，从而深化了民众的道德认知，引导了民众的道德认同，也影响了民众的道德行为选择和践行。

进入 21 世纪以来，随着农村个体经济收入的不断增加，农民对生活品质的需求也随之提高。表现在农村教育领域，一方面体现在家长对子女接受高质量教育的需求迅速提升，也就是对乡村教师这一决定教育教学质量的关键因素提出了更高的要求；另一方面，则体现在乡村教师群体对自身所从事职业获得感和成就感等的满足方面。因此，21 世纪在树立和宣传乡村教师道德榜样时，除了重视完善对其思想道德各方面优秀表现进行的物质奖励制度，仍然注重对乡村教师道德榜样相关精神奖励和表彰机制给予完善，主要表现在教师荣誉制度的完善、荣誉证书的颁发和各项评选表彰活动的开展等方面。由此可见，对物质生活条件的外在保障固然重要，但在此基础上对个体发展和精神的追求才是广大人民群众在现实生活中塑造乡村教师道德榜样的价值取向。

第三节　乡村教师道德榜样的局限分析

乡村教师在农村教育事业发展中发挥着关键作用，他们面临的最大问题仍然包括待遇问题和素质问题。[1] 而从上述乡村教师道德榜样演变的研究分析中也可以发现，虽然经过七十余年的发展，新中国乡村教师道德榜样在加强乡村教师队伍建设、推动农村教育事业发展、促进乡村振兴和建设社会主义新农村等方面都发挥了一定的功能和积极作用，也取得了一定的成绩。但从其演变的历程来看，还一直面临着诸多的发展局限，进而对

---

[1] 温家宝. 百年大计教育为本 [N]. 中国教育报, 2009 - 01 - 05 (01).

乡村教师道德榜样的形成和示范作用的发挥产生了一些消极的影响。主要表现在农村师资供给质量难以厚植乡村教师道德榜样的成长沃土，固化宣传模式形成了乡村教师道德榜样形象内涵的思维定式，以及知识分子政策存在不足导致乡村教师道德榜样示范效应的弱化等方面。不难发现，这些历史局限问题在每一阶段乡村教师道德榜样的塑造过程中都受到了一定的重视，也得到了一定程度的改善和提升，但总结而言，这些历史遗留问题仍然是当前及未来塑造乡村教师道德榜样需要进一步规避、完善和改进，并努力克服和解决的。认清我国乡村教师道德榜样演变过程中存在的种种局限，即镜鉴未来，坚持把历史的种种局限作为推进我国未来理想乡村教师道德榜样塑造的根本依据，从而探索出乡村教师道德榜样塑造的最佳路径。

一、乡村师资供给质量有待提升

乡村师资供给包括农村师资的培养和培训，即在接受职前教育的学生中培养优秀的致力农村教育事业的教师人才，以及对在职的乡村教师进行职后各项能力的培训和提升，这样才能够厚植乡村教师道德榜样的沃土，为其形成和作用发挥提供智力基础。综观新中国乡村教师道德榜样的演变历程，不同历史发展阶段从乡村教师培养、培训的不同角度着手，从而促进乡村教师道德榜样取得了一定的成效。如新中国成立之初，鉴于当时国家在一穷二白的基础上建立和稳固新型政权的迫切需要，便重在将民众中受过教育的个体挑选出来，使他们通过短期的培训迅速进入"乡村教师"这一工作岗位。通过短期的培训，激发并提升了其革命的自觉意识和政治觉悟，既解决了当时师资严重缺乏的现实需求，也满足了推动新的道德风尚和思想观念在较短时间内、在广大农村地区普及开来的发展需要，进而为乡村教师道德榜样示范作用的充分发挥营造了良好的社会氛围。到了 20 世纪八九十年代，乡村教师的培养，尤其是中师生的职前培养为这一时期农村学校补充了大量的优质师资，也为乡村教师道德榜样的塑造提供了人力资源保障。21 世纪以来，通过职前《教师资格证》的全面实施，以及对职后师资培训工作的重视，乡村教师队伍得到了多渠道的补充和提升，而这些"新生代"乡村教师也成为民众模仿和学习的榜样，吸引着越来越多的青年人投身农村教育事业中。

但整体而言，在每个历史发展阶段，乡村师资供给的质量又一直难以满足当时农村教育发展的需要，尤其是使得乡村教师"下不去、留不住、教不好"这三大核心问题成为农村教育领域需要解决的难题，也是导致乡村教师队伍质量一直处于较低水平的主要原因，从而进一步导致乡村教师道德榜样教育作用的弱化。如在新中国成立之初，虽然乡村教师的数量得到了及时补充，但他们的文化程度不高，培训的内容也更多地关注时事政策和政治理论的学习，且大多数视"乡村教师"这一职业为进入仕途的"跳板"，从而导致乡村教师队伍长期处于不稳定以及质量不高的状态。20 世纪八九十年代，虽然中师生成为向农村地区输送的优秀师资，但占乡村教师大多数的仍是代课教师和民转公教师。他们没有经过长期的系统培训，其学历和能力水平参差不齐，基本的物质生活也得不到保障，加上大量民转公教师对教师编制的挤占，也造成了年轻的知识分子普遍下不去，而已有的乡村教师质量不高，乡村教师队伍质量也就出现了水平整体不高的问题。进入 21 世纪以来，虽然"新生代"多渠道补充的乡村教师为民众树立了模仿和学习的榜样，但由于"留守儿童"的增多、公民道德建设的全面要求等对乡村教师群体提出了更高的专业素质要求。而已有乡村教师培养和培训体系以及相关保障措施还不够完善，那么为农村教育领域提供的师资也就较难胜任时代赋予"乡村教师"这一工作的职责。但也正是因为如此，才为我们当前以及未来乡村教师道德榜样的塑造提供了历史借鉴，既要重视为农村学校培养和输送优秀的高校毕业生，还要加强对在职乡村教师的培训和管理，即在为农村学校输送优秀师资的同时，也为乡村教师道德榜样的形成及作用的发挥培植丰沃的土壤。

二、宣传模式的固化与形象内涵的思维定式

从新中国乡村教师道德榜样的演变和我国农村教育事业的发展来看，乡村教师道德榜样是农村教育事业，乃至整个社会发展进步看得见的展品，遵循我国社会分工和生产力的发展演变。纵观新中国乡村教师道德榜样的演变历程，从新中国成立之初为政权稳固和建设需要而树立的具有大公无私、艰苦奋斗和爱岗敬业等特质的乡村教师道德榜样的光辉形象或"高、大、全"形象，到20世纪八九十年代为生存发展需要而树立的具有个体责任意识、不畏艰苦和兢兢业业等品质的职业化的乡村教师道德榜样形象，再到21世纪以来为实现生命价值的社会延伸而树立的具有主人翁意识、乡土情怀和追求现实幸福等特质的多样化的乡村教师道德榜样形象，虽然近年来的乡村教师道德榜样逐渐走向了日常生活化的道路，但是对道德榜样的宣传还未能完全走出人为拔高和随意裁剪的固定模式，从而使得我国对于乡村教师道德榜样的宣传也形成了一种较为固定的模式，主要表现为除了近年来对体现家庭美德"全国孝老爱亲道德模范"的树立，在不同历史阶段宣传中的乡村教师道德榜样大多都是不顾家庭、不顾身体、废寝忘食的，即使榜样个体身上存在其他一些特质，但在具体的宣传中也是对其闭口不提的，否则就会有损其榜样的崇高形象。

总结而言，这种固定的宣传模式虚饰和掩盖了乡村教师道德榜样的真实生活，也进一步导致人们形成了对于乡村教师道德榜样形象及其内涵的惯性思维，即所谓的乡村教师道德榜样，就是要为了偏远农村地区的教育

事业牺牲自我的各项利益，如果宣传他们如何爱护自己的身体等自我意识较明显的行为，就有损其良好的道德形象。根据这一固化的宣传模式而形成了乡村教师道德榜样的四种固定类型。一是"不顾家人型"。如因工作繁忙等原因，逢年过节、父母病危、妻子生产或家人生病都未能到达现场，有的甚至造成终生遗憾。二是"身残志坚型"。如身体存在某方面的残疾，但他（她）仍然坚守在农村学校的讲台上。例如"全国农村优秀教师"张学成被称为"教坛保尔"，他三十年如一日拄着双拐往返于学校和家庭之间。三是"经济困难型"。物质生活和收入的匮乏与身边的亲人、朋友形成了较明显的差距，在众人都劝其重新择业，或者往更好的学校流动时，他（她）毅然选择留下，并将微薄的收入用于学校的各项建设，将困难只留给自己。如清贫一生的"全国优秀教师"刘恩和，贷款送女儿上学，经常用金黄色的玉米面掺土豆、红薯、南瓜打发日子。❶ 四是"有病不看病"。如因学校缺乏老师或工作忙而选择带病上课，直至病倒在讲台。

此外，上述四种固化的宣传模式也刻画出乡村教师道德榜样本土化和年老化的形象特征。即所涉及的榜样人物都含有农村家庭出身、数十载坚守乡村教育和劝导学龄儿童回学校读书等经历。这些容易在公众中形成一种没有长时间的坚守，即使做得再好也不会得到普遍认可的刻板印象，是不利于年轻教师的入职和守护的。通过分析发现，对本土化和年老化形象特征的刻画是因为中国传统的乡土社会结构和农耕文化孕育了广大农村地区普遍存在的安土重迁的深厚情感。在乡村教师群体中，农村出身的个体是组成乡村教师队伍的主要成分，也是乡村教师道德榜样群体的重要特征，那些来自城市的知识青年反哺乡村教育的情况，通常只是偶然的和短暂的。同时，受中国传统道德文化的千年积淀影响，乡村教师道德榜样高

---

❶ 刘子富，李忠将. 乡村教师的楷模：刘恩和［N］. 新华每日电讯，2001 - 12 - 20（1）.

尚的道德品质与节操不是一夜之间能够养成的，❶ 而是需要乡村教师个体在其职业生涯的长期修养过程中不断地形成和完善。那么在这些基本由农家子弟组成的乡村教师队伍中，只有所树立的乡村教师道德榜样呈现年老化的形象特征，即有一定农村学校教学年限（少则十几年，多则数十年），才能够在广大人民群众中间才更具可信度和说服力。同时，在通过媒介宣传的乡村教师道德榜样的典型事迹中，涉及的内容还普遍含有乡村教师整体文化水平和道德素质偏低、工作条件艰苦、政策优惠和拨款等要点，这在某种程度上使得乡村教师"沐恩者"的形象在社会上被标签化和固化。

三、知识分子政策存在不足

新中国成立以来，党和国家出台过众多针对农村地区知识分子的重大政策，由于教师是知识分子的一部分，这就决定了党的知识分子政策事关教师个人的荣辱和教师队伍的兴衰，对于农村地区乡村教师个人的荣辱和师资队伍的兴衰也同样如此。换言之，乡村教师是农村社会主要的知识分子，那么制定和落实相关知识分子政策便是影响教师队伍建设和道德榜样塑造的重要因素。从对新中国七十余年乡村教师道德榜样演变历程的分析中不难发现，相关知识分子政策虽然成为助推乡村教师道德榜样形成和发挥作用的重要因素，但同时也存在所树立和宣传的乡村教师道德榜样总是遭遇示范效应被弱化的困境。为此，不断制定、完善和贯彻落实针对乡村教师的知识分子政策，是当前以及未来我国乡村教师道德榜样塑造需要特别关注的。

如在新中国成立之初的知识分子政策中，制定了先城市、后农村的既

---

❶ 李德顺，孙伟平. 道德价值论［M］. 昆明：云南人民出版社，2005：128.

定路线，几乎没有专门针对乡村教师的政策。以优秀教师、特级教师等各项教师荣誉称号的评选为例，来自农村学校的教师几乎都没有当选过。虽然在后期出现了专门针对乡村教师的政策倾斜和补贴，但未能形成规模，也就没能促使乡村教师道德榜样这一群体本身及其所代表的精神品质能够在社会上起到宣传和吸引人才的效应。到了20世纪八九十年代，由于当时农村教育经费短缺等社会条件的限制，加上多数举措只是一种短期的、临时的设计，表现出以形式为主的倾向，缺乏长效促进机制，一方面使得相关政策在具体执行中未能得到彻底落实，另一方面造成乡村教师无法安心工作，不利于乡村教师队伍建设的可持续发展。进入21世纪以来，围绕我国城乡教育均衡和公平发展的主题设计了一系列涉及乡村教师的支持性政策，但部分反哺型支持政策却存在诸多盲点。如农村税费改革，取消了面向农民征收的事业性收费，转而以重点工程和转移支付等举措加大了对农村教育的投入力度，深刻减轻了农民的负担，改变了学龄儿童学习成长的物质环境，促使农村地区家庭对农村教育和乡村教师的质量提出了较高的要求。相比较而言，其主要的受惠方在于农民和学龄儿童，农民的经济负担状况、学校的校舍环境和学生的学习成长环境都有了深刻的改变。而对乡村教师的投入却相对欠缺，住房条件、工资待遇、福利保障等方面的改善也非常有限，在解决乡村教师基本生活需求问题方面没有实质性的发展。与此同时，乡村教师在工作中承担的责任还加重了许多，甚至还承担着日常教学活动之外的众多社会责任。如乡村教师们担任着未获法律认可的儿童监护人的角色，乡村教师要承担的主要工作有：照顾学生的寄宿生活，关心他们身心的健康成长，监督"营养餐"的食品安全与资金管理，传承与传播乡土文化，聚力精准扶贫与"控辍保学"任务的完成。同时，部分农村地区乡村教师工资拖欠等生活问题也有所加重，从而成为导致高校毕业生难以补充到经济落后的农村学校的重要原因。

第四节　乡村教师道德榜样的成功经验

纵览新中国乡村教师道德榜样的演变历程，并通过相关材料的研读和对乡村教师道德榜样个案的访谈，可以发现，乡村教师人才培养和培训的质量问题、宣传模式的固化问题，以及相关保障机制的制定与落实问题等历史局限，都阻碍着乡村教师道德榜样的形成和作用发挥。但同样也从这些乡村教师道德榜样身上总结形成了诸多我国在未来的乡村教师道德榜样塑造过程中可资借鉴的成功经验，主要表现在认知上的全面、情感上的"牵绊"和行动上的自为。三者是个体心理结构三个最重要的系统，它们之间是相互包容的交互关系，即通过认知水平的改变影响个体的情感体验，从而坚定或者弱化行为的实施；个体的情感体验也会影响对事物的认知，从而激励或者挫败行为的产生；个体的行为结果则会反过来影响其对行为事件的认知和情感体验，进而对行为的模仿和改善提供依据。这些展现在乡村教师道德榜样身上的每一个成功经验，都是对乡村教师艰苦奋斗、求真务实、谦虚谨慎等优良品质的现实写照，也是坚持解放思想、积极创新的结果。他们以自身为案例向广大人民群众说明了"伟大出自平凡，平凡造就伟大"，只要有正确的思想认识、切身的情感体验、坚定的理想信念和不懈的奋斗精神，脚踏实地、努力工作，那么平凡的工作就可以成就不平凡的人生。

一、对待困境与荣誉的正确认知

行动的前提是认识，即行为的发生客观上要求思想认识要到位，那么，乡村教师做具有高尚道德行为的前提也在客观上要求对其行为所蕴含优秀品质的思想认识要到位。基于此，通过对乡村教师道德榜样相关材料和访谈分析，发现乡村教师道德榜样的正确认知集中反映在对"乡村教师"这一职业面临的困境，以及对其高尚道德行为可能带来的荣誉等两方面。对于"乡村教师"这一职业所面临的困境，不仅有人才培养和培训质量不高、宣传模式固化和知识分子政策存在不足等原因，这些问题都使得乡村教师道德榜样的发展受到限制，还有因为收入较低导致的乡村教师生活窘迫、社会地位和存在感较低等问题。对于乡村教师因其高尚道德行为可能带来的荣誉认知方面，涉及乡村教师道德榜样荣誉称号的参选过程和评选结果，即对参选与中选与否的正确认知。

在面临困境时，乡村教师道德榜样的成长过程体现出了坚定信仰、明确职责和乐观心态的重要作用。"困难使坚强者更强！""困难，战胜它！难题，攻克它！""既然选择了（乡村教师）这个职业，就要无悔地干下去。是这个虫，就要钻这个木。""从教期间，边教边学，最主要的是责任心一定要强，尤其是要履行（立德树人）的职责。"在面对荣誉时，乡村教师道德榜样个体并不热衷于荣誉的评选，也不因获得荣誉而沾沾自喜、居功自傲。一位曾获得"最美乡村教师"的Z姓女教师在受访时说："对于评上'最美乡村教师'，当时自己并不想报，只是因为自己符合评选条件。参选之后，没想到能评上，做了工作，荣誉自然就来了，是'乡村教师'这份职业带给我的特殊荣誉，也算是相互成就吧。机会总是留给有准备的人的。这些荣誉对于我而言，是对自己工作的一份肯定和激励，但同时也是一份监督。"由此可见，不管是在面临困境时所带来的心理落差，还是在对待各项荣誉降临时所带来的特殊感受或待遇，都需要乡村教师个体保持对信仰的清晰认知和坚定，以及积极平和的心态，而这些要素恰好也是乡村教师道德榜样形成和示范作用持续发挥的重要前提。

其中，个体具有清晰认知和坚定力的信仰既指政治信仰，也指职业信仰。没有正确的政治观点，就等于没有灵魂。❶ 为此，在乡村教师的政治方向把握方面，乡村教师道德榜样既是马克思列宁主义指导思想和价值观念的现实体现，也是中国传统美德的继承者和时代精神的代言人，是符合最广大人民群众的利益需求及其阶级道德的具体体现，是坚定的社会主义政治立场和观点的杰出代表，从而为引导社会健康的价值取向、促进社会稳定的发展作出贡献。

在乡村教师对职业信仰的坚守方面，是乡村教师对秉持师道尊严、回归教书育人本真、实施因材施教、遵循从模仿到创新、磨炼平和沉稳品质和具备良好德性等职业品质的深刻体悟，进而形成对乡村教师这一职业系统化的认识、稳定的情感体验和坚定的行为。主要包含热爱农村教育事业和肩负教书育人责任的职业理想，认同和从事乡村教师这一职业的坚定信念，以艰苦奋斗、无私奉献、社会主义道德和中华传统美德为主要内容的师德师风，以正义感、责任感、义务感、良心感、荣誉感和幸福感为主要内容的道德情感，热爱学生和一切美好事物的教师的爱，以及尊重学生个性、理解学生情感和宽容学生不足的包容之心，帮助学生以自身良好的人格为依托，在遵守职业特定规章制度的前提下，更好地完成各项教学事务。此外，在保持积极平和心态的重要性认识方面，在乡村教师面临困境或荣誉时，总是以平常心待之，不以物喜，不以己悲，使自己时刻发扬乡村教师艰苦奋斗、无私奉献、谦虚谨慎、积极创新、求真务实的优良作风，为自觉秉持高尚的道德行为奠定坚实的基础。

二、职业成长和农村生活的情感积淀

根据前文内容分析发现，获得乡村教师道德榜样等各类荣誉称号的个

---

❶　毛泽东. 毛泽东文集：第七卷［M］. 北京：人民出版社，1999：226.

体一般都有在农村学校从教数十年的经历，因此大多数的乡村教师道德榜样都属于这些老教师。在这些乡村教师道德榜样中，部分受访的榜样个体就曾表示，最初从事乡村教师这一职业并非个人主观意愿，而是在城乡差距较大的前提下，抱着"跳出农门"的心理，不想再重复父辈面朝黄土背朝天的生活。尤其是在以前的中师培养"包分配"政策影响下，毕业后留在城市的机会更多，即使被分到了农村学校，也能够享受编制内的安稳与舒适。但是，随着从教时间的延长，或是被农村社会成员的纯朴所感染，或是被农村学校团结和谐的氛围所吸引，或是被农村孩子对知识的渴求所打动，其个体发展的需求发生了质的转型与改变，原本"跳出农门"的过渡心理也被乡村教师这一职业的使命感和责任感所"牵绊"，从而认真、踏实地投入农村教育事业的建设中。"有很多机会可以离开农村学校，但最终还是没离开，我不忍心丢下我的学生。""乡村娃娃很能吃苦，如果好好培养，他们一定能够成才，能够走得很高很远。"这平凡、朴实的话语，却表达了众多乡村教师道德榜样，乃至千千万万个坚守农村教育战线的乡村教师对学生的永恒燃烧的师生情，是他们用自身的热忱、使命感和责任感托起了无数乡村儿童及其家庭的梦想和希望，也担负起了祖国繁荣昌盛的美好期盼。

L 姓男教师，在农村从教二十余年，从一名普通的代课教师做起，2006 年被评为"特级教师"。他的成长经历就较为完整地呈现了其发展需求的层次性特征。他从最开始对温饱的追求，到对身份和地位的巩固，再到对个体发展和价值实现的追求，其默默耕耘的背后不仅蕴含着对成为一名正式教师、有名堂的教师和受人尊重的教师的成长诉求，体现的是以德育人、以文化人的道德品质，还呈现出了对乡村教师这一职业情感的不断深化。还有很多这样的案例。如一名获得"优秀教师"称号的 L 姓男教师在受访时就明确表示："当初并不是想着终身从教，从教的愿望也不强烈，在家里亲戚的劝说下才填报了中师。中师毕业后分配工作，每年都教毕业班，很容易出成绩，比较有成就感，慢慢就喜欢上这个职业了。""最美乡村教师"Z 姓女教师（特教老师）在谈到这个话题时也曾提到："当时城乡差距很大，只想要'跳出农门'。但随着工作的推进和身份的变化，如自己当了妈妈后，对娃娃们的感情越来越深。且随着时间的推移，在行业越来越久，对职业的情感也逐渐深厚。这些都是从点滴小事积累起来的，从自己的付出和学生的反馈中获得的。我们的成就感和幸福感就是源于学生在生活行为上表现出来的一点点变化。"荣获"师德标兵"称号的 Z 姓男教师也表示："我觉得，当几十年的乡村教师的'值'就体现在内心得到了充实，取得了成就，得到了精神上的自由。"当然也不乏少数从一开始就献身于农村教育事业的乡村教师。如作为南京晓庄师范学校"文化大革命"之后首届毕业生的杨瑞清，在其他同学为留在大城市而欢呼雀跃时，他却义无反顾地带着满腔热情选择了回乡。几十年来，他献身农村教育事业，后来被评选为"全国师德先进个人"。其实，不管是出于何种心理而选择了乡村教师这一职业，当他们对农村学校产生了感情，对农村里的孩子培养成才有了使命感和责任感，然后以此促进乡村教师高尚道德品质和行为的养成，也就成就了乡村教师道德榜样的形成。

三、发展目标指引下的行动自为

每个人都面对两个世界：一个是由现存事物及它们之间相互联系所形成的现实世界，另一个是由事物可能存在的状态呈现在人们的精神和思想中的可能世界。作为一种精神活动的道德，是对现实世界的超越和可能世界的应然把握，在现实与应是的矛盾运动中，个体通过对超越现实的道德理想的追求行为实现对现实的否定，从而促使个体得以不断地自我完善和升华。犹如一颗种子在对自己当下不断的肯定和否定中，冲破现有的限制，方能成长为参天大树。乡村教师道德榜样的形成也是在个体对自我的不断辩证思维的过程中塑造出来的，即对个体的自为过程。对乡村教师道德榜样的成长而言，所谓的自为，指的是家庭环境和社会支持都很难改变，即使只有做乡村教师的客观条件，但也要有做不一样的乡村教师的信念，以及相应的积极主动行为。正如"乡村教师师德楷模"郑琦在他日记中写的那样："我作为一名平凡的教师，不可能像前线的英雄战士那样接受血与火的洗礼，也不能像著名的科学家那样作出惊天动地的伟业，但我可以为教好学生付出一颗爱心，为孩子们的健康成长作出我的奉献。"❶ 通过对有关乡村教师道德榜样材料的研读和个案的调查发现，不安于现状的生活态度、各级各类培训对乡村教师专业素质的提升、身边关键人物的影响等因素是促进个体主观能动性发挥的重要前提。

一位获得"优秀教师"荣誉称号的 X 姓男教师就自己的成长经历谈道："我读书和教书都是一个不安分者，但从来不会因为工资少而少做事。'战死沙场'也无所谓，人的一生要有点追求，也是要有梦想的，且苦难也是一种享受。因为长期在村小工作，被他人瞧不起、藐视过，也受到本部门（中心校）的不公平待遇，甚至刚从村小出去的老师都会说上几句。所以我不服输、不服气，很自律，能够严于律己，就是想要证明自己，做给他们看。现在很多会的东西都是我自学的，我敢说现在很多年轻老师都比不上。例如，设计标志、校徽，写毛笔字，学弹电子琴，作词、谱曲，为自己任职的几所学校写了校歌。2019 年，我生病住院期间，还构思给自己写了歌。另外，我还学习了画画儿。自认自己是不服气、不服输的人，我做给你看。我不需要别人认可，我做的很多事情都是我自己想做的，就是要做与众不同的自己，只有自己才能改变自己的境遇。"由此可见，不安于现状的生活态度促使乡村教师个体不断地改变、进步和提出自我发展

---

❶ 晓方，刘长松. 乡村教师的楷模：郑琦［N］. 湖北日报，2005－05－08.

的新追求。他们主动学习信息技术等现代化教学技术和理念，在此基础上，个体对乡村教师这一职业的认识得到不断地深化，又反过来推动对自我发展新的追求，以此促进乡村教师个体素养的提升。

各级各类教育培训对教师专业素质的提升也是乡村教师道德榜样形成和发展必不可少的要素。"最美乡村教师" Z 姓女教师在接受采访时就提到："我之前参与的都是参与式、体验式的培训，而非讲授式的，收获特别大。""优秀教师" L 姓男教师也提到："对老师来说，对教师培训比较重视，教研活动半个月一次，或者一个月一次。外面有关于各类教学和科研提升的培训，学校也尽量搭建平台，让老师们去参加，这对于教师的发展特别重要。"而来自身边重要他人的影响则主要包括其父母亲和学校教师。如父母亲的家庭教育方式，父母亲对工作的理解和支持，受教育过程中师者榜样潜移默化的示范，以及工作中学校管理者的理念引导。"师德标兵" Z 姓男教师就提到："母亲要强的性格对我在成长过程中的性格养成有较大的影响。所以，我在工作和生活中，始终秉持'工作第一'的态度。家里人对我的支持也很大。父亲以前就是教书的，家里早已习惯这种氛围，家里人对我的工作也很理解。""优秀教师" X 姓男教师则讲述道："1992 年，我读中师时，有位老师带我们去实习，他是特级教师，当时我非常崇拜他，觉得他很厉害。通过向这位老师了解到，要能评上'特级教师'不仅教学和科研要好，更重要的是对职业的热忱。从那以后，我暗自以他为榜样，所以才有了主动行为的意识。"

此外，还有很多类似的案例。如 Z 姓男教师就农村学校存在的安全隐患问题落地式探索，并开展了以自我教育、自我管理和自我提高为核心内容的"三自教育"模式，最终解决了这一问题。这一模式的核心是"以人为本"，以培养学生具备攻坚克难的能力，让他们更具有责任心，更具有无私奉献的精神和服务意识；以培养具有正确"三观"、有健全的人格的社会主义建设新人为目标；以培养具有良好的道德品质和宽厚人文情怀的时代新人为宗旨。正是这些乡村教师道德榜样的出现，使农村教育面貌焕然一新。他们立足乡村教师这一本职岗位，以自我发展目标的不断更新为指引，在平凡的生活中书写了自己不平凡的人生，也为农村教育事业的创新发展贡献了智慧，为无数个农村家庭创造了一个又一个奇迹。

第七章　新发展阶段塑造
乡村教师道德榜样的对策建议

　　回首乡村教师道德榜样的演变，随着社会的发展和时代的进步，新的道德风尚和思想观念之所以能够在特定的较短时间内在广大农村地区普及开来，从而为农村教育领域培养和培训了更多的优秀师资，一定程度上提升了乡村教师队伍的整体质量，乡村教师道德榜样在其中起到了不容小视的作用。如对于第一阶段而言，乡村教师主要由民办教师担任，虽然他们没有接受过较高的文化知识训练，大多数人也只是将乡村教师这一职业作为进入仕途的"跳板"，却通过党和国家对符合时代需求的、具有政治身份的乡村教师道德榜样的树立，以及典型事迹和精神内涵的宣传，使各项政策和主张通过榜样示范的作用得到了广泛传播，从而极大地促进了广大人民群众对党和国家相关政策的理解和认同，鼓励着越来越多的知识青年投入农村教育事业。站在历史的新起点，处于立足新发展阶段、贯彻新发展理念、构建新发展格局以推进高质量发展的新阶段，乡村教师被赋予落实"控辍保学"任务、聚焦教学质量提升等义不容辞的责任，塑造道德榜样同样也面临诸多现实挑战。为此，人们也更加清醒地认识到了乡村教师道德榜样的时代方位和历史责任，从而进一步开展对新发展阶段乡村教师道德榜样的价值反思和形象构建，是促进未来农村教育事业发展，乃至中

华民族伟大复兴的必要途径。

第一节　形成乡村教师道德榜样的合理观念

观念的形成是个体在一定的社会文化背景下，通过与外部世界的相互作用而形成的对某一事物相对稳定的认识和觉悟。关于某一事物的观念一旦形成，便会对个体的情感、意志和行为等产生自觉或不自觉的影响。换言之，对乡村教师道德榜样的观念决定乡村教师的理想追求，从而能够进一步指导乡村教师的行为选择，对理想的追求体现在乡村教师个体的教育教学行为和实际生活中，也体现在乡村教师队伍、农村教育事业，乃至整个教育事业发展的进程当中。当前，人们在乡村教师道德榜样的认识问题上还存在诸多偏颇之处，如大多数乡村教师普遍存在如果身体没有残疾、没有病倒在讲台、没有将自己的收入捐献出去而导致生活过于清贫等，就没有申请参与乡村教师道德榜样各个层次荣誉称号的评选资格的固化思维，从而造成乡村教师道德榜样形象内涵的片面化，对乡村教师道德榜样的塑造和示范作用发挥产生了不良影响。因此，塑造新发展阶段的乡村教师道德榜样，需要澄清社会上关于乡村教师道德榜样的种种不良观念，引导乡村教师个体，乃至公众树立正确的乡村教师道德榜样观。从这一层面来讲，有待从历史的塑造进程中吸收相关经验教训，并通过对目前我国社会和教育事业发展的时代机遇分析，引导乡村教师道德榜样观的合理形成。

一、以高质量发展目标导引榜样形象塑造

2017 年，党的十九大提出"高质量发展"这一表述，这表明我国经济由高速增长的阶段开始转向高质量发展的阶段，作为社会子系统的教育事业也随之进入了高质量发展的新时代。所谓"高质量发展"，实际上是对党的十九届五中全会提出的创新、协调、绿色、开放、共享这一新发展理念的高度聚合和概括，它以质量为核心，是适应我国社会主要矛盾转化的必然要求。根据这一理论内涵，推动高质量发展是当前以及今后很长一段时间我国各项事业的根本要求，尤其是关涉着发展的价值取向、目标追求和原则遵循，以更好地为相关领域质量和效益的提升服务。那么对于农村教育战线乡村教师道德榜样的塑造工作而言，高质量发展理念导引下的乡村教师道德榜样塑造工作也需要以质量为核心，遵循创新、协调、绿色、开放、共享的新发展理念，从而助推新发展阶段乡村教师道德榜样的塑造。

具体来讲，塑造乡村教师道德榜样对新发展理念目标的遵循主要体现在以下五个方面。

第一，乡村教师道德榜样创新发展的根本目标是吸引优秀的乡村教师人才服务乡村、扎根乡村，进而成为推动农村教育事业发展的第一动力。新发展阶段，为农村教育培养优秀的乡村教师人才，需要乡村教师道德榜样在不断变化的时代背景下，保持对坚定的政治立场、持之以恒的坚守、无私奉献、艰苦奋斗等优良道德品质和行为的传承，并与时俱进。其中，面向农村地区教师教育质量，如集中体现为师范生的本土化培养和职后乡村教师的培训的提升是其必要前提，需要加大针对农村学校师范生培养的标准、规范和力度，以及增加乡村教师接受学历再教育、参与各级各类培

训，如国培、省培、地培、校培等机会，并加强其师德师风建设和深化治理体制改革。有了高质量的师范生本土化培养和乡村教师针对性的培训，乡村教师高尚道德品质的养成就有了智慧的积淀，那么基于新时代、新变化和新要求的乡村教师道德榜样的塑造也就可以满足人们更加多元化的道德成长需要。

第二，乡村教师道德榜样协调发展的要义是指乡村教师道德榜样在农村教育领域内部以及在教育系统中与城市教育等其他子系统之间保持动态平衡，如不同年龄、性别、身份、区域、类型和层次等结构的教师供给、荣誉评选等与教育实际需求之间的协同发展，这也是乡村教师道德榜样塑造工作持续健康发展所需呈现出的内生特点。具体来讲，新发展阶段推进理想乡村教师道德榜样的协调发展，需要重点关注以乡村教师道德榜样的专业综合素养为评选基准，均衡教师荣誉制度中乡村教师的获评比例及其相应的年龄、性别和来源（农家子弟与非农子弟）分布等方面。

第三，乡村教师道德榜样绿色发展能够提升乡村教师道德榜样的幸福品质，增强个体从事乡村教师这一职业的成就感、获得感和荣誉感，让广大乡村教师能够热心从事农村教育事业、安心开展农村教育教学、静心钻研农村教育质量提升，做到下得去、留得住、教得好。要达成这一要求，首先，需要改进乡村教师道德榜样的评选制度，尤其是合理的竞争与退出机制的完善，并加强榜样之间以及榜样和普通个体之间的交流与合作；其次，需要致力于农村学校的教育软实力建设，如弘扬正能量的乡村教师道德榜样先进事迹、构建顺畅的乡村教师道德榜样生活保障体系，以最大限度发挥"美丽学校"的文化育人功能；再次，需要加强乡村教师个体的职业信仰教育，从而以对乡村教师强烈的使命感和体认继续谱写我国农村教育发展与振兴的新篇章。

第四，乡村教师道德榜样开放发展是指维护农村教育与其他系统之间存在的包容的交互关系，从而使乡村教师道德榜样及广大乡村教师更加自信，是乡村教师道德榜样塑造的必由之路，同时也蕴含了我国从教育大国迈向教育强国的责任履行。在实现乡村振兴和中华民族伟大复兴中国梦的奋斗过程中，乡村教师道德榜样的发展要着力于对乡村教师道德榜样塑造过程中历史智慧的充分汲取和国内外资源的有效利用，以呈现乡村教师道德榜样生活的本真状态，如树立乡村教师道德榜样的"利他有我"观、反对乡村教师道德榜样的"身份固化"观，如农家子弟出身、数十载从教等。

第五，乡村教师道德榜样共享发展是扩大乡村教师道德榜样的受众群体和影响范围，让乡村教师道德榜样的价值得到社会延伸，从而让乡村教师道德榜样的塑造更好地服务于农村教育事业乃至整个社会的发展进步。推进乡村教师道德榜样的共享发展，首先，需要在农村教育投入中增加对于乡村教师队伍建设的比例，提升广大乡村教师的获得感；其次，需要解决乡村教师道德榜样因高尚道德行为而对本身生活造成困境的情况，以便守住道德榜样行为崇高性的底线；最后，需要不断优化乡村教师道德榜样的宣传工作，包括对实事求是、全面适时、注重精神内涵和保护隐私等原则的坚持，在继承主流媒体舆论主导地位和传统宣传形式的基础上，加强对"互联网＋"时代大众传播媒介的运用，以便对乡村教师道德榜样进行全方位、多种形式的宣传，实现乡村教师道德榜样最大限度地共享。

二、对社会主义核心价值观的涵育

自 2012 年党的十八大报告提出社会主义核心价值观的"24 字"倡导宣言以来，经过多年的培育和践行，已然奠定了其在各条战线工作中的理论指导地位。根据前文所述，新时代乡村教师道德榜样是人格化的以社会主义核心价值观为核心的乡村教师道德的化身，凝聚并彰显了社会主义核心价值观的道德价值，也推动了社会良好道德风尚的形成。培育和践行社会主义核心价值观，其本质就是人的思想和灵魂建设的问题，这本身就是一项长期而又复杂的任务，因此，在乡村教师队伍中树立起以社会主义核心价值观为内核的道德价值理念，也是一项长期而又艰巨的系统工程，不是短时间内就能一蹴而成的。换言之，在新的发展阶段，乃至未来很长一段时间，我国的乡村教师道德榜样都仍然是对以社会主义核心价值观为内核的乡村教师师德的涵育。

习近平总书记曾指出，不论我们所处的时代和生活的格局发生了多大的改变，都要注重将家庭、家教和家风建设与社会主义核心价值观的培育和践行紧密结合，尤其是要注重对优秀传统家风的历史传承和立足时代语境的创新发展。因此，涵育乡村教师以社会主义核心价值观为内核的道德榜样观，也需要乡村教师个体从日常生活场景、活动和载体等家庭的细微处下功夫，推动社会主义核心价值观在家庭中的良好培育和践行。任何一种价值观在全社会的确立，都是一个思想教育与社会孕育相互促进的过程。❶ 为此，涵育乡村教师以社会主义核心价值观为内核的道德榜样观，还需要在学校的教育教学活动中内化道德知识，并将其外化在精神文明建设的各个环节，两者相辅相成、相互促进，潜移默化地增进乡村教师对以社会主义核心价值观为内核的道德榜样观的认同和践行。概言之，为达到在广大乡村教师中形成以社会主义核心价值观为内核的乡村教师道德榜样观的目的，需要乡村教师个体从家庭的细微处下功夫，并融入自身教育教学活动和社会主义精神文明创建活动的全过程。

---

❶ 中共中央宣传部. 习近平新时代中国特色社会主义思想三十讲［M］. 北京：学习出版社，2018：197.

三、以法治思想引领制度意识培养

当下社会讲究法治，何为法治？即社会上人和人的关系是根据法律来维持的。● 这并不是说没有人为因素或道德的作用发挥。相反，无论是在中国传统的文化思想中，还是在中华民族的伟大实践中，历来注重法律和道德二者在社会关系调节和行为规范中的作用。且从中国传统道德的历史发展过程来看，道德是同时受自我演进和主动建构两种力量的驱动不断演化和发展的，就个体道德形塑而言，其主动建构的力量要远大于自我演进的力量。然而，虽然道德的养成更多地决定于个体的自觉和主动意识，但由于法治社会"国家主导"或"权威主导"大于"个体主导"价值导向的存在，而政策等法律规范又是国家和权威力量的主要表现形式，对遵守规则就是美德的定义也呈现了法律规范在道德形成过程中的作用，因此，加强法律规范的制约在个体道德形塑的过程中发挥着重要作用。换言之，法律的强制力是维护道德的底线，为社会良好道德风尚的形成提供有效保障；而道德通过对社会主义核心价值观的涵养教育和践行，以及对高尚社会公德、职业道德、家庭美德和个人品德的养成和彰显，则反过来为法治建设提供有力支撑。

国家在个人权利方面确定的许多法律，其目的在于保护社会安全和厘定个人权利，但往往由于人为因素，特别是社会舆论的影响，加之环境的改变，从而促使法律随着时间改变其内容。如最初的法律照搬于西方国家，对个人平等主义的强调与民间传统的伦理观念差距很大，从而造成了法律在社会中的负面效应，导致坏的行为却是合法行为的实践矛盾，使得

● 费孝通. 乡土中国 [M]. 北京：北京大学出版社，2012：81.

人们对个体品格的修养产生怀疑，因此破坏了社会风气。所以，法律的厘定需要与时俱新，也呼吁着个体的良心和自觉行为，了解并遵守社会的法律规范，从而为良好的社会风气提供保障。对于农村教育战线上乡村教师道德榜样各项塑造工作的开展也是如此。乡村教师道德榜样道德品质的养成需要相关法律提供底线思维，榜样个体的选树需要大家公认的标准，以体现其权威性和公平性，其先进事迹和榜样精神的宣传也需要相应的法律予以规范，而当前法治思想的提出正是对上述工作能够顺利开展最无声，也是最强有力的保障，从而推动我国社会主义现代化国家建设的进程。

四、对乡村教师身份的乡土认同

社会结构格局的差别引起了不同的道德观念。[1] 在中国，数千年以来的乡土社会基层结构的"差序格局，"使得我国在政权建设过程中始终存在着"中心—边陲"的二元对立模式，即由于党和国家相关政策和指令无法第一时间毫无偏差地渗透到农村教育的具体实践当中，那么乡村教师道德榜样就成了搭建两者之间桥梁的有效方法，从而提升民众对主流意识形态的认同，促进抽象的政策理论向具象的行为认知转变。在当今世界的大变革与大调整之中，中国社会主义仍然处于并将长期处于社会主义初级阶段的基本国情没有改变，但各种思想文化的交流、交融和交锋却变得更加频繁，宗教渗透和意识形态的矛盾也愈演愈烈，从而使各条战线的工作都面临着诸多困境。表现在农村教育战线，由于中国的社会关系从因地缘关系而形成的熟人社会向半熟人社会发生了转变，社会对个体道德的约束力减弱，加之现代化对乡村中乡土成分的日渐剥夺，导致农村学校教育也逐

---

[1] 费孝通. 乡土中国 [M]. 北京：北京大学出版社，2012：51.

渐脱离乡土实践，乡村教师也逐渐沦为乡土社会中的他者，从而进一步引发乡村教育推动农村社会发展和振兴功能的丧失。那么新发展阶段，塑造理想的乡村教师道德榜样，提升对乡村教师身份的乡土认同便是其必要前提。

（一）　明确身份乡土认同的核心内涵

对乡村教师身份的乡土认同就是对乡村教师自身归属的主动追求，是乡村教师个体对自己乡村教师角色和身份的体认，愿意且主动将自己归属于乡村教师群体，能够接受并践行乡村教师的价值取向、原则和行为规范，能够认定并承担乡村教师所应承担的权利、义务、责任和规则等，它与乡村教师道德发展共生，决定着乡村教师道德水平的高低。其中，"我是教师"是对身份归属的定义，而"我是乡村教师"，是乡村教师对自身身份的乡土认同，才是乡村教师身份认同的核心表现，也是乡村教师道德榜样所体现出的基本特征。如前所述，从我国乡村教师所处的地理环境来说，他们工作、生活于乡村环境中，与农民无异，但从社会关系来说，乡村教师与生活在乡村的人民来说又有着本质的区别。他们作为被动的乡村群体，必然面临着身份的选择，他们的过往经历、当下的社会环境、与农民和城乡教师的互动状态都会影响他们的身份认同，导致他们不能在短时间内提升对乡土文化的归属感，变成地道的乡村教师。概言之，乡村教师道德榜样是在乡村教师与自我的关系、乡村教师与学生及其家长和社会的关系、乡村教师与乡村教师整个共同体的关系中寻求自身的定位和身份归属，从而明确自我身份的乡土认同，促进其高尚道德品质的养成。基于此，新发展阶段深化和提升对乡村教师这一职业身份的乡土认同，可以从个人主义与集体主义的关系辨析、乡村教师职业信仰的确立和乡村教师道德共同体的构建等角度进行突破。

（二）正确看待个人主义与集体主义的关系

近年来，对乡村教师育人特性的突出强调和对无私无我集体主义原则的过分强调造就的教师道德品质使得公众对乡村教师，尤其是乡村教师道德榜样这一群体道德品质的认知和期待脱离了其应然层面的社会需求，远远高于他们可达到的实然境界，那么乡村教师道德榜样在这些来自公众的过高期待影响下不能作出被期待的行为，就容易导致其个体的角色发展定位发生错位或者缺失，从而引发个体的畏难心理，影响道德高尚行为的主动性和积极性。为此，新发展阶段提升对乡村教师身份的乡土认同以塑造理想的乡村教师道德榜样，首先要求个体正确看待个人主义与集体主义的关系。

农村教师是农村社会中最具文化底蕴、凝聚力和号召力的集体，这一特点对于在当今社会思潮和价值观多元化的时代背景下，维护和巩固社会主义核心价值体系的主导地位发挥着强大的保证作用。面对特定时代的特定困难，作为农村社会主要知识分子的乡村教师统一自己的思想以自觉抵制不良思想的侵害，同时树立先进的乡村教师道德榜样，引导广大师生和人民群众将个人价值观和行为向道德榜样看齐和靠拢，由此可见，乡村教师对个体道德修养和品质的培养历来都是非常重视的。乡村教师道德是乡村教师在乡村社会生活和交往中所应共同遵守的行为准则和伦理规范，体现了乡村教师特有的精神面貌和文化素养。所以，当前乡村教师道德榜样的塑造强调个人道德修养的提升是具有重要意义的，他们身上所具有的良好的道德修养不仅能够给自己带来快乐和满足，也代表了乡村教师队伍的形象，从而给他人和社会带来进步。但这并非意味着集体主义与个人主义是非此即彼的关系，相反，两者在乡村教师道德榜样的塑造过程中是相辅相成的。乡村教师道德榜样首先要具有集体主义观念，在此前提下，个体的道德修养才能成为乡村教师的道德修养，而个体的道德修养可以提高乡村教师的思想道德水平，这能够帮助广大乡村教师认识到集体主义道德观念在促进乡村教师队伍建设、农村教育事业发展和社会主义和谐社会构建方面的关键性作用，两者相互协调、相互促进。

（三）确立乡村教师职业信仰

德国思想家雅斯贝尔斯曾指出："教育需要信仰，没有信仰就不成其为教育，而只是一种教学技术而已。"那么，"乡村教师"作为一种职业，确立乡村教师职业信仰就不仅特指需要接受专门方法技能训练和提升能力的一项职业，而且还表示对乡村教师职业信仰的表白与承诺，是乡村教师最为重要的内在精神，它在支持乡村教师拒绝万花筒般诱惑的同时，可以帮助乡村教师坚定未来的目光，填补外在物质无法充盈的精神世界，从而为其提供强大的信仰力量，引导乡村教师群体走向职业的高深之处，享受职业的乐趣、体悟人生的幸福。纵览新中国乡村教师道德榜样，他们无不怀有强烈的使命感和体认，他们心怀信仰、身体力行、躬耕讲台、不懈努力，❶ 才能不断谱写出我国农村教育发展与乡村振兴的新篇章，并成为未来我国思想道德建设和人才培养的宝贵财富和指路明灯。

然而，反思当前我国的乡村教师，对这一职业的信仰是比较缺失的，主要表现为缺乏对"乡村教师"这一职业的热爱和坚定的信念，教育功利主义在乡村教师群体中的泛滥，以及对乡土和教育情感的枯竭等方面，使得乡村教师道德榜样因缺乏情感的积淀而塑造乏力，也因此而示范受阻。究其原因，第一，乡村教师职业信仰的缺失有其深刻的社会历史原因。从人类社会漫长的发展历程这一角度来讲，最重要的精神调节力一般有三种

---

❶ 翟小宁. 我的教育信仰：责任与担当 [J]. 中国教育学刊，2017（1）：62－67.

形式，即宗教信仰、政治信仰和职业意识。教育终究是需要个体怀有信仰的事业，农村教育更是如此，农村地区艰苦的工作条件和生活环境要求个体对"乡村教师"这一职业怀有明确的意识和坚定的信仰。但是对于新中国来讲，我国精神领域的主要调节力是对党和领袖的热爱，对社会主义的忠诚。从我国传统道德思想角度来讲，基于从小农经济发展起来的社会结构，即以血缘关系为核心而构建的从家庭—家族—宗族—社会和国家的层级结构，促使道德伦理观念始终成为教育的重要内容，导致传统的教师是一种自上而下的绝对权力和绝对服从的道德形象，强调的是教师外在行为的规约，偏重政治权力，彰显其工具价值。虽然时代的发展和社会的进步促进了教育公平而有质量的发展，但这些根深蒂固的传统道德思想一直辐射影响并在一定程度上阻碍着乡村教师道德榜样的发展演变和教育的现代化步伐。第二，乡村教师职业信仰的缺失还受其鲜明的社会现实影响。主要体现为乡村教师师德建设被作为一种职业道德进行规范化教育，即强调道德法典、知识和技能教育等技术性的培养、培训方式和手段，这些源于外在于人的客体世界运行规律的需要而接受的道德规范引起了乡村教师群体对道德和信仰的疏离感、对立感。

对此，陶行知说过："要想完成乡村教育的使命，属于什么计划方法都是次要的，那超过一切的条件是同志们肯不肯把整个心献给乡村人民和儿童。"❶ 因此，确立对"乡村教师"这一职业的信仰，重点是培植乡村教师个体的乡土文化自觉，滋养乡村教师对农家子弟全面成长的关注、对农民生存和农村社会发展的关切等稳定情愫，这有助于乡村教师对其乡村教育责任感和使命感的自我培养，是促进乡村教育事业发展的动力之源。作为一种由内而外生成的结果，乡村教师的职业信仰除了个体的主动作为，也可以通过外部环境的改善予以确立。如乡村教师本土化培养的推进（主

---

❶ 陶行知. 陶行知全集：第2卷［M］. 第2版. 成都：四川教育出版社，2005：106.

要指面向农村地区输送优秀师资的师范教育的课程设置与内容选择等，这在后文中培育主体联动部分的学校道德教育内容中将有进一步的阐述），乡村教师物质生活条件的改善，以及乡村教师本土服务制度的规范化（保障义务和权利的对等性）等方面。

（四）组建乡村教师道德共同体

马克思实践哲学认为，人的本质是各种社会关系的总和。因此，构建共同体是提升人的境界的有效途径。表现在乡村教师道德领域也是如此。道德共同体具有"道德人格的平等性、道德信仰的共同性、道德文化的继承性、道德价值的共识性、道德情感的依恋性、道德与幸福的统一性"❶等特征，构建乡村教师道德共同体能够深化和提升乡村教师身份的乡土认同，进而成为促进乡村教师道德观合理形成的有效途径。结合前文对道德的分析不难发现，非正式谈论作为谈论的特殊形式，是乡村教师道德共同体发挥控制功能的关键因素。因此，乡村教师道德共同体是一种以非正式谈论的形式谈论基于"集体主义意识"道德的乡村教师群体，是通过广大乡村教师和人民群众创造的、公共舆论形式而形成的，由所有乡村教师道德的"循规蹈矩"者组成的乡村教师道德联盟，它以乡村教师职业伦理和公民道德为精神核心，能够通过营造舆论环境让反对乡村教师道德要求者改变想法，通过群体性行动能够将损害乡村教师道德和公共利益的行为消灭在萌芽状态中。在这一过程中，乡村教师的道德水准也会发生改变，为更"有道德"和以利他主义为特征的乡村教师和人类演化提供可能性。

从这一层面来讲，学校作为开展道德教育以促进乡村教师个体道德品质发展的主要场所，承担着构建乡村教师道德共同体的主要责任。以学校

---

❶　龙静云. 我国社会道德共同体及其型构策略［J］. 中州学刊，2015（1）：84－91.

为基本单位，通过对法律或非正式规则的共识达成，共同利益最大化机制的建构，民主管理方式的建立，以学科、教研组或共同的价值目标、志向、兴趣等为基本单位的小型道德共同体的自发组建等多种方式创造自身独有的精神气质，从而形成一种道德人格和道德性不断向优秀发展的学校道德文化，便是构建一个具有良好道德氛围的乡村教师道德共同体的主要策略。此外，在新发展阶段，互联网使得世界文化的传播更加均质化，一些共同遵守的法则为建立乡村教师道德共同体创造了条件。但同时，在构建乡村教师道德共同体的时候也要注意防控其有利条件的负面影响，如种族中心主义和仇外心理的发展与结合，会使得共同体陷入四分五裂的状态。因此，乡村教师道德共同体构建的范围还可以扩展到以地区、民族和国家等为基本单位，这也是新发展阶段促进我国乡村教师道德共同体组建的重要策略。

第二节　引导乡村教师道德榜样的素质养成

乡村教师道德榜样的素质养成指在多种因素作用下，促进乡村教师道德修养从较低水平向较高水平发展和提升，是塑造乡村教师道德榜样的必要前提。关于影响个体道德修养的因素探讨，自古以来就颇具争议。先验论者认为，人的道德修养是天赋的，且重视教育对先天潜能的开发；而后天生成论者则认为，道德重在后天教育和环境对人性善恶的塑造。尽管看法相悖，但两者都提到了教育和环境在个体道德修养挖掘和形成过程中的重要作用。同时，西方早期的研究也表明，个体素质养成的特殊过程是通过文化传递的方式完成的，最初从自己家人身上习得，而后通过对他者的观察、模仿和效法，构建自身的道德信念，从而提升应对他人压迫的道德能力。因此，作为个体的第一生存和发展空间，家庭是道德榜样素质养成的逻辑起点。而群体所共同遵守和承认的传统习俗和文化体系又是维持从父母和同伴处习得并内化的道德准则的关键因素，因而社会文化体系是影响道德榜样素质养成的重点，包括学校教育和社会环境。概言之，乡村教师道德榜样的素质养成是在家庭、教育和社会环境的综合体系作用下不断发展的历史过程。

一、注重家庭良好氛围的营造

家庭既是社会生活的基本单元和组成细胞，也是道德实体，每个家庭成员都扮演着特定角色而承担着相应的家庭责任并履行家庭义务。而由于乡村教师道德榜样个体在"大家"上有着卓越的表现，必定搁置了在"小家"上的责任履行，因此其高尚道德行为的维持与和睦需要有约束的自由，即需要家庭成员之间责任感与爱的联结，以填补榜样个体家庭责任履行的缺位。换言之，乡村教师道德榜样是个人的行为，更是整个家庭的行为。塑造和维持乡村教师道德榜样的良好形象，要求家庭成员给予榜样个体高尚的道德行为以理解、关心和支持，从而为乡村教师个体的道德成长营造良好的家庭氛围。让家庭成为孕育其道德成长的逻辑起点，也成为保护其长期示范作用发挥和良性发展的坚实后盾，以免除乡村教师道德榜样个体"舍"小家、"为"大家的后顾之忧，为其高尚道德的主动持续行为提供不竭动力。

行动的前提是认识，即行为的发生在客观上要求思想认识要到位。个体心理结构包括认知、情感和行为三个构成要素，彼此之间相互影响和相互制约，共同决定着个体生活的幸福与否。且对于良好家庭氛围的营造，中国自古以来就重视其在个体道德成长中的作用。因此，为获得乡村教师家庭成员的行动支持，营造乡村教师道德榜样成长的良好家庭氛围，包括长辈、伴侣和子女在内的家庭成员应该深刻认识到：家人之间的扶持不应致力于为个体谋划未来能够有个好前途，而是应关心他们目前正在做的事情，以及他们的感受和经验；家庭成员之间互动的目标和反馈要明晰而不存在歧义；个体道德成长需要给予选择的自由权，只要他们准备好面对任何结果，也可以允许打破常规；要乐于为个体提供富有挑战性的任务和机会，因为"凡是让儿子席丰履厚、悠游岁月的人，都是不大知道看榜样，不懂得自己所处的时代的"❶。概言之，认同并内化关于乡村教师道德的认识为价值观念，增强以榜样个体为中心的直觉的和伦理的情感体验，从而外化为对乡村教师个体高尚道德行为的支持行动。将在这样家庭成长的个体和在不太有序家庭成长的个体相比较能够发现，不管是在家里与家人相处的过程还是独自或者在学校学习的时候，前者的习得能力都比后者较快、较好，成为乡村教师道德榜样的可能性也更大。

二、增强学校道德教育中的"为农"意识

教育作为一种社会性的活动以及实现人的需要和政治社会化的最根本途径和手段，不仅向受教育者传授特定的文化知识和基本技能，而且使受教育者从道德自然走向道德自律的社会功能的彰显，即教育从一开始就是扬善的行为。❷马克思也强调了教育在促进包括个体的体力、智力、兴趣和思想道德等方面，得到自由而充分的发展这一过程中的作用，教育让人通过掌握符号成为一个精神的人，能够促进个体，包括道德在内的全面成长，从而过上幸福、完整的生活。对于人们道德修养的培养、道德觉悟的

---

❶　约翰·洛克. 教育漫话［M］. 傅任敢，译. 北京：教育科学出版社，1999：11.
❷　李合亮. 思想政治教育探本［M］. 北京：人民出版社，2007：40.

提高和社会风气的改造，我国主要采取学校教育、职业实践、舆论宣传和伦理学科的方式，而"道德教育如果没有教学，则是一种失去了手段的目的"❶，因此，学校是进行系统道德教育的重要阵地，要探讨道德榜样培育过程中的教育因素，主要是就学校的道德教育来讲。

　　所谓学校道德教育，是指学校依据一定的道德原则和规范，将社会所需要的理想道德人格，通过课堂教学、活动教学等隐性或显性的教学活动，有目的、有计划、有组织地施加在人们身上的交往活动。通过学校的道德教育，以及成人之道、做人之理，能够帮助个体将一定的道德要求内化为个体的道德品质，使其成为真正意义上的人，对社会生活发生作用，而非仅局限于使人成为从事某种职业、具有某方面知识技能的片面的人。在个体受教育的过程中，教育的外部因素，如教师的以身作则和同伴群体的交往，与个体的内生因素，如需要、动机、情感等发生交互作用，形成个体对于道德知识和规范的认识，❷ 辅之以"自求自得"的主观道德理想和目标动机，从而通过"行"践行和实现有关道德的"知"和"情"。换言之，学校道德教育的过程也是晓之以理、动之以情、激之以志、导之以行的过程，❸ 它促进个体形成完整的道德认知，并将其转化为深刻的道德情感和坚定的道德信念，再转化为自觉的道德行为习惯，最终成为个体的道德品质和情操。

　　落实到有关乡村教师道德榜样培育中的学校教学层面，一方面，由于在学校这一场域中接受的以乡土特色的道德伦理为内容的道德教育是提升乡村教师思想道德水平的主要途径，并能够让表现突出的乡村教师在群众中形成示范，成为群众的道德榜样，达到感化群众进而形成良好社会风尚

---

❶　赫尔巴特. 普通教育学·教育学讲授纲要［M］. 李其龙，译. 北京：人民教育出版社，1989：18.

❷　鲁洁，夏剑，侯彩颖. 鲁洁德育论著精要［M］. 福州：福建教育出版社，2016：13.

❸　陈桂荣. 中国传统道德概论［M］. 北京：社会科学文献出版社，2014：193.

的目的。故而，乡村教师道德榜样的素质养成也要注重任职学校道德教育活动中乡土成分的凸显，如校风建设和各类培训中对乡土文化的传播。另一方面，由于当前我国乡村教师多渠道补充机制的形成，且个体在接受职前系统的乡村教师相关知识之前，就已经具备了在社会环境的影响下形成的有关教师道德的概念与认知，那么通过职前较为系统的教育，可以奠定乡村教师道德习惯的基础，从而以种种方式表现着自己的道德意志、品质和行为。为此，从培育乡村教师的学校层面来讲，还需要在职前乡村教师培养的教育教学中凸显道德教育活动的乡土特性，以便形成自觉遵循教学实践活动中乡村教师道德规范的职业道德能力。如师范教育在对乡村教师的本土化培养，以及面向农村地区培养合格教师的师范教育和非师范专业毕业生进行系统的入职前培训中，对乡土文化的回归与强调。

概言之，加强乡村教师道德榜样素质养成过程中的学校教育阵地建设，主要包含了乡村教师培养、培训过程中的道德教育两个部分，即增强面向农村地区的教师教育教学中道德教育的"为农"意识，主要关涉其内容选择、课程设置和形式变革。第一，乡村教师道德教育的内容选择要避免知识化的陷阱。受西方思想和当下科学主义影响，对人性和物性把握的失当使得道德教育向智育看齐，道德教育中理应是人与人之间的"理解"关系，却已被物与物之间的理性"认知"关系所取代。道德教育成为单一的道德规范等客观知识的获得过程，而遗忘了其生活化的本真特性，遗忘了历史和文化因素，抽离了主体生命的表征内容，忽视道德情感而盲目追寻抽象的道德概念和行为规范，自上而下和由外而内的"应该怎样做"的规范问题僭越为道德的根本问题，从而成为一门客观、科学的学问，无法企及人的心灵，背离了道德教育的本真价值，是消极的自我放逐和消解。而只有立足于道德与生活有机融合存在的这一事实，从现实生活的方方面面着手，并与其他教育形成教育的合力，才是进行乡村教师道德教育的正道。第二，乡村教师道德教育的课程设置需要"量身定制"。现有的为农村学校培养和输送合格师资的课程具有明显的"离农"倾向，造成了乡村教师缺乏对农村和农民的了解。为此，针对乡村教师的课程调整，需要促进乡村教师对乡村生活产生必要的认同，需要重视教育对象在乡村生存生活的能力培养，以增强个体意识中的"为农意识"，那么对于真正愿意持久地扎根农村与服务农村教育的师资培养就有了保障。最后，结合道德本身所具有的实践性、普遍性、全人类性和与物质生活存在直接联系的特性，以及前文对乡村教师道德榜样演变的分析，新发展阶段我国乡村教师道德榜样塑造过程中的学校道德教育还需打破传统的班级授课制等集体教学组织形式，通过"互联网＋教育"平台创新组建信息化培养培训组织形式，实现远程交流与咨询的无缝对接与精准指导，从而促进道德教育结果的优化。

三、形成社会环境因素的多方合力

社会是进行公民道德教育的大课堂。❶ 人的道德产生是特定社会历史条件作用的结果，其道德成长也是在社会的实践生活中得以实现的，当内在于个体的道德情感和外在于社会的道德行为从量的积累达到质的飞跃时，就有可能成为现实生活中的道德榜样。社会环境是一个极其复杂的结构系统，但就前文分析，乡村教师道德榜样培育活动的社会主体主要包括所处社会的政治环境、经济环境和文化环境，它们无形渗透在乡村教师个体的道德成长过程中，并影响着其道德榜样的培育。换言之，坚定社会主义教育方针，并加强政府与民众之间的双向互动，化解经济关系中的矛盾和冲突，丰富相关文化的精神内涵，是对乡村教师道德榜样发展方向和实

---

❶ 本书编写组. 《公民道德建设实施纲要》学习读本 [M]. 北京：红旗出版社，2001：9.

然向度的正确把握，也是对乡村教师高尚道德品质养成的质量和速度保障。

首先，政治环境体现出人们的精神需求，通过国家权力与民众之间相互作用的政治活动直接影响个体的社会道德活动，规定着道德榜样培育的发展方向和速度。如马克思和恩格斯就认为，资本主义的道德只是个体的偶然发生，是为着降低交易成本而扮演的角色。如儒商，实则是剥削和"合法"地盗窃劳动者的剩余价值，其大工业生产虽然为人的全面发展创造了历史条件——促使人们掌握生产过程的基本原理成为可能，❶ 但也使工人异化为工具，导致个体的片面发展。而在追求共产主义社会必然道德的前进道路上，通过不断的革新以改造社会、营造社会道德，进而促进个体的道德成长和全面发展。

其次，一切道德思想和理论归根结底都是社会经济的产物。❷ 社会经济决定着道德体系的性质及其发展的实然向度，经济关系的矛盾和冲突直接影响着道德领域的斗争，对道德体系中的道德原则和规范产生直接影响，并由此进一步促进道德榜样培育的辩证发展。如新中国成立初期，我国本来就面临着教育和经济一穷二白的困境，而西方资本主义国家却又对我国实施了经济封锁，使得我国处于孤立无援的状态，却因此激发了中国人民奋发图强、自力更生、艰苦奋斗、勤奋敬业等优秀的道德品质，也自然映射到了当时的乡村教师群体之中，他们帮助乡村教师道德榜样形成了以艰苦奋斗、无私奉献、持续坚守等为核心的高尚道德品质。而现如今因各种因素而拉大的城乡差距和贫富差距容易造成人们的"仇富"心理，即为了争取和维护自身的"正当"权益而采取不正当行为，从而消解对诚实劳动的道德认可和价值判断，也为乡村教师高尚道德品质的养成设置了诸

---

❶ 顾明远. 马克思论个人的全面发展：纪念《资本论》发表150周年 [J]. 教育研究, 2017 (8)：4-11.

❷ 马克思，恩格斯. 马克思恩格斯文集：第9卷 [M]. 北京：人民出版社，2009：99.

多阻碍。

最后，文化是道德建设的源泉。在特定的文化环境中，通过本身所蕴含的人文精神和价值观念体系，为人们的道德行为选择"提供意义的解释框架和寻求意义的基础"❶，塑造着人们对道德的基本信仰和价值观，形成与周围人们的关系的世界观，促进个体对道德的认识、理解和价值判断，从而作用于个体道德行为的内化与选择。如在新中国成立之初，对旧文化的改造和对马克思主义的宣传启蒙教育使得社会主义文化得以初步繁荣，既促使马克思主义的指导地位得以在农村地区巩固，提高了乡村教师对社会主义新中国的道德认同，又确立了以阶级斗争为基本价值取向的国家观念，为以社会主义文化传播为载体的道德教育打下了基础。而之后"身体叙事"和"下半身写作"的文学方式追求大众文化的娱乐功能和感官刺激功能，从而弱化了农村社会的道德理性、审美价值和人文深度，导致乡村教师判断的非道德化或反道德倾向，阻碍乡村教师个体乃至社会道德水平的整体提升。

第三节　创新乡村教师道德榜样的选择机制

塑造乡村教师道德榜样是一个漫长而又复杂的过程，塑造时代理想的乡村教师道德榜样并发挥其教育作用，合理选择乡村教师道德榜样是其关键环节。作为乡村教师道德发展的前进方向，乡村教师道德榜样一方面是乡村教师个体根据自身的实际情况自我选择的结果，另一方面是社会根据特定时代的需求和现状进行选择的结果。其中，乡村教师道德榜样的社会选择，在助推个体自我选择的同时也制约着个体的自我选择，而自我选择

---

❶ 李培超，李彬. 中华民族道德生活史：现代卷［M］. 上海：东方出版中心，2014：392.

又反作用于社会选择。因此，只有将社会选择乡村教师道德榜样所依据的各项规则内化为乡村教师个体的价值认同，社会对乡村教师道德榜样的理论构建才能转化为客体，即乡村教师的行动实践，这就要求乡村教师道德榜样的选择需要从乡村教师的实际需求出发进行思考。从新中国乡村教师道德榜样发展的七十余年历程来看，乡村教师道德榜样的选择发生了积极的转变，但其面临的挑战也同时期有了新的变化和发展。在新发展阶段，基于已有的历史经验，结合我国乡村教师道德发展的实际需求和现实状况分析，坚持社会选择的层次性原则、确立多样化的道德行为评价标准、保证乡村教师以主体身份参与评选等，都是选择人们心中理想的乡村教师道德榜样，从而能够最大限度地发挥其教育作用的必然途径。

一、坚持社会选择的层次性原则

结合前文内容分析，新发展阶段乡村教师道德榜样的选择在秉持导向性、真实性、全面性和时代性等原则的基础上，还要特别注意到乡村教师道德榜样选择的层次性问题。第一，乡村教师道德榜样选择的导向性即贯彻政治导向性原则，要求旗帜鲜明地选择以马克思列宁主义、毛泽东思想、邓小平理论、"三个代表"重要思想、科学发展观和习近平新时代中国特色社会主义思想为指导思想践行核心价值体系的优秀乡村教师代表；真实性要求社会在选择乡村教师道德榜样时要有足够的调查研究，不虚假，不拔高，要耐心听取周围人的评价，并通过各大媒体在全社会进行公示，确保评选信息的真实性和可靠性。第二，全面性原则要求社会在选择乡村教师道德榜样时，不片面强调乡村教师某一方面的道德品质，而应该对践行社会公德、职业道德、家庭美德和个人品德的乡村教师模范进行全面发掘和立体呈现。第三，时代性要求乡村教师道德榜样的选择和塑造，始终要围绕新发展阶段党的思想政治教育工作和农村社会主义精神文明建设内容，去发掘乡村教师道德榜样中最具普遍价值引导性和广泛影响力的时代精神，以增强榜样教育的实效性。

在新发展阶段，对乡村教师道德榜样选择层次性原则的遵守就要求乡村教师道德榜样的选择要在个体的成就、年龄、性别和出生地等方面呈现出差异，为达到这一目的，最为重要的是建立一个有层级性的乡村教师道德榜样体系以供社会在选择乡村教师道德榜样时使用。这是因为，从个体道德发展层面来讲，处于不同生存和发展阶段的乡村教师会根据自己的现实境况去寻求符合自己需要的乡村教师道德榜样，而随着乡村教师个体道德需求的发展，其欲望层次得以不断提升，就会确立更高层次的精神追求。如尚处于新入职阶段的乡村教师对乡村教师道德榜样的认同具有一定程度的世俗性，那么过于年老和功成名就的乡村教师道德榜样形象就会让他们觉得可望而不可即，从而失去道德榜样应有的力量。相反，对于那些已经具有相对稳定的专业发展状态的乡村教师而言，树立上述类型乡村教师道德榜样则更容易引导和启示他们寻求更为完美的自我。同时，从群体道德需求层面来讲，不同地区和不同民族的乡村教师在地区需要和文化习惯等方面都存在着很大的差异，这也就造成了即使是社会一致认可的乡村教师道德榜样也不一定符合特殊的乡村教师群体的需要，甚至还会因为传统习俗和文化习惯的不同而产生自我矛盾，进而难以为广大乡村教师所认同和模仿。

为此，在新发展阶段乡村教师道德榜样选择的层次性要求社会在选择乡村教师道德榜样时，既要有最高理想层次的广大人民群众的楷模，也要有共同理想层次的乡村教师的榜样；既要有国家级、省市级的影响广泛深远的乡村教师道德榜样，也要有在一定范围内产生较大影响的校级的、同伴级的眼前的乡村教师道德榜样；既要有从教数十载坚定扎根乡村的乡村教师道德榜样，也要有从教时间不长，却对乡村教育作出突出贡献的先进典型；既要有不同性别的乡村教师道德榜样，也要有不同出生地（农家子弟、城市子弟）的乡村教师道德榜样。这种层次性的区分并不是要强调何种乡村教师道德榜样更为高尚，而仅仅是从其所产生的影响力、感召力的大小以及影响范围的广狭进行的物理区分。树立不同层次的乡村教师道德榜样，其目的是让广大乡村教师和人民群众都能够从中找到自己效仿的对象，从而形成覆盖面广、感染性强的乡村教师道德榜样群体，以实现乡村教师道德榜样示范效应的最大化和最优化。

二、确立多样化的道德行为评价标准

什么样的乡村教师能够被广大乡村教师和人民群众选择和树立为道德榜样取决于他们对乡村教师道德行为进行评价的标准，即确立乡村教师道德行为的评价标准是选择乡村教师道德榜样首先需要解决的问题。

新中国七十余年乡村教师道德榜样的演变历程已然证明，按照不同的标准和角度来考察和评价乡村教师的道德行为，那么形成的乡村教师道德榜样类型也会是不同的。而在这些不同类型的乡村教师道德榜样中，除了各自独有的特征，还存在一些共有的特征，有值得借鉴继承的，也有需要批判破除的。其中，关于乡村教师"利他损己"的行为表征成为公众在评价一个乡村教师道德行为是否高尚的潜在标准，并进而形成了只有乡村教师的道德行为是专门利他且自身作出了牺牲（如病倒讲台、捐献工资、不顾家人）时，才能算得上是乡村教师道德榜样的刻板印象。实际上，就个体的道德本质而言，乡村教师道德榜样本身也还存在着道德发展水平的差异，不仅有"损己利他型"，还包含"先人后己型"和"利他利己型"，是乡村教师道德榜样道德行为由高到低的体现。同时，在多元文化和价值观的碰撞下，新发展阶段乡村教师个体的来源变得多样，其需求也因乡村教师个体之间和群体之间的差异而呈现出了多元化的特征，那么关于乡村教师道德行为评价的标准也应该更多地关注其多样性的存在，并非作同一形式的评价，从而导致乡村教师道德榜样示范效应的弱化。从这个层面上来讲，在新发展阶段，对乡村教师道德行为的评价应该有着多样化的标准，其中，"利他利己型"的乡村教师是广大人民群众最为普遍的道德榜样选择，"损己利他型"和"先人后己型"则是乡村教师在道德成长上的指引，也是乡村教师道德榜样的理想评价标准。

而为保证上述多样化评价标准的有效性，也是对所选择的乡村教师道德榜样崇高性和先进性的保证，必须首要坚持以马克思主义实践哲学为理论指导，建构科学的评价标准。它是从乡村教师的社会生活实践出发，坚持"以人为本"的集体主义原则，综合运用传统道德理论，即义务论、功利论、德性论的优势，构建的一元主导、多元共存的"乡村教师道德评价标准体系"，它既克服了传统道德评价标准片面性和绝对化的局限，也适应了新时代社会发展的现实需要。反映在伦理价值取向上，实践论视角的评价标准既蕴含了普通乡村教师所能达到的现实标准，还体现了乡村教师道德先进性的理想标准，才使得乡村教师道德榜样的高尚道德品质与普通乡村教师的大众性道德要求区别开来，进而标志着乡村教师道德榜样的先进性、理想性和崇高性。

此外，乡村教师道德评价标准，还应该坚持以精神性道德评价为主的原则。这是因为，人们对教学能力强、道德品质又高尚的"德才兼备"的乡村教师并不存在较大的异议，但是，人们在对于那些教学成就并不突出的乡村教师进行道德评价时，坚持以精神性道德评价为主的标准便显得尤为重要。虽然乡村教师个体的道德行为在市场经济时代很难与物质利益分开，但对乡村教师道德榜样而言，他们在性质定位上就是以其高尚道德品质和崇高精神境界为标志的先进典型，与一般教师有着本质区别。因此，应坚持采取以精神性道德评价为主对乡村教师道德榜样进行评价，这也是

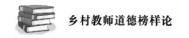

其作为高尚精神活动主体具有崇高性的保证。

三、保证乡村教师以主体身份参与评选

根据前文内容分析，乡村教师道德榜样作用的直接客体是乡村教师，那么乡村教师道德榜样的选择和树立必须符合乡村教师的现实需要和心理需求。这是因为，乡村教师道德榜样的情结是建立在乡村教师对道德榜样的心理认同基础之上的，也正是由于这种心理认同，广大乡村教师才会去亲近和模仿榜样，乡村教师道德榜样也才能够发挥其真正的作用和价值。所以，树立一个为广大乡村教师所认可的乡村教师道德榜样是至关重要的，这也就要求社会在选择乡村教师道德榜样时，要充分调动乡村教师的主观能动性，做到乡村教师道德榜样由乡村教师选。由此，由乡村教师自己选出的道德榜样，在情感上才更容易被广大乡村教师所认可和接纳，从而也更容易成为乡村教师模仿和超越的对象。但是，从新中国乡村教师道德榜样的演变历程来看，受中国传统道德思想影响，以往的乡村教师道德榜样主要是由党和政府或其他具有相对权威性的组织和个人直接推选的方式产生，偏重的是权力对乡村教师道德的规约，而这一传统也一直不同程度地影响着我国各个历史时期乡村教师道德榜样的选择和树立，从而导致在新发展阶段我国乡村教师道德榜样的选择也仍然面临着这一挑战。因此，新发展阶段理想乡村教师道德榜样的选择，要保证作为基础群众的乡村教师以主体身份参与到乡村教师道德榜样的评选活动中，这对于深入持久地运用乡村教师道德榜样的力量加强乡村教师队伍建设、助推乡村振兴，进而走向教育强国具有极其重要的意义。

为达到这一目的，关键是将乡村教师作为评选主体纳入乡村教师道德榜样评选的正规程序中，要让乡村教师道德榜样的候选人主要由广大

乡村教师和人民群众推荐产生。综合前文分析，乡村教师道德榜样的评选程序可由公众推荐、组织审核、公示与上报、公开评选与认定等四个主要环节构成，其中，乡村教师以主体身份参与评选便得到了有效保证。因此，通过乡村教师道德榜样的广泛评选，所选出的乡村教师道德榜样形象才能得到广大乡村教师和人民群众的认可，其示范效应也才会显著增强。但与此同时，注重乡村教师以主体身份参与乡村教师道德榜样评选并非否认相对权威组织的参与，相反，各省（自治区、直辖市）组委会等相对权威组织作为主要主体在评选过程中的审核认定仍是至关重要的环节。这是因为，乡村教师道德榜样不是某一个体或组织主观的选择，或者只选择某一方面的道德内容、道德形象，而是关涉乡村教师道德的整体形象，尤其是在当前信息多变并且泛滥的影响下，农村地区作为意识形态建设较为薄弱的地区，对于道德榜样的选择更容易受西方个人主义和享乐主义侵袭而表现出偶像化、脸谱化和娱乐化的倾向，这就需要相对权威组织的价值引导和规范，以保证乡村教师道德榜样评选的先进性、代表性和有效性。

第四节　优化乡村教师道德榜样的宣传工作

塑造乡村教师道德榜样的良好形象并发挥其示范作用，采取正确的选择机制只是其中的关键一环，它还依赖于教育工作者们秉持科学的原则，并充分利用最新传播媒介和载体进行乡村教师道德榜样的宣传和教育。所谓宣传，即有目的、有计划地运用多种手段、采取多种途径，向特定对象传播一定的价值观念，以影响其思想和行动的活动。乡村教师道德榜样人物作为民族和时代精神的集中体现，作为社会主流价值观的示范者和先行者，作为被学习和模仿的时代先锋和道德模范，对他们的宣传推广有助于引导广大群众审视自身行为，从而学习和争当典型，唱响"引领社会风尚"主旋律。优化乡村教师道德榜样的宣传工作，有利于营造一种以讲道德为荣、不讲道德为耻的社会风气，达到弘扬正气的目的；也有利于凝聚社会正能量、夯实道德基石、内化社会主义核心价值观，并且外化于个人行为，从而推动社会主流意识形态和价值观的大众化和全球化。分析发现，互联网与各个领域产生深度融合，为农村地区的宣传工作带来了技术的革新，同时也带来了诸多挑战。换言之，新发展阶段塑造我国理想的乡村教师道德榜样形象，并发挥其引领示范作用，需要为"互联网＋教育"背景下的宣传工作提供全方位、多形式的宣传模式，包括注重主流媒体的责任担当与大众媒体的优势发挥，以及传统媒体与新型媒体的高效融合，还需要高度关注网络空间安全建设，并还原乡村教师道德榜样的本真生活。

一、"互联网＋教育"深度融合下全方位、多形式宣传

同社会上许多其他行业一样，在 2015 年"互联网＋"作为一项国家战略之后，教育也受其巨大影响，探索形成了"互联网＋教育"行动计划及其科学模式。换言之，从教育的视角来看，"互联网＋教育"是新时代互联网在高速发展时期与教育领域深度融合的产物。它通过对互联网优势的大力挖掘，为教育领域带来了技术的革新，也对教育理念和体制等带来了深层次的影响，主要反映在信息多中心和多向传播下优质教育资源的平等共享，线上线下一体化发展下教学载体和途径的多样化，多元治理主体参与下教与学的主动建构等方面。具体而言，首先，在基于大数据、人工智能等全新信息的革命中实现了教育资源从封闭走向开放的进步，尤其是使得城市的优质教育资源跨越校园、地区和国家的界限得到了平等共享。

其次，以学校为主要载体和以课堂讲授为主要途径的传统教育模式，在教育与信息技术的融合下，促进其发生自我变革和转型升级。如以慕课等为代表的在线课程平台打破了个体教与学的时空局限，使教育的组织形态呈现出多元化发展趋势。最后，互联网通过微博、微信、QQ 和移动 APP 等学校和学校之间、家校之间、学校和社会之间沟通协商平台的搭建，有效地促进了教育有关信息的互联互通，每个人都成为"当事人"，从而为教学过程多元主体的主动参与提供了无限的可能和广阔的发展空间。同理，农村教育领域也得到了创新和跨越式的发展。表现在乡村教师道德榜样的宣传工作方面，"互联网＋教育"的深度融合也为新发展阶段乡村教师道德榜样塑造提供了全方位、多形式的宣传渠道。

（一）主流媒体的责任担当与大众媒体的优势发挥

根据前文分析发现，党和国家一直都特别注重利用主流媒体对乡村教师道德榜样进行宣传、推广，使得我国拥有宣传的巨大优势和责任担当。在新的发展阶段，虽然外部社会发展和内部榜样自身等因素会影响主流媒体对道德榜样的宣传推广，但主流媒体的舆论主导地位仍然需要继续保持，以彰显时代的道德精神，强化人们对"乡村教师"这一特定群体的道德意识，保障其道德精神的主导地位。同时，在"互联网＋教育"深度融合背景下，我们还可以从不同渠道加强、辅助主流媒体对乡村教师道德榜样的宣传影响，尤其是积极采取现代化信息技术，充分利用互联网、自媒体等新型大众传播媒介对乡村教师道德榜样进行及时而广泛的宣传，从而深度强化乡村教师道德榜样的示范效应。如在微博热搜、微信朋友圈、抖音或快手小视频等的热潮影响下，可以克服各级各类道德榜样评选表彰大会、精神文明创建活动等主流媒体宣传传播速度较慢等缺点，使得暖心的一刻得以快速地在广大人民群众中扩散开来，让广大人民群众也感受到评选表彰大会的那一刻所传递出的尊敬长辈、尊重知识和人才的暖心温度，温暖整个朋友圈，传递国家敬重贤才的导向。此外，女性的力量在大众传播业中特别突出。❶ 为此，在新发展阶段，增强乡村教师道德榜样的宣传效果，还可以加强对女性群体的舆论引导，以充分发挥其在信息传播中的优势，增强乡村教师道德榜样的示范效应。

（二）传统媒体和新型媒体的融合宣传

"互联网＋教育"通过对众多新型媒体的打造，与传统媒体之间形成了此长彼长、优势互补的关系，概言之，传统媒体和新型媒体之间是一种更新迭代的关系，而非前者取代后者的关系。打造传统媒体和新型媒体之间，从"相加"转向"相融"的具有强大影响力和竞争力的新型宣传模式，是实现乡村教师道德榜样示范作用发挥的"催化剂"。但从历史的发展和当前的现状来看，媒体的融合优势在我国还尚未充分发挥。那么在新发展阶段，坚持一体化发展方向，继续挖掘和发挥传统媒体与新型媒体之间深度融合下形成的新型宣传模式特有的优势，仍然是塑造理想乡村教师道德榜样的重要途径。

具体而言，第一，在"互联网＋教育"时代背景下，乡村教师道德榜样的宣传媒介除了文献、报纸、杂志、广播、电视、电影等传统的工具和手段，还针对受众的特点在网络上开设了专门的信息网站或主题论坛。同时，"互联网＋教育"时代背景下的传统和新型媒介的发达程度也得到了提升，从而使得乡村教师道德榜样典型事迹和精神品质宣传的速度、范围和效率都能够得到大幅度的提升。第二，一方面，根据前文分析，乡村教师道德榜样宣传的载体通常表现为黑板报、宣传栏、文体活动、庆祝活

---

❶ 约翰·奈斯比特. 亚洲大趋势［M］. 蔚文，译. 北京：外文出版社，1996：227.

动、讨论座谈活动、参观体验活动、巡回演讲活动等形式，这在当前及未来很长一段时间内乡村教师道德榜样的宣传过程中仍将继续发挥着重要作用。另一方面，由于"互联网＋教育"的兴起，乡村教师道德榜样宣传有了新的途径和表现形式，如利用网络平台开展不同形式的榜样宣传活动和思想交流活动。这不仅能够促进人们对乡村教师道德榜样的深度了解，还为新发展阶段乡村教师道德榜样的宣传载体创造出了线上线下联动的新的发展形式，如结合时代特征，通过交替使用视频媒体、网络教育、宣传栏等传统的和新型的媒体宣传方法，形成两者之间的宣传合力，搭建起新型立体的宣传网络，拓宽传统乡村教师道德榜样的宣传手段，达到理想的宣传效果。这些载体的目的性更明确、针对性更强、实践性更显著、趣味性也更浓郁，增强了乡村教师道德榜样宣传的吸引力，其示范作用发挥的效果也更加显著。

二、网络空间安全建设的高度关注

互联网自 20 世纪 60 年代末 70 年代初产生以来，能够在短短十几年内就迅速进入我国寻常百姓的家里，并成为大众传播的工具，与主流媒介传播形成优势互补的关系，从而发展成为传播和创造社会文明的重要组成部分，与其表达言论和传播信息的自由与便捷等优势不无关系。然而，与互联网的这些优势相伴而生的，还有其本身可能存在的开放性、隐蔽性、虚幻性、自由度过大和真假难辨等特征所造成的不良后果，加之互联网的开始发展和广泛应用，使人们表现出一种漠视、怀疑甚至否定道德的消极态度，也使得网络道德建设成为事关农村地区乃至全社会意识形态安全的重要问题冲击着农村社会的道德建设，从而给新发展阶段乡村教师道德榜样的塑造带来了严峻困难。如对网络空间中信息泛滥的管理不当造成的乡村教师个体责任感弱化、道德冷漠、人际情感疏远、违背道德规范甚而网络犯罪，对网络空间中不良言论的监督不力造成的恶搞、污蔑和破坏乡村教师道德榜样形象，以及放大道德失范案例等不良现状，进而造成公众对乡村教师道德的极端感受。

网络本是由人们自身所创造的一种符号，是为了达到人们突破时空、文化等的限制进行交往这一目的的手段。但是，一方面，由于摆脱了熟人社会的监督，人与人之间的互相监督和外在的道德约束发生了缺位；另一方面，受西方多元文化和意识形态渗透的影响，现代性和传统在衔接上的虚无造成了传统的脱节与断裂，现代性与市场经济衍生的拜物教、个人主义，以及功利主义等力量的聚合也造成了民众对道德标准的怀疑，从而使得由人所创造的网络符号反过来成为控制人和奴役人的工具，使人们沉迷于网络虚拟世界而忘却真实世界中的自我身份，丧失最基本的事实和价值判断能力，从而在网络符号的掩饰下表现出对交往他人不负责任、为所欲为的行为。尤其是对于农村这一网络监管力度相对更为薄弱的地区而言，虽然道德价值和道德规范还在，却已不再是民众和乡村教师的信仰，而是成了他们寻求自我利益的借口，进而影响了乡村教师道德榜样示范效应的充分发挥。

因此，新发展阶段乡村教师道德榜样的宣传工作需要给予网络空间安全以高度的关注，并采取专门措施保证乡村教师道德榜样的宣传顺利、健康进行，提高其点击率和社会影响力。如建设一支专门的网络宣传队伍，加大宣传网站建设、加强论坛管理力度，加强底线伦理、主流意识形态的宣传，从而确证乡村教师乃至整个社会的价值取向，建构道德规范体系，培育现代性乡村教师的道德精神。

三、对道德榜样生活的本真还原

根据前文分析，在榜样宣传过程中，以乡村教师道德榜样为代表的乡村教师主流道德价值观之所以能够被广泛传播开来，并在乡村教师群体中发挥社会控制的功能，关键在于媒体所营造的社会舆论积极导向作用的发挥。此外，由于乡村教师道德榜样作为社会舆论中的当事人，是无法为自己辩护的，因此，需要在乡村教师道德榜样的宣传过程中秉持审慎的态度，如果罔顾事实而仅以片面的言辞对他们的行为进行传播或者造谣，将会对个体造成无法磨灭的伤害。

在进入互联网高度发达的新时期，由于现代化的极端发展以及后现代主义等的登场，在还原事物本真面貌、祛除其中崇拜成分的"祛魅"过程中，受"重智轻德"等一些不良思想和风气的消极影响，个人主义、利己主义和享乐主义等思想观念不断侵袭人们的精神世界，道德作为经济基础的反映也产生了异化，善性道德观被所谓的欢乐道德观、消费道德观所取代。换言之，道德不再是对德性和向善的目的追求，而是等同于感官的享乐和恣意的纵欲，表现一种唯经济主义观，导致道德脱离于实践的同时在理论上被打入地牢。那么乡村教师作为物质生活的薄弱地带，自然受其影响而表现出了与乡土的抽离及其信仰缺失的困境，成为游离于农村社会的他者，从而不仅使得乡村教师道德榜样形象的神圣性被粉碎，更加使得乡村教师道德本身也丧失了其崇高性，从而导致乡村教师道德榜样示范效应的弱化。这就要求我国在未来乡村教师道德榜样的宣传过程中，要注重还原乡村教师道德榜样的本真生活，尤其是树立起乡村教师道德榜样的崇高形象，实现乡村教师道德榜样的"返魅"。

为达到这一目的，应做到以下三点。其一，通过各种宣传媒介再现乡村教师道德榜样先进事迹时，应秉持实事求是、适时深刻和全面挖掘等原则，不对其原型进行艺术加工和炒作，注重典型宣传的实效性和内容的深刻性，着眼于乡村教师道德内涵的多方位呈现和德智人格的全面宣传，以达到感化和引导公众的目的。其二，在树立和宣传乡村教师道德榜样正面典型的基础上，善于合理利用乡村教师道德行为的反面典型。如果说正面的先进典型发挥着引领示范和带动作用，那么反面典型则发挥着劝阻、威慑、警示的作用，其目的是提高广大乡村教师的思想认识，并规范其行为表现。其三，作为媒体宣传者，也要拥有高度的使命感、正义感和历史责任感，正确开展舆论的监督，坚持宣传内容的真实性，表达群众的呼声。

第五节　完善乡村教师道德榜样的回报制度

对于乡村教师道德榜样而言，他们在作出高尚道德行为时并不以获取相应的社会回报为前提，而主要是其个体心灵的满足和精神的慰藉，但这并不意味着社会不应对其高尚道德行为予以回报。相反，要有效弘扬和传承乡村教师道德榜样优良的精神品质，并将其转化为促进农村教育事业发展、乡村振兴乃至中国梦实现的动力，社会就必然要给予乡村教师道德榜样以精神导向和物质导向有机统一的回报，并不断完善乡村教师道德榜样的回报机制。

一、凝聚回报制度与道德行为的共识

道德榜样的高尚道德行为应是作为一种纯粹的发自自身道德情感和热

情的行为，并将自身德性所带来的精神慰藉和心灵满足视为其高尚道德行为的回报，而利益方面的肯定与鼓励对道德榜样主体本身而言是无法真正回报的，以便在社会上营造一种道德学习和行为的优越道德环境，提升公众的道德水平。乡村教师道德榜样也是如此。从本质上来讲，他们在履行自身的道德义务和作出高尚道德行为时并不奢求相应的回报，即不以寻求利益的获得为动机和前提，而这也是乡村教师道德榜样之所以被全社会公认为道德榜样的逻辑前提。但是，乡村教师道德榜样本质上不求回报的逻辑前提并不等于社会不用给予他们高尚道德行为以相应的奖励和支持。如果总是让艰苦奋斗、无私奉献的乡村教师道德榜样"吃亏"、遭遇各种现实困境，那就意味着乡村教师道德榜样的价值未能得到社会的承认和尊重，这在客观上也是对乡村教师高尚道德行为积极性的打击。因此，要有效促成乡村教师道德榜样的形成及示范作用的发挥，就要完善乡村教师道德榜样的回报机制，将精神导向与物质导向有机统一起来。具体而言，一方面，要避免将人们的注意力集中到物质回报和补偿上，主要应是精神层面的充分肯定，从一句普通的"感谢"或几句肯定的话语，到来自公众的赞扬、尊重或敬仰，都是精神层面回报的表现形式，也都足以使乡村教师道德榜样收获精神上的享受、愉悦和满足，如现代化教师荣誉制度的建设。另一方面，也要对乡村教师道德榜样的道德行为给予受法律保障的适当的物质鼓励和奖励。这并不是乡村教师道德榜样追求的以利益补偿为方式的道德回报，而是在社会中传递一种积极的正能量，提振乡村教师的道德信心和道德行为的主动性，以鼓励更多的乡村教师能够"下得去、留得住、教得好"。

二、注重荣誉设立及其授予的仪式感

依据乡村教师道德榜样高尚道德行为与其相应回报制度之间的关系分析，对于乡村教师道德榜样的表彰，要避免将人们的注意力集中到物质回报和补偿上，而主要应是精神层面的充分肯定，重点体现在教师荣誉制度的建设这一方面，包括各级各类荣誉称号的设立及其相关荣誉称号法的保障、道德榜样表彰大会的召开及其授予过程仪式感的提升。设立从国家级到省级、地市级，再到校级等不同层次的教师道德榜样荣誉称号，并针对这些道德榜样荣誉称号制定和施行不同层次的荣誉称号，尤其是要保障乡村教师在这些道德榜样荣誉称号中的获评比例。如各省、市根据各自中小学教师比例和情况确定特级教师的评选，确保农村教师比例不低于特级教师总数的30%，是对在农村教育这一领域作出突出贡献的先进代表的权益保障，也是对其所代表的民族和时代精神的弘扬，以激发广大乡村教师服务农村教育、振兴乡村的积极性，助推中国梦的实现。同时，还应设置相应的荣誉退出和惩罚机制，这也是对乡村教师道德行为持续坚持的激励和监督。

此外，还要注重通过召开各类表彰大会，增强授予"乡村教师道德榜样"荣誉称号的仪式感。"优秀教师"L姓男教师就提到，当自己获得第一份荣誉时因强烈的荣誉授予仪式感而让自己更加坚定了坚守农村教育战线的决心："四川省十佳青年自学成才标兵全省评十人，当时四川电视台的一个栏目报道，副省长颁奖，对个人感触特别大。"而熟知被表彰的乡村教师道德榜样的身边人在看到其被授予为"乡村教师道德榜样"荣誉称号并出席盛大的表彰大会时，会让他们感到无比的欣慰，也会受到莫大的激励，这必然会促成一种良性的道德循环，就是要把乡村教师道德榜样身上所展现出的持之以恒的坚守、艰苦奋斗、无私奉献等优良道德品质，以及他们为美好生活不懈奋斗的精神弘扬下去。这种精神不仅需要当代人的传承，更要一代一代地传承下去，从而将乡村教师个体的道德活动扩展到农村乃至整个教育领域，这将直接有利于社会整体道德水平的提升。为此，党和国家都高度重视对乡村教师道德榜样的表彰，如重要领导作为颁奖嘉宾、主流媒体的现场宣传报道等，从而在全社会营造一种争做乡村教师和做好乡村教师的良好道德生态，推动农村教育事业乃至整个教育事业的良性发展。

概括而言，乡村教师道德榜样荣誉制度的建设既是一种奖励，同时也是一种激励和监督。它使乡村教师道德榜样从这些肯定的信号中收获精神上的享受、愉悦和满足，从而转化为道德行为强化的动力，促进榜样个体继续履行乡村教师这一美德的要求。也让广大乡村教师和人民群众作为受众产生一种感动、欣慰和幸福的心理感受，激励着他们主动模仿学习乡村教师道德榜样的行为，从而促进乡村教师群体乃至整个社会优良道德品质的养成。

三、增强物质奖励的投入和扶持力度

现实生活中，大多数乡村教师道德榜样在作出了某种高尚的道德行为后，对其原有的生活影响并不大，但当前也存在这样一些例外的情况。即乡村教师道德榜样在作出了高尚的道德行为后，反而对其原有的生活产生了负面的影响，如让自身和家庭陷入生活的窘境，被想当然地要求无条件奉献而破坏原本平静的生活，因一次小小的失误或不积极行为就受到公众的苛责和质疑。不难发现，不管是陷入生活窘境的尴尬，还是被苛求和质疑的尴尬，这都违背了树立和宣传乡村教师道德榜样是为了让公众学习他们身上高尚道德品质的本意。而且，在某种意义上，由于乡村教师道德榜样早已成为特定精神的"代名词"，所以他们一再面临各种尴尬境遇的状况不仅体现了其个人生活中的无奈与不幸，更加凸显了整个社会环境的无能为力，严重影响了乡村教师道德榜样的崇高形象，还会危及乡村教师道德榜样积极性和示范作用的发挥，及其道德精神的传播。究其原因，乡村教师道德榜样面临尴尬境遇的原因主要源于相关保障制度和程序尚不完善，让一些身处困境的乡村教师道德榜样未能得到有效的救助和保护，面对这些来自现实生活的巨大压力，从而导致乡村教师道德榜样即使有道德行为的崇高意识，却也没有实现道德崇高的能力。

为此，作为我国教育的"神经末梢"，加强对农村教育事业的政策倾斜和支持力度，尤其是加大对作为其力量和希望所在的乡村教师队伍建设的各项投入和扶持，是实现乡村振兴和中华民族伟大复兴的关键环节。那么表现在乡村教师道德榜样物质奖励的回报机制上，就需要完善相关法律制度的建设，主要包括：对其基本生活需要的保障，职称评聘和晋升的倾斜，福利待遇的提升，扶困专项基金的设立，等等方面。以对因见义勇为而失去生命的乡村教师道德榜样个体进行宣传和奖励为例。除建立"见义勇为基金"外，还要增设其他的保障制度对其血亲进行适当补偿。这并不是道德榜样主体本身所追求的以利益补偿为方式的道德回报，而是通过善恶分明的态度表达在乡村教师群体乃至全社会中传递一种积极的正能量。这样既宣传了乡村教师群体积极的正面形象，又提振了乡村教师和公众的道德信心和道德行为的主动性，进而达到鼓励人们弘扬正能量、实现社会公平正义的目的。

结　语

正所谓："人无精神则不立，国无精神则不强。"乡村教师道德榜样作为农村精神文明建设的结晶，便是一个社会崇德向善的重要旗帜。他通过将其崇高精神渗透于农村土壤，使受教育者尤其是普通乡村教师受益，帮助他们在乡土中找到未来的位置、实现自身的价值，进而促进新型人才人格的发展完善和社会的发展进步。塑造时代需要的乡村教师道德榜样，是加强农村思想政治教育工作的有力抓手，也是振兴乡村文化的必然要求，更关系着教育强国梦这一伟大历史使命的完成。

历史是最好的教科书，同时也是最好的"清醒剂"和"营养剂"，因为它用自身所蕴含的规律、经验和教训为后人提供现实启发，进而成为推动社会发展和进步的不竭动力。回首新中国乡村教师道德榜样的演变历史，大致可以以改革开放和新旧世纪之交为界限，将其划分为三大历史阶段，而每个历史阶段根据各自形成和发展的特点，又可以细分为更短的历史时期。毫无疑问，在三大历史阶段中，每个特定历史阶段的乡村教师道德榜样的核心品质、评价标准、宣传模式和社会影响等都不尽相同，导致凝结在这一历史演变进程中的经验教训也各不相同，有属于特定历史阶段的，也有贯穿于这些历史阶段始终的。为此，在这部《乡村教师道德榜样论》中，一方面，注重在历史梳理中展开乡村教师道德榜样的经验总结，关注这一历史演变过程中所呈现出的独特性、规律性和层次性，厘清并总结那些只适用于特定历史发展阶段乡村教师道德榜样塑造的历史经验，以及那些贯穿于乡村教师道德榜样发展始终的历史经验，从而为未来理想乡村教师道德榜样的塑造提供经验指导。另一方面，注重在历史梳理中分析乡村教师道德榜样曲折发展的问题成因，吸取相关教训，以镜鉴未来，作为未来改进我国乡村教师道德榜样塑造工作的根本依据。同时，这些历史经验和教训，对于当前及未来进一步加强我国"教师道德榜样"，乃至一般道德榜样塑造工作，对于思想政治教育工作的贡献，也具有较强的借鉴意义。

世上从来没有天生的道德榜样，也没有从天而降的英雄，他们都是日常生活中敢于挺身而出的凡人。平凡的人，滚烫的心，乡村教师道德榜样正是向公众呈现出了如此的本真模样：他们爱岗敬业，他们的声音响彻深山学堂；他们向上向善，他们的足迹遍布扶贫一线；他们无私无畏、为国成"边"，恣意挥洒着青春与热血；他们风雨无阻、逆向前行，只为践行内心的坚定信仰和托举建设美好社会的希望；他们迎难而上，只因肩负生命和家庭的重托；他们将情感"长"在了泥土里，将希望洒向了生机盎然的乡村教育。他们的出现是时代的需求，更是文化和现实的博弈与共鸣。毫无疑问，历史已经向我们证明，尽管过了近百年，乡村教师在村民心目中的崇高地位没有变，在农村担负着老百姓整个家运重担的历史使命也没有改变，而乡村教师道德榜样在其中的作用又是巨大的。他们靠着自身的品行、知识和能力铸就了"非权力影响力"，使广大乡村教师由衷地感到敬佩，并以内驱力的形式进行追随和效仿，进而成为其信仰指引与精神支撑，最终影响乡村教师道德观念和行为的境界提升。

在面对现实的脆弱、内心的孤独和沉重的压力时，乡村教师道德榜样持续发扬着坚定信仰、无私奉献、吃苦耐劳的优良品质，进而凝聚起广大乡村教师和人民群众奋进新时代的精神力量，推动乡村教师队伍的可持续发展，并为乡村振兴和教育强国梦的目标实现夯基固本。那么，作为教师道德榜样乃至道德榜样的特殊群体，乡村教师道德榜样研究的成果对我国教师道德榜样和道德榜样的塑造有什么样的启示？如何从乡村教师道德榜样的演变进程中汲取经验教训，以指导我国教师道德榜样尤其是道德榜样在思想政治教育工作中作用发挥的最大化？在为实现共产主义而奋勇前进的道路上，在共产主义道德已然成为全体社会成员在日常生活中就普遍自觉自愿遵守和践行的道德之时，我国的乡村教师道德榜样、教师道德榜样和道德榜样塑造又该处于什么样的理想状态？这些问题虽然在书中有所提及，如对于以法治思想引领制度意识培养、道德品质养成的多方合力等新发展阶段乡村教师道德榜样的塑造对策同样适用于教师道德榜样和道德榜样的塑造，但都未能在本书中得以明显体现和系统阐释，而这也正是在今后的研究中有待进一步深入探讨的。

此外，本书还存在诸多值得继续深入思考和完善的地方。第一，本书不仅从思想政治教育学、历史学、心理学和传播学的视角对乡村教师道德榜样进行了探讨，还需要从哲学、人类学和伦理学等角度深入分析乡村教师道德榜样的内在机理和发展趋势。第二，由于笔者首次尝试进行历史研究，在史料的运用与呈现上便显得经验不足。第三，不同历史阶段乡村教师道德榜样塑造有其优点，必然也有其不足和局限，如何反思并进行客观评价，值得做进一步的深入思考。第四，在本书的构思阶段和写作过程中，尽管一直有将乡村教师道德榜样塑造的"灵魂"，以及贯穿于整个演变过程的最核心要素等问题置于脑海之中，但研究所呈现出来的结果依然显得思考不够深入，这也有待在今后的研究中继续补充和完善。

农村学校师资"留不住、下不去、教不好"的问题将会是一个长期存在的问题，而且随着社会主义市场经济的不断发展以及全球化程度的加深，人们的价值观还会愈加复杂多元，而我国乡村教师道德榜样的历史使命仍然不会改变，那么对乡村教师道德榜样的问题探讨也将一直在路上，并随着自己人生阅历的丰富和完善不断地进行追问、思考和求索！

参考文献

一、马克思主义经典著作与党和国家重要文献

[1] 马克思恩格斯全集：第 1 卷［M］．北京：人民出版社，1995.

[2] 马克思恩格斯文集：第 1 卷［M］．北京：人民出版社，2009.

[3] 马克思恩格斯文集：第 2 卷［M］．北京：人民出版社，2009.

[4] 马克思恩格斯文集：第 4 卷［M］．北京：人民出版社，2009.

[5] 马克思恩格斯文集：第 5 卷［M］．北京：人民出版社，2009.

[6] 马克思恩格斯文集：第 9 卷［M］．北京：人民出版社，2009.

[7] 列宁全集：第 33 卷［M］．北京：人民出版社，1957.

[8] 列宁．列宁专题文集·论马克思主义［M］．北京：人民出版社，2009.

[9] 列宁．列宁专题文集·论辩证唯物主义和历史唯物主义［M］．北京：人民出版社，2009.

[10] 列宁．列宁专题文集·论无产阶级政党［M］．北京：人民出版社，2009.

[11] 毛泽东选集：第二卷［M］．北京：人民出版社，1991.

[12] 毛泽东选集：第三卷［M］．北京：人民出版社，1991.

[13] 毛泽东选集：第四卷［M］．北京：人民出版社，1991.

[14] 毛泽东文集：第二卷［M］．北京：人民出版社，1993.

[15] 毛泽东文集：第六卷［M］．北京：人民出版社，1999.

[16] 毛泽东文集：第七卷［M］．北京：人民出版社，1999.

[17] 毛泽东同志论教育工作［M］．北京：人民教育出版社，1992．

[18] 邓小平文选：第一卷［M］．北京：人民出版社，1994．

[19] 邓小平文选：第二卷［M］．北京：人民出版社，1994．

[20] 江泽民文选：第一卷［M］．北京：人民出版社，2006．

[21] 江泽民文选：第二卷［M］．北京：人民出版社，2006．

[22] 江泽民文选：第三卷［M］．北京：人民出版社，2006．

[23] 胡锦涛文选：第二卷［M］．北京：人民出版社，2016．

[24] 胡锦涛文选：第三卷［M］．北京：人民出版社，2016．

[25] 胡锦涛．高举中国特色社会主义伟大旗帜　为夺取全面建设小康社会新胜利而奋斗：在中国共产党第十七次全国代表大会上的报告［M］．北京：人民教育出版社，2007．

[26] 习近平谈治国理政：第一卷［M］．北京：外文出版社，2014．

[27] 习近平谈治国理政：第二卷［M］．北京：外文出版社，2017．

[28] 习近平谈治国理政：第三卷［M］．北京：外文出版社，2020．

[29] 之江新语［M］．杭州：浙江人民出版社，2007．

[30] 中央教育科学研究所．周恩来教育文选［M］．北京：教育科学出版社，1984．

[31] 中共中央政策研究室．江泽民论社会主义精神文明建设［M］．北京：中央文献出版社，1999．

[32] 中共中央宣传部．习近平新时代中国特色社会主义思想三十讲［M］．北京：学习出版社，2018．

[33] 中共中央宣传部．习近平总书记系列重要讲话读本［M］．北京：学习出版社，2014．

[34] 中共中央文献研究室．建国以来重要文献选编：第一册［M］．北京：中央文献出版社，1992．

[35] 中共中央文献研究室．改革开放三十年重要文献选编：上册［M］．北京：中央文献出版社，2008．

[36] 中国共产党中央委员会．关于若干历史问题的决议，关于建国以来党的若干历史问题的决议［M］．北京：中共党史出版社，2010．

［37］本书编写组．社会主义核心价值观学习读本［M］．北京：新华出版社，2013.

二、中文著作

［1］本书编写组．榜样：100位感动中国的道德之星［M］．北京：红旗出版社，2012.

［2］《中国教育大系》编纂出版委员会．中国教育大系：马克思主义与中国教育：上、下［M］．武汉：湖北教育出版社，1994.

［3］曹春宣，刘华斌．思想道德教育读本［M］．南昌：江西高校出版社，2009.

［4］曹兰胜．道德教育对生活世界的疏离与回归［M］．北京：中央编译出版社，2019.

［5］陈桂荣．中国传统道德概论［M］．北京：社会科学文献出版社，2014.

［6］陈立思．比较思想政治教育［M］．北京：中国人民大学出版社，2011.

［7］陈万柏，张耀灿．思想政治教育学原理［M］．北京：高等教育出版社，2015.

［8］程书博．向工人阶级学习：中国人不可不知的20种职业精神［M］．北京：工商联出版社，2006.

［9］崔相录．德育新探［M］．北京：光明日报出版社，1987.

［10］戴木才．中国人的美德与核心价值观［M］．北京：中国人民大学出版社，2015.

［11］杜成宪．共和国教育60年·第2卷：山重水复（1966—1976）［M］．广州：广东教育出版社，2009.

［12］方晓东，等．中华人民共和国教育史纲［M］．海口：海南出版社，2002.

［13］冯友兰．中国哲学史［M］．上海：华东师范大学出版社，2000.

［14］冯芸．和谐视域下道德教育的实现问题研究［M］．济南：山东教育出版社，2014.

［15］费孝通．乡土中国［M］．北京：北京大学出版社，2012.

［16］高德胜．生活德育论［M］．北京：人民出版社，2005.

［17］高德胜．时代精神与道德教育［M］．北京：教育科学出版社，2013.

［18］高凤敏．马克思恩格斯道德教育思想研究［M］．济南：山东人民出版社，2015.

［19］龚海泉．当代公民道德教育［M］．北京：中央文献出版社，2000.

［20］郭笙．新中国教育四十年［M］．福州：福建教育出版社，1989.

［21］何东昌．中华人民共和国重要教育文献：共三册［M］．海口：海南出版

社，1998.

［22］黄道霞．建国以来农业合作化史料汇编［M］．北京：中共党史出版社，1992.

［23］金铁宽，唐关雄，李玉非．中华人民共和国教育大事记：1、2、3［M］．济南：山东教育出版社，1995.

［24］荆惠民．改革开放以来思想政治工作大事记［M］．北京：中国人民大学出版社，2007.

［25］李德顺，孙伟平．道德价值论［M］．昆明：云南人民出版社，2005.

［26］李合亮．思想政治教育探本［M］．北京：人民出版社，2007.

［27］李辉．现代思想政治教育环境研究［M］．广州：广东人民出版社，2005.

［28］李家祥，王雯．职业道德教育［M］．昆明：云南大学出版社，2006.

［29］李培超，李彬．中华民族道德生活史：现代卷［M］．上海：东方出版中心，2014.

［30］李森．教师职业技能训练教程［M］．北京：高等教育出版社，2009.

［31］李水海．世界伦理道德辞典［M］．西安：陕西人民出版社，1990.

［32］李喜英．中国道德教育的现代转型与重构［M］．合肥：安徽人民出版社，2007.

［33］李学农．中国教育改革大系：德育卷［M］．武汉：湖北教育出版社，2016.

［34］李玉华，卢黎歌．网络世界与精神家园：网络心理现象透视［M］．西安：西安交通大学出版社，2002.

［35］梁金霞，黄祖辉．道德教育全球视域［M］．广州：华南理工大学出版社，2007.

［36］凌文编．感动中国的100位道德榜样人物［M］．北京：石油工业出版社，2010.

［37］刘飞．大学生思想道德教育浅析［M］．成都：电子科技大学出版社，2015.

［38］刘建军，曹一建．思想理论教育原理新探［M］．北京：高等教育出版社，2006.

［39］刘靖君．当代中国大学生榜样教育研究［M］．北京：中国社会科学出版社，2016.

［40］刘芹茂．马克思主义教育学说引论［M］．武汉：华中师范大学出版社，1991.

［41］刘旭升，贾楠．高校网络道德教育研究［M］．北京：新华出版社，2014.

［42］卢伯文，石佩臣，汪锡龄．马克思主义教育思想纲要［M］．沈阳：辽宁大学出版社，1991.

[43] 鲁洁. 道德教育的当代论域 [M]. 北京：人民出版社，2005.

[44] 鲁洁，夏剑，侯彩颖. 鲁洁德育论著精要 [M]. 福州：福建教育出版社，2016.

[45] 罗国杰. 伦理学 [M]. 北京：人民出版社，1989.

[46] 罗国杰. 马克思主义思想政治教育理论基础 [M]. 北京：高等教育出版社，2002.

[47] 罗国杰. 中国伦理学百科全书·伦理学原理卷 [M]. 长春：吉林人民出版社，1993.

[48] 马海然，曹冬雷，唐梅. 道德教育新论 [M]. 北京：中国社会出版社，2009.

[49] 毛礼锐，沈灌群. 中国教育通史：第6卷 [M]. 济南：山东教育出版社，1989.

[50] 彭怀祖，姜朝晖，成云雷. 榜样论 [M]. 北京：人民出版社，2002.

[51] 彭怀祖，孙泊. 主流媒体责任论：以先进典型宣传为视角 [M]. 南京：南京大学出版社，2012.

[52] 戚万学，等. 道德学习与道德教育 [M]. 济南：山东教育出版社，2006.

[53] 戚万学，唐汉卫. 现代道德教育专题研究 [M]. 北京：教育科学出版社，2005.

[54] 山东省文明办. 实践社会主义道德的榜样 [M]. 济南：明天出版社，2002.

[55] 沈壮海. 思想政治教育有效性研究 [M]. 武汉：武汉大学出版社，2001.

[56] 苏振芳. 道德教育论 [M]. 北京：社会科学文献出版社，2006.

[57] 孙泊. 历史的深处与新时代走向：道德榜样论 [M]. 北京：人民出版社，2019.

[58] 檀传宝. 学校道德教育原理 [M]. 北京：教育科学出版社，2000.

[59] 唐松林. 中国农村教师发展研究 [M]. 杭州：浙江大学出版社，2005.

[60] 陶行知. 陶行知全集：第2卷 [M]. 2版. 成都：四川教育出版社，2005.

[61] 陶行知. 陶行知文集 [M]. 南京：江苏教育出版社，1986.

[62] 童世骏. 意识形态新论 [M]. 上海：上海人民出版社，2006.

[63] 王道俊，王汉澜. 教育学 [M]. 北京：人民教育出版社，1989.

[64] 王俏华. 榜样教育概论 [M]. 北京：北京大学出版社，2014.

[65] 王树林，戴木材. 当代中国道德教育 [M]. 南昌：江西教育出版社，1999.

[66] 王树荫，王炎. 新中国思想政治教育史纲 1949—2009 [M]. 北京：人民出版社，2010.

[67] 王献玲. 中国民办教师始末 ［M］. 北京：知识产权出版社，2008.

[68] 王玄武，骆郁廷. 思想教育　政治教育　道德教育比较研究 ［M］. 武汉：武汉大学出版社，2002.

[69] 魏明铎，耿文清. 共产党员思想道德修养词典 ［M］. 北京：中国政法大学出版社，1992.

[70] 吴安春. 德性教师论 ［M］. 北京：人民教育出版社，2003.

[71] 吴德刚. 中国农村教育综合改革研究 ［M］. 北京：教育科学出版社，2011.

[72] 夏征农，陈至立. 辞海 ［M］. 上海：上海辞书出版社，2009.

[73] 辛治洋作. 道德判断与道德教育：基于中国传统道德教育思想民范式的研究 ［M］. 合肥：安徽人民出版社，2010.

[74] 徐光春. 马克思主义大辞典 ［M］. 武汉：崇文书局，2017.

[75] 薛天详. 高等教育学 ［M］. 桂林：广西师范大学出版社，2001.

[76] 杨林国. 追寻教师美德：斯霞教师德性解读 ［M］. 南京：东南大学出版社，2007.

[77] 杨素稳，李德芳. 中国共产党农村思想政治教育史 ［M］. 北京：中国社会科学出版社，2007.

[78] 杨婷. 榜样教育研究 ［M］. 北京：中国社会科学出版社，2015.

[79] 杨旭. 新时期大学生思想道德教育与法律素质研究 ［M］. 成都：电子科技大学出版社，2017.

[80] 宇文利. 现代思想政治教育课程论 ［M］. 北京：北京大学出版社，2012.

[81] 曾庆春. 跟随榜样成长：教师职业道德经典案例评析 ［M］. 西安：陕西师范大学出版社，2007.

[82] 曾钊新. 道德心理学 ［M］. 长沙：中南大学出版社，1990.

[83] 张岱年. 中国伦理思想研究 ［M］. 北京：中国人民大学出版社，2011.

[84] 张凤池，胡守钧. 道德教育的方法与实践 ［M］. 上海：上海社会科学院出版社，2019.

[85] 张念宏. 教育学辞典 ［M］. 北京：北京出版社，1987.

[86] 张小龙. 当今中国主流道德判断 ［M］. 沈阳：辽宁教育出版社，2012.

[87] 张耀灿，等. 现代思想政治教育学 ［M］. 北京：人民出版社，2001.

[88] 郑新蓉，等．中国特岗教师蓝皮书［M］．北京：教育科学出版社，2012.

[89] 郑永廷．思想政治教育方法论［M］．北京：高等教育出版社，2010.

[90] 郑永廷．现代思想道德教育理论与方法［M］．广州：广东高等教育出版社，2000.

[91]《中国共产党思想政治教育史》编写组．中国共产党思想政治教育史［M］．北京：高等教育出版社，2016.

[92]《中国教育年鉴》编辑部．中国教育年鉴（1949—1981）［M］．北京：中国大百科全书出版社，1984.

[93]《中国教育年鉴》编辑部．中国教育年鉴·地方教育（1949—1984）［M］．长沙：湖南教育出版社，1986.

[94] 中国社会科学院语言研究所词典编辑室．现代汉语词典［M］．5 版．北京：商务印书馆，2005.

[95] 中央教育科学研究所．中华人民共和国教育大事记（1949—1982）［M］．北京：教育科学出版社，1984.

[96] 周舒予．最美中国人　感动中国的道德榜样人物：上、下［M］．青岛：青岛出版社，2013.

[97] 朱贻庭．伦理学大辞典［M］．上海：上海辞书出版社，2002.

[98] 邹秀春．道德榜样论［M］．北京：北京出版社，2010.

三、中文译著

[1] A. 班杜拉．社会学习心理学［M］．郭占基，等译．长春：吉林教育出版社，1988.

[2] A. 班杜拉．思想和行为的社会基础：社会认知论：上册［M］．林颖，等译．上海：华东师范大学出版社，2001.

[3] 彼得斯．道德发展与道德教育［M］．邬冬星，译．杭州：浙江教育出版社，2000.

[4] 博姆．道德的起源：美德、利他、羞耻的演化［M］．贾拥民，傅瑞蓉，译．杭州：浙江大学出版社，2015.

[5] 加里宁．论共产主义教育［M］．陈昌浩，译．北京：中国青年出版社，1979.

［6］康德．康德著作全集：第 9 卷［M］．李秋零，译．北京：中国人民出版
　　社，2013.

［7］康德．实践理性批判［M］．关文运，译．桂林：广西师范大学出版社，2002.

［8］柯尔伯格．道德教育的哲学［M］．魏贤超，柯森，等译．杭州：浙江教育出版
　　社，2000.

［9］夸美纽斯．大教学论［M］．傅任敢，译．北京：教育科学出版社，1999.

［10］卢梭．爱弥儿［M］．李平沤，译．北京：商务印书馆，1978.

［11］路易斯·拉思斯．价值与教学［M］．谭松贤，译．杭州：浙江教育出版
　　　社，2003.

［12］内尔·诺丁斯．内尔·诺丁斯文集［M］．于天龙，译．北京：教育科学出版
　　　社，2011.

［13］佩切尔尼科娃．伟大的家庭教育 永恒的榜样［M］．杨宗建，译．石家庄：河北
　　　人民出版社，1985.

［14］汤姆·L. 彼彻姆．哲学的伦理学［M］．雷克勤，等译．北京：中国社会科学出
　　　版社，1990.

［15］涂尔干．道德教育［M］．陈光金，沈杰，朱谐汉，译．上海：上海人民出版
　　　社，2006.

［16］瓦·阿·苏霍姆林斯基．给教师的建议：上［M］．杜殿坤，译．北京：教育科
　　　学出版社，1981.

［17］伊·谢·康．伦理学辞典［M］．王荫庭，译．兰州：甘肃人民出版社，1983.

［18］约翰·奈斯比特．亚洲大趋势［M］．蔚文，译．北京：外文出版社，1996.

四、期刊论文

［1］陈桂生．"师德"研究［J］．教育研究与实验，2001（3）：8－11，72.

［2］陈健，李文．深受农民欢迎的长葛三中［J］．人民教育，1964（7）：1－7.

［3］陈黎明．如何完善我国教师职业道德规范？：基于对五个国家教师职业道德规范的
　　质性内容分析［J］．教育科学研究，2019（2）：74－81.

［4］陈旭峰．从社会学视角看大学生就业难问题［J］．教育学术月刊，2010（12）：
　　71－74.

[5] 程红艳，陈银河. 超越纵容默许与重拳出击：师德失范行为治理的对策研究 [J]. 中国教育学刊，2019 (2)：64 – 69.

[6] 促进教育事业大跃进 [J]. 人民教育，1958 (4)：6.

[7] 党国英. 论农村文化对农村社会稳定与经济发展的作用 [J]. 新视野，2015 (5)：33 – 38.

[8] 丁浩川. 教师怎样看待自己的工作、学生和自己 [J]. 人民教育，1950 (1)：34 – 37.

[9] 杜时忠. 教师道德从何而来 [J]. 高等教育研究，2002 (5)：79 – 82.

[10] 方海兴. 简评建国初期的农村冬学 [J]. 天府新论，2008 (5)：113 – 117.

[11] 费雅君. 对新时期教师职业道德建设的思考 [J]. 青海师范大学学报（社会科学版），1998 (3)：116 – 118.

[12] 冯莉. 中国教师职业道德行为调查分析 [J]. 上海教育科研，2006 (4)：4 – 6.

[13] 冯庆旭. 论道德榜样 [J]. 齐鲁学刊，2016 (3)：92 – 96.

[14] 冯艳. 青少年榜样教育的困境及创新路径研究 [J]. 基础教育研究，2018 (23)：12 – 15.

[15] 付粉鸽. 从"尊师重道"到为师之道的历史嬗变 [J]. 教育评论，2012 (5)：132 – 134.

[16] 傅维利. 简论师德修养 [J]. 中国教育学刊，2001 (5)：43 – 46.

[17] 付卫东，范先佐.《乡村教师支持计划》实施的成效、问题及对策：基于中西部 6 省 12 县（区）120 余所农村中小学的调查 [J]. 华中师范大学学报（人文社会科学版），2018 (1)：163 – 173.

[18] 甘剑梅. 教师应该是道德家吗：关于教师道德的哲学反思 [J]. 教育研究与实验，2003 (3)：25 – 30.

[19] 高凤敏. 马克思道德观生成发展的理路考论 [J]. 贵州社会科学，2012 (6)：34 – 37.

[20] 高凤敏，沈大光. 青年道德榜样情结的养成 [J]. 人民论坛，2019 (13)：111 – 113.

[21] 高和玉，陆福畴. 教学工作能跃进，也能够多快好省 [J]. 人民教育，1960

（5）：41 – 42.

［22］高晓清. 市场经济条件下教师道德的维度 ［J］. 教师教育研究，2006（3）：61 –
64.

［23］韩国海. 榜样示范对教师专业发展的影响 ［J］. 辽宁教育研究，2007（1）：91 –
92.

［24］湖南浏阳县教科所. 大力培养提高教师 ［J］. 人民教育，1958（7）：18 – 19.

［25］黄海. 反思我们的青年榜样教育：兼论榜样的人性反思与理性批判 ［J］. 中国青
年研究，2006（9）：15 – 18.

［26］黄万林，彭小云. 关于当前我省农村思想道德文化建设的调查与思考 ［J］. 求
实，2000（1）：41 – 42.

［27］亟须注意典型模範的培養工作 ［J］. 人民教育，1952（6）：8.

［28］季志伯，杨询. 海安县双楼乡的农业中学 ［J］. 人民教育，1958（5）：16 – 17.

［29］金晶. 建国初期苏北地区中小学教师思想改造运动说微 ［J］. 安庆师范学院学
报（社会科学版），2010（2）：62 – 66.

［30］旷平昌，周良荣，杜作勋. 建国六十年我国道德榜样的历史变迁及其现实意义
［J］. 政工研究动态，2009（13）：8 – 10.

［31］雷开春，孙洪彬. 关于青少年榜样教育与偶像崇拜的心理调查及思考 ［J］. 青年
研究，2000（5）：30 – 35.

［32］李斌辉，李诗慧. 新生代优秀乡村教师主动入职动因与启示：基于全国 "最美
乡村教师" 事迹的质性研究 ［J］. 教育发展研究，2018（20）：25 – 33.

［33］李承. 优秀的义务民校教师郭长福 ［J］. 人民教育，1955（11）：38 – 39.

［34］李翠荣. 试论高校教师职业道德教育方法体系的构建 ［J］. 河南师范大学学报
（哲学社会科学版），1999（6）：87 – 90.

［35］李恩. 模范教师王四则 ［J］. 人民教育，1950（7）：57 – 59.

［36］李慧，王奕轩，杨金钊. "西迁精神" 的文化渊源及新时代回响 ［J］. 西安交通
大学学报（社会科学版），2019（3）：84 – 90.

［37］李森，高静. 论教学道德性的内涵及层次 ［J］. 教育研究，2019（4）：107 –
113，153.

[38] 李森，陈君. 教师教学道德决策的意蕴、特征及实践策略 [J]. 课程·教材·教法，2018（4）：25 – 31，43.

[39] 李森，郑岚，张姝，王天平. 教师教育教学质量指标体系及模型建构 [J]. 西南大学学报（社会科学版），2020（6）：82 – 90，212.

[40] 李祥兴. 论建国初期的冬学运动与中共主流意识形态的建设 [J]. 中南大学学报（社会科学版），2015（1）：245 – 250.

[41] 李言. 榜样教育在思想政治教育中的运用 [J]. 中学政治教学参考，2018（30）：51 – 53.

[42] 李义胜，廖军和. 论基于公共文化服务的乡村教师的身份认同：以 GH 镇 XS 村为例 [J]. 教师教育研究，2019（1）：73 – 78.

[43] 梁茜. 乡村文化生态价值的现代性境遇与重建 [J]. 广西民族大学学报（哲学社会科学版），2014（3）：62 – 65.

[44] 廖小平. 论道德榜样对现代社会道德榜样的检视 [J]. 思想道德教育，2007（2）：71.

[45] 林碧英. 班杜拉的"社会学习理论"与榜样教育 [J]. 福建师大福清分校学报，1992（2）：73 – 78 + 104.

[46] 刘长海. 师德建设的语境障碍及其突破 [J]. 教育发展研究，2013（24）：36 – 40.

[47] 刘晶. 乡村教师日常生活中的尊严及其结构性困局 [J]. 清华大学教育研究，2020（2）：83 – 91 + 111.

[48] 刘震. 加强大、中学教师思想改造后的思想工作 [J]. 人民教育，1953（5）：33 – 35.

[49] 林崇德. 基于中华民族文化的师德观 [J]. 西南大学学报（社会科学版），2014（1）：43 – 51 + 174.

[50] 刘东英. 师德之现实判断 [J]. 黑龙江高教研究，2005（4）：89 – 90.

[51] 刘黔敏. 中小学德育教科书中的榜样人物分析 [J]. 教育评论，2009（1）：65 – 68.

[52] 刘顺然. 道德榜样走进政治课堂的有效探索 [J]. 思想政治课教学，2011（6）：

34 – 35.

[53] 龙海平. 关于"农村思想政治教育"及相关概念的思辨 [J]. 学术论坛, 2010 (8): 55 – 59.

[54] 龙静云. 我国社会道德共同体及其型构策略 [J]. 中州学刊, 2015 (1): 84 – 91.

[55] 陆定一. 教学必须改革: 在人大二届二次会议上的发言 [J]. 人民教育, 1960 (4): 1 – 7.

[56] 陆定一同志代表中共中央和国务院在全国教育和文化、卫生、体育、新闻方面社会主义建设先进单位和先进工作者代表大会上的祝词 [J]. 人民教育, 1960 (6): 4 – 6.

[57] 洛寒. 不要把语文课教成文学课 [J]. 人民教育, 1963 (1): 15 – 20.

[58] 洛寒. 群众教师的旗帜: 任逢华 [J]. 人民教育, 1950 (7): 55 – 57.

[59] 马娟, 陈旭, 赵慧. 师德发展的影响因素及其作用机制 [J]. 教师教育研究, 2004 (6): 23 – 28.

[60] 马永庆. 孝文化对农村家庭道德建设的意义 [J]. 齐鲁学刊, 2006 (3): 35 – 38.

[61] 孟杰. 走师德建设促学校发展之路 [J]. 当代教育科学, 2013 (14): 50 – 54.

[62] 孟祥杰. 师德建设, 别忽略了身边的楷模 [J]. 中国民族教育, 2017 (1): 9.

[63] 明庆华, 程斯辉. 论榜样示范与教师成长 [J]. 教育科学, 2002 (6): 36 – 38.

[64] 彭怀祖, 杨建新. 基于分层教育理论的榜样教育实效性研究 [J]. 思想教育研究, 2010 (11): 88 – 91.

[65] 钱俊瑞. 当前教育建设的方针 [J]. 人民教育, 1950 (1): 10 – 16.

[66] 乔惠波. 德治在乡村治理体系中的地位及其实现路径研究 [J]. 求实, 2018 (4): 88 – 97, 112.

[67] 秦大伟, 张晓丹. 榜样教育与少年儿童道德自我构建 [J]. 中学政治教学参考, 2016 (15): 69 – 73.

[68] 曲铁华, 樊涛. 新中国农村基础教育政策的变迁及影响因素探析 [J]. 东北师大学报 (哲学社会科学版), 2011 (1): 147 – 153.

[69] 戎华刚. 高校教师学术道德失范的内部动因探究 [J]. 中国高教研究, 2011 (11): 72 – 74.

[70] 沈大光. 青年的可塑性与道德榜样的塑造 [J]. 中国青年社会科学, 2017 (4): 25 – 31.

[71] 沈壮海, 徐海蓉, 刘素娟. 中华人民共和国学校德育大事记 [J]. 思想·理论·教育, 2005 (21): 78 – 80.

[72] 宋惠昌. 列宁关于马克思主义伦理学的思想 [J]. 马克思主义研究, 1985 (2): 76 – 97.

[73] 宋敏. 充分发挥道德榜样的精神示范和引领作用 [J]. 中国高等教育, 2014 (23): 33 – 34.

[74] 孙寿荣. 社会主义初级阶段农村教育的特殊地位 [J]. 上海教育科研, 1989 (2): 19 – 22.

[75] 檀传宝. 教师的道德人格及其修养 [J]. 江苏高教, 2001 (3): 75 – 78.

[76] 田爱丽. 论教师道德教育的评价 [J]. 华东师范大学学报 (教育科学版), 2008 (4): 31 – 40, 54.

[77] 田爱丽. 中国传统教师职业道德的时代价值研究 [J]. 教师教育研究, 2012 (5): 45 – 49.

[78] 田延光. 切实重视加强高校师德建设 [J]. 江西社会科学, 2003 (6): 166 – 168.

[79] 万俊人. 论市场经济的道德维度 [J]. 中国社会科学, 2000 (2): 4 – 13, 205.

[80] 万美容. 优选与创设: 榜样教育创新的方法论视角 [J]. 中国青年研究, 2006 (9): 19 – 22.

[81] 王长存. "榜样示范" 要全面 [J]. 求是, 2003 (8): 44.

[82] 王海明. 论道德榜样 [J]. 贵州社会科学, 2007 (3): 4 – 7.

[83] 王丽荣. 试论毛泽东的榜样教育: 从学习雷锋好榜样谈起 [J]. 毛泽东思想研究, 2003 (6): 28 – 30.

[84] 王露璐. 高校教师师德问题研究综述 [J]. 道德与文明, 2006 (1): 76 – 78.

[85] 王铁. 新民主主义教育和社会主义教育的关系 [J]. 人民教育, 1954 (4): 29 – 30.

[86] 王炎. 新中国历史上的宣传网制度 [J]. 中共党史资料, 2007 (3): 117 – 128.

[87] 魏传光, 葛畅. 德育教师道德人格的现代建构 [J]. 思想政治教育研究, 2017

（1）：134－138.

[88] 吴名. 坚持灾區教育的模范教师：陈敬寅 [J]. 人民教育，1951（10）：38－39.

[89] 吴修申. 新中国成立初期农村私塾的改造（1949—1952）[J]. 安徽史学，2014（5）：86－93.

[90] 西鸿. 从石匠到模范教师：刘海书 [J]. 人民教育，1950（7）：59－60.

[91] 徐红波. 榜样教育与偶像崇拜构成要素异同辨思 [J]. 南通大学学报（社会科学版），2014（3）：90－95.

[92] 薛晓阳. 乡土依恋与农民德性：农民德育的道德想象：基于乡土文学研究及其乡村社会的实地调查 [J]. 陕西师范大学学报（哲学社会科学版），2016（1）：139－150.

[93] 杨东平. 高等教育入学机会：扩大之中的阶层差距 [J]. 清华大学教育研究，2006（1）：19－25.

[94] 杨凤鸣. 思想革命是教学改革的先行 [J]. 人民教育，1960（5）：38－39.

[95] 杨启亮. 教师道德发展的几个境界 [J]. 教育发展研究，2009（6）：40－43.

[96] 杨婷. 整合交互的教育力量，发挥协同效应：榜样教育的实效性探索 [J]. 思想政治教育研究，2017（6）：68－72.

[97] 杨秀峯. 做教学改革的促进派 [J]. 人民教育，1960（6）：24－30.

[98] 杨炎轩. 基于教育教学活动的教师道德成长 [J]. 中国教育学刊，2013（3）：51－54.

[99] 叶利军，张丽芬. 高知识群体对师德楷模徐特立认知情况的调查与分析 [J]. 湖南第一师范学院学报，2012（3）：57－60，64.

[100] 易国锋. 传统孝文化对农村法治建设的影响 [J]. 江汉论坛，2009（5）：139－143.

[101] 易凌云. 幼儿园教师专业理念与师德的定义、内容与生成 [J]. 学前教育研究，2012（9）：3－11.

[102] 殷福顺. 城镇化背景下农村道德文化教育路径研究 [J]. 高教探索，2016（S1）：150－151.

[103] 裕民，蓬华，柳泉. 为贫下中农服务的好教师 [J]. 人民教育，1964（2）：33－

34.

[104] 余维武. 价值多元社会榜样教育的新途径 [J]. 思想理论教育, 2006 (19)：46 - 49.

[105] 于文华, 喻平. 榜样的效能：缄默知识视阈下的教师专业发展 [J]. 教师教育研究, 2010 (2)：49 - 53.

[106] 袁贵仁. 大力加强新形势下的师德建设 [J]. 求是, 2004 (17)：55 - 56.

[107] 袁驼. 让工读师范之花开遍全省 [J]. 人民教育, 1960 (1)：14 - 17.

[108] 岳伟. 关于师德建设的反思与重构 [J]. 江西教育科研, 2006 (12)：25 - 27.

[109] 曾长秋. 论社会主义时期的榜样教育 [J]. 探索, 1999 (5)：82 - 84.

[110] 张贵春. 国外教师职业道德建设的经验及启示 [J]. 教育科学, 2001 (1)：33 - 36.

[111] 张豪锋. 高校教师职业道德建设论要 [J]. 河南师范大学学报 (哲学社会科学版), 1998 (2)：85 - 88.

[112] 张静. 志愿文化推进新农村道德建设的路径与机制研究 [J]. 中华文化论坛, 2017 (1)：120 - 125.

[113] 张丽敏, 谢均才. 中国大陆小学品德教科书中榜样的嬗变：人民教育出版社1999 年版和 2005 年版小学品德教科书内容分析 [J]. 教育学报, 2016 (3)：28 - 44.

[114] 张琳, 陈延斌. 传承优秀家风：涵育社会主义核心价值观的有效路径 [J]. 探索, 2016 (1)：166 - 171.

[115] 张凌洋, 易连云. 专业化视域下的教师专业道德建设 [J]. 教育研究, 2014 (4)：116 - 121.

[116] 张茹粉. 榜样教育的理性诉求 [J]. 河南师范大学学报 (哲学社会科学版), 2008 (2)：216 - 219.

[117] 张小发. 教科书榜样人物的设置变化及其教学启示 [J]. 中学政治教学参考, 2017 (21)：54 - 56.

[118] 张兴华. 在高校, 如何做一名 "好教师"：访全国十佳师德标兵、北京师范大学资深教授林崇德 [J]. 山东高等教育, 2014 (10)：5 - 13.

[119] 张振鸾. 浅谈榜样教育 [J]. 山东教育科研, 1991 (1): 29 – 33.

[120] 赵平. 榜样教育的问题与对策 [J]. 教学与管理, 2007 (16): 43 – 45.

[121] 郑岚, 胡守敏. 我国教师道德研究的回溯与展望: 基于 CNKI 的知识图谱分析 [J]. 重庆文理学院学报 (社会科学版), 2020 (4): 112 – 123.

[122] 郑岚, 汪建华. 论教师道德的意蕴及当代转向 [J]. 教学与管理, 2021 (3): 5 – 7.

[123] 郑新蓉. 共和国五代乡村教师代际特征研究 [J]. 贵州师范大学学报 (社会科学版), 2016 (3): 120 – 127.

[124] 钟芳芳, 朱小蔓. 重构爱的联结: 乡村教师对留守儿童家庭的情感教育支 [J]. 教育理论与实践, 2017 (4): 43 – 47.

[125] 中央教育部工农速成中学教育处. 五年来的工农速成中学 [J]. 人民教育, 1954 (11): 34 – 35.

[126] 朱宁波, 袁媛. 青少年道德榜样教育现状的调查研究 [J]. 教育科学, 2013 (5): 64 – 69.

[127] 抓好教职工的评比、考核工作 [J]. 人民教育, 1978 (11): 4.

[128] 邹奇, 苏刚. 建国后我国农村教师政策变迁及应然走向 [J]. 东北师大学报 (哲学社会科学版), 2016 (1): 130 – 134.

[129] 邹秀春. 论建立道德榜样的回报机制: 以 "受助不感恩" 为个案的讨论 [J]. 学校党建与思想教育 (上半月), 2008 (5): 17 – 20.

[130] 邹秀春, 马东华. 试论培育道德榜样的多方联动机制 [J]. 学校党建与思想教育, 2013 (2): 21 – 23, 41.

五、学位论文

[1] 毕世响. 乡村生活的道德文化智慧 [D]. 南京: 南京师范大学, 2002.

[2] 陈垠亭. 教育现代化进程中学校德育体系问题研究 [D]. 郑州: 郑州大学, 2014.

[3] 蒋福超. 泥土与皇粮: 王庄乡村教师生活史研究 [D]. 济南: 山东师范大学, 2017.

[4] 江涛. 人类学视野中的乡村教化 (1949—2014) [D]. 长春: 东北师范大

学，2015.

［5］雷结斌．我国社会转型期道德失范问题研究［D］．南昌：南昌大学，2013.

［6］李伯玲．群体身份与个体认同［D］．长春：东北师范大学，2013.

［7］李辉．新时代我国高校师范生职业理想教育研究［D］．石家庄：河北师范大学，2020.

［8］李蕊．当前的榜样认同提升问题研究［D］．北京：中共中央党校，2017.

［9］刘志奇．思想政治教育视域下的乡规民约研究［D］．南京：南京理工大学，2018.

［10］吕焰．我国当代青年的榜样教育创新研究［D］．西安：西北工业大学，2018.

［11］庞申伟．榜样文化及其当代建设研究［D］．长沙：湖南大学，2017.

［12］钱进．我国城镇化进程中公民思想道德建设研究［D］．芜湖：安徽师范大学，2015.

［13］宋敏．当代大学生榜样教育问题研究［D］．北京：中国地质大学，2017.

［14］孙泊．道德榜样论［D］．苏州：苏州大学，2016.

［15］汤致琴．当代中国家庭道德教育研究［D］．武汉：武汉大学，2013.

［16］唐松林．农村中小学教师队伍建设研究［D］．上海：华东师范大学，2004.

［17］王俏华．论我国榜样教育中的道德问题［D］．上海：华东师范大学，2011.

［18］王献玲．中国民办教师始末研究［D］．杭州：浙江大学，2005.

［19］杨婷．榜样教育研究［D］．武汉：武汉大学，2010.

［20］袁文斌．当代中国榜样教育研究［D］．石家庄：河北师范大学，2010.

［21］张海辉．现代化视域下的当代中国职业道德研究［D］．上海：华东师范大学，2010.

［22］张学浪．农村留守儿童道德情感研究［D］．南京：南京理工大学，2012.

［23］张一帆．城乡结合部小学教师职业生存状态与改进对策［D］．长春：东北师范大学，2018.

［24］周兆海．农村教师社会地位：何以形成与能否提高［D］．长春：东北师范大学，2016.

六、报纸文献

[1] 必须重视和改进工农速成中学 [N]. 人民日报, 1953 - 08 - 29 (3).

[2] 迟宇宙. 吴希波：我为自己辩解 [N]. 南方周末, 1999 - 11 - 19 (9).

[3] 廖小平. 简论道德榜样的作用 [N]. 光明日报, 2002 - 08 - 06.

[4] 刘子富, 李忠将. 乡村教师的楷模 刘恩和 [N]. 新华每日电讯, 2001 - 12 - 20 (1).

[5] 文红玉. 新中国成立初期的榜样塑造 [N]. 团结报, 2020 - 10 - 01 (5).

[6] 温家宝. 百年大计教育为本 [N]. 中国教育报, 2009 - 01 - 05 (1).

[7] 邬志辉. 如何提高乡村教师职业吸引力 [N]. 光明日报, 2014 - 09 - 02 (11).

[8] 邬志辉. 若不提高乡村教师素质 教育公平难实现 [N]. 中国青年报, 2015 - 06 - 15 (10).

[9] 晓方, 刘长松. 乡村教师的楷模：郑琦 [N]. 湖北日报, 2005 - 05 - 08.

[10] 熊丙奇. 教育老大难问题要从供给侧破冰 [N]. 中国教育报, 2016 - 03 - 04 (2).

[11] 阳锡叶. 精神生活贫乏更易让乡村教师却步 [N]. 中国教育报, 2016 - 03 - 14 (1).

[12] 叶铁桥. 并校十年难言成败 [N]. 中国青年报, 2011 - 12 - 24 (3).

[13] 张烁. 致敬! 330 万乡村教师 [N]. 人民日报, 2015 - 09 - 10 (17).

[14] 郑新蓉. 中国新生代乡村教师调查 [N]. 中国教师报, 2015 - 09 - 09 (3).

[15] 钟秉林. 支持乡村教师 给教育一个坚实的支点 [N]. 光明日报, 2015 - 06 - 30 (14).

[16] 中共中央国务院关于教育工作的指示 [N]. 人民日报, 1958 - 09 - 20 (1).

[17] 中共中央国务院举行春节团拜会 [N]. 人民日报, 2015 - 02 - 18.

七、外文文献

[1] Barry G. Kissinger's moral example [J]. The national interest, 2017 (149)：22 - 29.

[2] Jian L, Zhile S, Eryong X. The problems, needs and strategies of rural teacher development at deep poverty areas in China：rural schooling stakeholder perspectives [J]. International journal of educational research, 2020, 10：99.

[3] Jingxian W, Dineke E. H. Tigelaar W. A. Connecting rural schools to quality education：

rural teachers' use of digital educational resources [J]. Computers in human behavior, 2019 (3): 68 – 76.

[4] John M. H. To form a more perfect union: the moral example of southern baptist thought and education, 1890—1920 [J]. Religion and american culture: A journal of interpretation, 1998 (2): 179 – 204.

[5] Li, C. A narrative inquiry into a rural teacher's emotions and identities in China: through a teacher knowledge community lens [J]. Teachers and Teaching, 2019 (8): 918 – 936.

[6] Linyun F, Yiqi Z. Are rural children of work – away parents really left behind?: Voices from rural teachers [J]. Children and youth services review, 2020, 10: 52 – 69.

[7] Lizana P. A, Vega – Fernandez G, Lera L. Association between chronic health conditions and quality of life in rural teachers [J]. Frontiers in psychology, 2019, 2: 1 – 8.

[8] Serhiy K, Matthias U. Inspirations or incitements?: Ethical mind – sets and the effect of moral examples [J]. Journal of behavioral and experimental economics, 2016, 3: 146 – 153.

[9] Shuping L, Jie Z, Xinlei Y, Changpeng L. Reflections on the professional development of rural teachers supported by information technology [J]. Transactions on computer science and technology, 2019 (1): 5.

[10] Taotang L, Shuping L. A study of new ways of professional development of rural teachers supported by information technology [J]. Transactions on computer science and technology, 2019 (1): 5.

[11] Vanessa A. S, Stephanie L. What do you need a course like that for?" conceptualizing diverse ruralities in rural teacher education [J]. Journal of teacher education, 2020 (3): 332 – 344.

[12] Jingxian W, Tigelaar D. E. H, Admiraal W. Rural teachers' sharing of digital educational resources: from motivation to behavior [J]. Computers and education, 2021, 2: 161.

[13] Yan Q, Che L. An investigation and research on life satisfaction of rural teachers in China [J]. US – China education review A, 2019 (4): 10.

后　记

椰风伴海韵，碧海映蓝天。对乡村教师，尤其是乡村教师道德榜样的关注和研究，转眼已有五六年的时间。在研究过程中，最需要投入时间和精力的莫过于相关史料的收集、整理、分析与呈现，且研究过程中对历史研究范式的不熟悉也使得研究进展更加缓慢和困难。然而，幸运的是，在授业恩师李森教授的帮助和指导下，给予我极大的支持与鼓励，最终帮助我完成了这样一部书稿。可以说，没有恩师的指导和帮助，这项研究不会进展得如此顺利。在研究成果即将出版成书之际，恩师更是提笔作序。如此恩情，没齿难忘。

感谢王习明教授、陈红教授、杨威教授、丁匡一教授、韩庆祥教授、张雷声教授、陈锡喜教授、欧阳恩良教授、徐晓风教授、孙武安教授对本书的指导和帮助！感谢知识产权出版社兰涛编辑等为本书顺利出版所付出的辛勤努力！感谢本书所涉及的所有参考文献作者，为本书奠定了重要的基础。

由于本人学术水平有限，这部《乡村教师道德榜样论》难免有不尽如人意的地方，恳请各位读者批评指正！

郑　岚

2023 年 12 月